淮安市清河年鉴

YEARBOOK OF HUAIAN QINGHE

2016

淮安市清河区地方志编纂委员会 编纂

方志出版社
Publishing House of Local Records

图书在版编目（CIP）数据

淮安市清河年鉴．2016／淮安市清河区地方志编纂委员会编．—北京：方志出版社，2019.1

ISBN 978-7-5144-3577-1

Ⅰ.①淮… Ⅱ.①淮… Ⅲ.①区（城市）—淮安—2016—年鉴 Ⅳ.①Z525.33

中国版本图书馆CIP数据核字（2019）第013205号

淮安市清河年鉴（2016）

编　　者：淮安市清河区地方志编纂委员会

责任编辑：李　静

出 版 人：冀祥德

出 版 者：方志出版社

地址　北京市朝阳区潘家园东里9号（国家方志馆4层）

邮编　100021

网址　http://www.fzph.org

发　　行：方志出版社图书经销中心

电话（010）67110500

经　　销：各地新华书店

印　　刷：江苏农垦机关印刷厂有限公司

开　　本：889×1194　1/16

印　　张：16

字　　数：367千字

版　　次：2019年1月第1版　2019年1月第1次印刷

印　　数：0001～1000册

ISBN 978－7－5144－3577－1　定价：280.00元

《淮安市清河年鉴(2016)》编纂委员会

编辑说明

一、《清河年鉴》旨在以马克思列宁主义、毛泽东思想、邓小平理论、三个代表重要思想、科学发展观、习近平新时代中国特色社会主义思想为指导，坚持辩证唯物主义和历史唯物主义的立场、观点、和方法，逐年记载清河区自然、政治、经济、文化、社会等方面的发展与变化情况，为社会各界了解清河、关注清河、建设清河提供基本的信息资料。

二、《淮安市清河年鉴》2016卷为清河区区政府正式出版发行地方综合年鉴总第九卷，记载2015年清河区各项事业发展的基本情况及重要事件。卷中部分内容时限略有延伸。

三、《淮安市清河年鉴》2016卷继续采用类目、分目、子分目、条目四个结构层次组成框架主体。条目统一用黑体字加"【】"表示。

四、《淮安市清河年鉴》2016卷中所涉统计数据区统计局未作统计的使用相关部门提供的数据外，其他均以区统计局公布的数据为准。量和单位的使用执行国家标准。为保持特载、专文中的文件原貌，其中所涉及的数据、量与单位等均未作变动。

五、2015年下半年始，清河区与清浦区筹备合组清江浦区，《淮安市清河年鉴》原供稿单位与供稿人队伍波动较大，年度资料较往年缺漏增多。机构与人员变动及办公场所大面积迁移，成书时缺漏资料未能补充。

目录

特　载

专　文

大事记

区情概览

环境保护与城市建设

区境经济

园区及项目建设

综合管理与监督

财政税收

公共安全

教育·科技

文化体育卫生

社会生活

地方组织机构

街道办事处

人　物

附　录

特载

仲凤笔任清河区委书记

2015年8月17日，中共清河区委召开全区正科职以上干部会议。市委常委、组织部部长张彤主持会议并宣读市委决定：仲凤笔任中共清河区委委员、常委、书记。市委书记姚晓东到会并讲话。新任清河区委书记仲凤笔，区委副书记、区长张冲林分别讲话。

区政府举办专家学者文艺欣赏讲座

2015年12月4日和8日、18日、24日，清河区政府先后举办四期专家学者文艺欣赏讲座。南京大学戏剧影视艺术系教授周安华，淮阴师范学院美术创意与发展研究院院长华龙宝，教育部“长江学者”特聘教授、南京大学文学院教授、博导、古典文献研究所所长程章灿，淮阴师范学院教授蔡铁鹰分别以《当代中国‘现象电影’的美学风姿》；“雕塑艺术赏析”；《趣谈对联》；“《西游记》的历史文化解读”为题作专题讲座。

国家级集成电路产业园落户清河区

12月31日，淮安市国家级集成电路产业园暨清河区8英寸集成电路芯片生产线项目签约仪式在清河区举行。市委书记姚晓东、市长曲福田、副市长唐道伦，区领导仲凤笔、张冲林、潘华春等，江苏澳洋顺昌股份有限公司总经理陈锴出席签约仪式。

专 文

淮安市清河区人大常委会工作报告

——2015年2月11日在淮安市清河区第八届人民代表大会第四次会议上

2014年主要工作回顾

过去的一年里，我们在区委的坚强领导下，深入学习贯彻党的十八大、十八届三中、四中全会和习近平总书记系列重要讲话精神，紧紧围绕全区经济社会发展大局，按照“依法、规范、务实、高效”的工作思路，认真履行各项法定职权，着力增强地方人大工作的科学性、规范性和创造性。一年来，共召开常委会议7次、主任会议11次，听取和审议“一府两院”工作报告9件，作出决议决定14项，开展视察调研11次，组织代表组视察32次，任免国家机关工作人员40人次，对政府2个部门工作开展评议，为促进全区经济社会跨越发展和民主法治建设作出了积极的贡献。

——以服务大局为主题，突出监督实效，助推经济社会跨越发展

加强计划和预算监督。常委会对区发改委、财政局、审计局等涉及财税、经济部门开展调研视察，听取和审议了2013年度财政预算执行和其他财政收支审计情况的报告，审查批准了2013年政府财政决算，对2014年上半年国民经济社会发展计划和财政预算执行情况进行审议，针对主要指标增速回落、部分项目进展缓慢、规模质效有待提高、财政征收支出压力较大以及同级审计中发现的问题，提出准确研判经济形势、注重招商引资质效、扶持电子商务发展、大力发展稳固税源、加强财税征管等建议。为进一步规范政府融资行为，常委会制订出台《关于政府性融资监督管理暂行办法》，对政府性融资计划及政府投资项目必要性、资金来源、偿还计划等情况进行审查，控制融资规模，防范融资风险。区政府高度重视，采取提高招商引资质效、加大重点税源监管、加强预算编制管理等措施，促进了全区经济发展质效进一步提升。

加强重大项目建设监督。在认真调研的基础上，常委会听取和审议了全区房屋征收和旧城改造工作情况的报告，针对项目用地规划评审不够严谨、旧城改造模式单一、房屋征收进展不快等问题，组织代表察看现场，提出科学规划、探索多元化的投资路径、加快旧城改造和房屋阳光征收、补偿公开透明等建议，有效助推了重大项目建设。

——以法律监督为主线，突出依法履职，推动全区民主法治建设

加强司法工作监督。围绕司法为民、司法公正，常委会分别听取和审议了区法院立案工作情况的报告和区检察院诉讼监督工作情况的报告，先后4次组织代表视察清河区和开发区法院、检察院工作，提出加大司法透明度、加快司法改革、注重队伍建设、提供优质服务等建议。“两院”高度重视，积极采纳。主任会议对公安清河分局监巡一体化工作、区司法局法治文化建设工作进行视察，针对有关问题提出科技强警、强化监督、提升普法质效等建议，有力推动了依法治区工作。

加强行政执法监督。常委会对区环保局环境监察工作、区卫生局实施国家基本药物制度执行情况、区审计局《审计法》实施情况开展检查，通过听汇报、看现场、代表视察等形式，促进了有关行政法律法规在清河区贯彻实施。主任会议对区城管、区安监工作开展视察，围绕执法人员不足、执法装备不够完善、执法难度加大等问题，提出加大执法投入、开展法制宣传、加强综合执法等建议，促进了有关部门规范高效执法。

加强对被任命干部监督。认真执行《江苏省各级人大常委会人事任免工作条例》等规定，加强与组织部门以及提请任免机关的沟通，参与需要区人大常委会任命的干部考察工作，坚持任前法律知识考试、任前表态发言、无记名投票表决、颁发任命书等制度。常委会把工作监督和被任命人员监督相结合，把被任命人员向常委会报告履职情况和对部门工作评议相结合，对区发改委、区文广新局工作开展评议，运用调查问卷、班子成员逐一访谈、列出整改意见等形式，促进被评议单位进一步提升依法行政能力和增强接受监督的意识。

——以民生改善为重点，突出为民惠民，促进社会事业协调发展

关注“十大惠民工程”。常委会把督促解决关系群众现实利益的问题作为贯彻群众路线的重要任务，先后12次组织代表对社会化养老、文化惠民、就业创业、社会救助等工作进行视察，对区民政、人才工作开展专题调研。对区政府“十大惠民工程”进行专题视察，察看了万达社区卫生服务站、和平路停车场等8个惠民工程项目，听取了区政府关于“十大惠民工程”实施情况的汇报，提出重视工程质效、做好立项调研等建议。区政府高度重视，采取有力措施，保证了“十大惠民工程”按期完成。

关注食品药品安全。常委会对区食品药品监管工作开展调研，听取和审议了保健食品监管工作情况的报告，建议区政府加大保健食品安全知识普及宣传力度、增强从业人员守法意识、强化监管力量配备、健全部门协作机制。区政府积极采纳建议，完善《区食品药品安全“四方”联席会议制度》，加强食品药品监管人员配备，开展食品药品安全“宣传周”活动，形成立体式全方位监管和整治格局，努力为市民提供健康有序的食品药品市场环境。

关注学前教育工作。针对清河区学前教育规划不合理、区域发展不均衡、师资力量不足等情况，主任会议对区政府关于省学前教育改革发展示范区创建工作开展视察，提出科学规划学前教育布局、加大学前教育投入、稳定学前教育师资队伍等建议。区政府积极采纳建议，着力推进清河区学前教育工作。

——以代表履职为核心，突出主体地位，全面激发代表履职活力

认真开展代表活动。常委会高度重视闭会期间代表工作，组织驻区的市人大代表视察了市药监局食品药品安全工作和市经济开发区、清河区经济社会发展情况。视察了清河区和开发区教育、卫生、城管、住房和城乡建设等部门工作，察看了10多个项目建设现场。扎实开展“代表回选区见选民”活动，市开发区领导、清河区四套班子领导带头向选民述职，认真听取选民的意见和建议，帮助群众解决了小区监控、道路维修、绿化管护等方面存在的问题。市、区、乡三级代表联动，充分发挥政策法规"宣传员"、社情民意"调查员"、矛盾纠纷"调解员"、为民办事"服务员"的作用，按照"10+1"的要求，每位代表固定联系10位选民、帮扶一户困难户或贫困生。全区代表积极发挥自身优势，组织各类宣讲42场次，开展便民服务活动140场次，助困财物80多万元。活动呈现出宣传声势大、培训规格高、代表参与广、选民热情高、持续影响大、百姓得惠多等特点，既丰富了代表履职的内容，也增进了代表与选民的感情。

加强代表建议督办工作。区八届人大三次会议以来，代表共提出各类建议、批评和意见153件。常委会对代表建议认真归类整理，及时转交区有关部门或报市人大常委会转交市有关部门办理，并列出房屋租赁收入税收征管、加强路边烧烤摊位管理等5件重点建议，由主任会议重点督办。常委会听取和审议了区政府关于代表建议办理工作情况的报告，促进了代表建议的办理落实。代表所提建议的办理满意率、基本满意率达98.7%。

拓宽人大代表履职平台。进一步完善常委会领导联系委员、委员联系代表、代表联系选民制度，建立区人大机关、街道和开发区代表组代表工作三级QQ群，通过"代表之家"、代表微信平台、代表联系信箱和选民专线电话等载体和通道，促进代表联系选民常态化、规范化。健全代表列席有关会议和参加视察调研等制度，邀请市、区人大代表参加主任会议和常委会视察活动，邀请区人大代表列席常委会，拓展了代表新的履职空间。开发区代表组拓宽履职渠道，面向54个村(居、社区)和45个重点企业聘任了百名人大工作联络员，帮助代表收集有关企业发展与项目建设等意见和建议，并认真推动解决。新的平台既丰富了代表活动，也增强了代表履职的光荣感、责任感和使命感。

——以机制创新为抓手，突出自身建设，大力提升人大履职效能

主动融入经济发展大局。在积极发挥监督职能的同时，建立人大机关人员参与经济建设工作机制，常委会领导带头参与重点招商、领办帮办重大项目，引进了年纳税1000多万元的中国铁塔股份有限公司淮安分公司和一批储备项目，帮助茂业时代广场项目化解资金、规划、业态等方面的难题。人大机关人员积极参与淮安现代有轨电车及周边配套工程、宏元国际广场等项目房屋征收工作，推动项目顺利实施。开发区人大代表组主动融入经济建设，引进了在全国10个项目布点中规模最大、总投资30亿元的废旧轮胎再生利用国家示范产业基地项目，成功签约了2个总部经济项目。

创新常委会审议督办方式。规范审议意见起草、审定、交办等环节，保证审议意见的严肃性和权威性。常委会前将审议报告印发给各位常委，便于会前调研，为审议准备发言提纲，提高审议质量。常委会组成人员审议专项报告时，向有关部门负责人进行询问，被询问人不回避矛盾和问题，不讲客观原因，只讲解决办法。坚持"一府两院"向常委会报告前一次常委会审议意见贯彻落实情况，对审议意见落实整改情况进行"回头看"，督促承办单位及时整改落实到位。全年共听取"一府两院"贯彻落实前一次常委会审议意见的报告6个，涉及审议事项20多个，促进了环境污染整治难、城市低保补贴标准低等问题的解决，提升了审议工作的实效。

建立机关工作长效机制。根据中央和省、市、区委统一部署，区人大机关充分发挥人大联系群众的优势，认真开展党的群众路线教育实践活动。结合“代表回选区见选民”等活动，深入查摆“四风”问题，列出四个方面24个整改事项，逐条逐项整改落实到位，修订完善各项规章制度12件，形成了以制度建设保障机关工作规范运行的长效机制。机关党员干部理想信念和宗旨意识进一步增强，工作作风进一步转变，履职能力明显提升。

加强街道人大工委建设。定期召开街道人大工委主任会议，创新街道人大工作方法，完善街道人大工作制度，拓展街道代表组履职平台，通过会前学法、走访调研、视察询问等多种方式，激发代表的履职热情。

政府工作报告

——2015年2月10日在淮安市清河区第八届人民代表大会第四次会议上

2014年工作回顾

2014年是贯彻党的十八届三中、四中全会精神，全面深化改革的开局之年。过去的一年，在市委、市政府和区委的正确领导下，在区人大、区政协的监督支持下，我们紧紧依靠全区广大干群，积极应对复杂多变的宏观形势，抢抓机遇，攻坚克难，开拓创新，较好地完成了区八届人大三次会议确定的年度主要目标任务，经济社会发展总体呈现“稳中有进、质态提升、民生改善”的基本特征。“稳中有进”：经济运行总体平稳，主要指标保持在合理区间与预期目标内，实现地区生产总值143.15亿元、规模以上固定资产投资136.98亿元、全社会消费品零售总额130.51亿元，同比分别增长11.3%、29.2%、13.5%，公共财政预算收入34.36亿元，税占比达83.1%。重点项目稳步推进，全年实施亿元以上项目90个，新引进亿元以上项目19个，竣工亿元以上项目12个。“质态提升”：在保持经济平稳增长的同时，发展的质效不断提升、态势持续向好，现代服务业增加值占GDP、高新技术产业产值占规模以上工业总产值比重分别达到43%、49.5%，规模以上工业亩均产值、税收分别突破500万元、20万元，亿元GDP建设用地占用率持续下降，土地利用效率稳居全市前列。“民生改善”：秉承“发展为要、民生为本”理念，不断加大民生投入，持续扩大基本公共服务供给，全区新增财力80%以上用于民生事业。深入实施“十大惠民工程”，进一步提高民生帮扶针对性、实效性，着力推动普惠民生与兜底民生有机结合，实现了经济建设与民生改善同步推进、协调发展。

——推进转型升级，经济实力持续攀升。开发模式逐步转型。积极运用新理念、借鉴新思路，注重发挥市场力量和专业优势，探索推动经济开发模式再塑。以恒盛科技园、传化公路港等为代表的市场化园区建设和运营模式顺利落地，开启了新常态下经济园区开发模式的试验大幕。先行先试混合所有制改革，成立华信公司实施新亚北侧地块改造，有机整合了政府与市场的双重力量，既有效保证了旧城改造的公共性，又充分激发了市场的积极性，为推动经济下行压力持续加大背景下实现增长动力机制转型、化解经济运行深层次矛盾打下了基础。发展引擎日趋优化。以调高调轻调优调强为取向，深入实施创新驱动发展战略，高新技术、高端人才对发展的拉动作用明显增强，企业自主创新意识不断提升，技改投入力度持续加大，高新技术产业加快发展，新增国家级高新技术企业6家，工业设计园、苏益电器分别通过国家大学科技园、省工程技术研究中心认定。按照“不求所有，但求所用”的理念，通过产学研联盟、科技镇长团、招才引智等渠道和手段，全年新引进国家“千人计划”(1)专家5名，入选省“双创计划”(2)人才2名、“企业博士集聚计划”(3)人才3名，市“淮上英才计划”(4)领军人才6名。产业层次不断提升。中央新亚、金鹰国际、淮安万达等商贸企业发展态势良好，服务业增加值、入库税金分别实现117.41亿元、18.4亿元，同比分别增长12%、36%。在稳步推进传统服务业发展的同时，电子商务、金融等现代服务业加速发展，顺丰电子商务产业园创业孵化能力不断增强，江苏“云街”网上超市地位稳步确立，华夏银行、常熟农商行村镇银行等成功引进，民生银行对外营业，金融机构集聚度不断提升。规模以上工业开票销售、入库税金分别增长12.9%、8%，清河新区荣获省“两化”融合(5)示范园区，旺旺食品开票销售、入库税金分别进入全市前20强、前10强，清江制药、澳洋顺昌（一期）开票销售分别实现3.4亿元、2.7亿元，入库税金分别超过5000万元、1000万元，金象传动成为全市首家“新三板”(6)挂牌企业，贝林科工贸等8家企业在上海股交中心成功挂牌，工业经济在区域发展中的贡献度进一步提升。

——突出建管并举，城市品位持续提升。城市价值不断提升。将城市价值提升作为城市建设的基本动力，扎实推进淮海东路片区城市设计，为进一步优化“两大核心商圈”板块布局、功能定位、城市形态提供了遵循。旧城改造三年计划稳步实施，有轨电车及周边配套工程（一期）、清江电机厂南厂区等地块完成房屋征收，商业潜力逐步显现。淮海第一城新天地、汇丰中央广场（一期）等城市综合体建成营业，御码头美食街、大同路美食街改造提升工程基本完成，吸引了一批知名品牌、高端业态竞相入驻，中心城区人气、商气加速集聚，城市商业价值进一步提升。城市环境持续改善。以打造淮安“最宜居”城区为目标，顺应群众所盼，回应群众诉求，努力优化居住环境、提升生活品质。扎实推进老旧小区改造，综合整治老旧小区6个、面积30万平方米，无人管生活院基本物业服务实现全覆盖。深入推进公共基础设施建设，新增公共停车泊位1010个、社区文化信息共享工程服务点7个，新建（改造）公厕39座、游园2个，改造升级淮海路、老坝农贸市场，顺利完成拥军巷等12条巷道整治工作，新区公交枢纽站、清泓家苑垃圾中转站投入使用，兴华花园安置房主体封顶。着力改善居住环境，丰收河、王河整治全面完成，西安路工业园区整治取得阶段性成果，水功能区水质达标率82%，省级节水型社会示范区创建成功，古淮河景区创成省级生态旅游示范区，城市绿化覆盖率达到40.5%。城市文明程度日益提高。以保障省十八运、全国文明城市创建迎检为契机，着力推动城市秩序和文明程度同步提升，涌现出“中国好人”金驹、全国公安系统二级英雄模范姜贵才等一批先进典型，向阳、朝阳社区创成省城市管理示范社区，环宇路创成省城市管理示范路，城市长效综合管理考评得分全市第一，为淮安顺利通过全国文明城市提名资格考核验收作出了突出贡献。

——增进民生福祉，社会建设持续推进。社保体系不断健全。新增城镇就业8647人、创业4015户，创业带动就业17378人，城镇居民人均可支配收入超过3万元，城镇登记失业率控制在2.07%以内，向阳社区创成全市唯一的国家级充分就业示范社区。第九次调增新区被征地农民基本生活保障待遇，“土地换社保”、居保转城保有序实施，城乡基本社会保险覆盖面全市第一。慈善援助扩面深入实施，困难家庭学生教育资助稳步推进，“安康关爱行动”[7]扎实开展，新建3A级社区居家养老服务中心5个，政府购买居家养老服务增至400名。社会事业优质发展。香港伟才国际等知名幼教品牌顺利落户，引入市实验小学联合办学，繁荣小学成功获评“中华诗教先进单位”，高标准通过全国义务教育发展基本均衡区验收、省学前教育改革发展示范区现场评估，教育现代化建设水平省级监测得分全市第一。社区卫生服务中心全部实施国家基本药物制度，万达社区卫生服务站建成使用，“单独两孩”政策有序落实，免费孕前优生健康检查、重度残疾人保障工作全省领先，在全市率先启动“连心家园”[8]省级试点，创成国家慢性病综合防控示范区。社区文化艺术节、“百场演出进社区”等文化惠民活动成功举办，新建100平方米以上社区文化活动中心4个，创成全市唯一的省级公共文化服务体系示范区。全民健身运动深入开展，38个社区“10分钟体育健身圈”[9]全面建成，清河跳水队取得省十八运跳水项目奖牌、总分“双第一”。社会治理扎实有效。平安、法治建设不断深化，网格化社会管理服务模式影响力进一步扩大，荣获省社会治安综合治理先进集体、“六五”普法先进区称号，实现省双拥模范区“三连冠”。“星级”社区[10]综合考评启动实施，社区减负有序开展，服务型社区建设加快推进，上海路、清淮路社区分别创成全国和谐社区建设示范社区、综合减灾示范社区。积极培育扶持社会组织发展，在全市率先启动社会组织公益创投活动，新增各类社会组织31个，扶持公益服务项目34个。食品药品监管力度不断加大，安全生产等“六大专项行动”[11]全面开展，圆满完成青奥会、省十八运前后安全稳定保障任务，社会大局保持和谐稳定。

——转变工作作风，自身建设持续加强。认真执行中央和省、市、区委关于改进工作作风、密切联系群众各项规定，扎实开展政府系统群众路线教育实践活动，深入查摆“四风”问题，大力整改群众反映强烈的老旧小区环境、水污染防治等突出问题，切实打通联系服务群众的“最后一公里”。自觉接受人大法律监督、政协民主监督、社会舆论监督，邀请部分人大代表、政协委员列席政府常务会议，主动征求社会各界对政府工作的意见建议，办结人大代表建议153件、政协委员提案125件，满意率99.3%。出台机关干部问责办法，深化行政权力网上公开透明运行，暂停、取消一批行政审批项目，“阳光清河”、区长热线办结率100%，行政效能持续提升。强化行政监察和审计监督，加强政府投资项目、专项资金等重点领域监管，严控“三公”经费支出，注重从源头上预防和治理腐败，“廉洁清河”建设深入推进。

积极支持工会、共青团、妇联、红十字会、关工委等开展工作，区志档案、政府法制、台侨事务、民族宗教、机关事务、人武人防等工作均取得了新的成绩。

各位代表，奋斗的历程充满艰辛，取得的成绩来之不易，这是区委总揽全局、正确领导的结果，是区人大、区政协有效监督、全力支持的结果，是全区上下团结拼搏、开拓创新的结果。在此，我代表区人民政府，向在座的各位代表和委员，向全区广大干群以及所有关心支持清河发展的社会各界人士表示衷心的感谢，并致以崇高的敬意！

各位代表，过去的一年，经历的挑战前所未有，积累的经验弥足珍贵，我们深切感受到：做好经济社会各项工作，必须保持定力不动摇，牢牢把握经济发展规律，加快转型、提质增效，全力推动区域综合实力迈上新台阶；必须奋发有为不懈怠，善借改革之力，善谋创新之举，迎难而上、主动作为，全面推进清河科学发展实现新跨越；必须改善民生不停步，始终坚持问政于民、问计于民、问需于民，从人民群众中汲取不竭智慧和力量。

在充分肯定成绩的同时，我们也清醒地看到发展中还存在一些困难和问题：改革攻坚力度还需进一步加大，瓶颈制约依然存在，市场主体的活力有待进一步释放；产业发展层次不高，增长动力机制还没有真正实现转换，传统产业与信息技术、网络经济融合度不够，转型升级步伐有待进一步加快；群众诉求日趋多元，民生保障依然存在不少薄弱环节，教育、医疗、养老等公共服务资源配置仍不够均衡，民生投入结构有待进一步优化；政府转变职能还不够到位，依法行政意识和能力有待增强，转变作风长效机制还需要进一步完善等等。对此，我们将高度重视，切实采取有效措施，认真加以解决。

2015年工作安排

2015年是全面深化改革、全力化危为机的关键之年，也是清河冲刺“十二五”奋斗目标的收官之年。新的一年，以“中高速、优结构、新动力、多挑战”为基本特征的新常态对政府工作影响深远，我们必须立足时代背景，顺应发展规律，紧扣区情实际，认真研究好、把握好“认识新常态，适应新常态，引领新常态”这个大课题、大逻辑。新常态带来新挑战。随着经济发展降速换挡、产业结构深度调整，尤其是互联网经济、电子商务的迅猛发展，倒逼传统产业转型升级的压力持续加大；国家“营改增”、国务院规范税收优惠以及加强地方政府性债务管理等政策法规的实施，给我们的财税增收、招商引资、投融资等工作带来了新的挑战；新常态对区域特色化、差异化发展提出了新的更高要求，清河房地产、商贸服务业等优势产业，正面临着市场需求日趋饱和、消费群体分化转移的压力，加之全市“东扩南连”步伐不断加快，中心城区区位优势、商贸中心比较优势面临被削弱的挑战，巩固提升优势产业、重构经济增长动力的任务艰巨等等，这些都需要我们超前谋划，积极应对。新常态伴随新机遇。当前经济发展长期向好的基本面没有改变，国家“一带一路”[12]、江苏“一市一策”、淮安“一区一题”等政策措施的深入实施，为我们提供了良好的发展机遇；国家和省市加快行政审批制度改革，先后取消和下放了一批行政许可项目，有效降低了创业门槛、释放了改革红利、激发了创新活力，为我们进一步推动全民创业、发展民营经济营造了宽松环境；经过多年的努力，清河经济社会发展水平位居全市前列，优质企业、高端资源集聚度高于周边县区，为清河转型发展、跨越发展奠定了坚实基础，积累了比较优势。新常态需要新作为。严峻复杂的形势、持续下行的压力、改革发展的难题，需要我们牢固树立忧患意识、担当意识、进取意识，重视解决发展中的突出矛盾问题，科学谋划好既利当前、又利长远的发展思路，制定务实管用的应对措施，努力建设经济强、百姓富、环境美、社会文明程度高的新清河。

根据区委七届六次全体（扩大）会议部署，今年政府工作的总体思路是：认真贯彻党的十八届三中、四中全会和习近平总书记在江苏视察时的重要讲话精神，按照中央经济工作会议和省委全会、市党代会工作要求，突出稳中求进、好中求快总基调，深入推进转型升级，持续深化改革创新，不断增进民生福祉，奋力开创经济社会发展新局面，努力把清河打造成淮安中心城市功能核心区、形象展示区和基本实现现代化先行区。

今年的主要预期目标是：地区生产总值增长10%左右，公共财政预算收入增长10%，全社会消费品零售总额增长13%左右，规模以上固定资产投资增长18%左右，城镇居民人均可支配收入增长9%左右，城镇登记失业率控制在2.1%以内，万元GDP能耗持续下降，完成主要污染物排放削减任务。

上述目标是综合研判各方面因素，按照“远近结合、高低适度、内外兼顾”的原则审慎确定的，既充分考虑了市委、市政府“上水平”之年的总体要求与清河“十二五”奋斗目标任务的有机衔接，也综合权衡了新常态的特征要求和区情实际，部分指标较往年相比略有下调，主要是为深化改革创新、加快转型升级、提升发展质效腾足空间、留有余地。要实现这样的目标，需要我们顺应大势，主动作为，着力做好“转、改、顺”三篇文章。转，就是转变方式，引领发展上水平、上台阶。我们将自觉遵循新常态下经济运行的新规律，在有效巩固要素驱动、投资驱动的同时，千方百计增加创新驱动的份额，推动发展模式在问题不断凸显中进行重构、风险在不断暴露中得到缓释，着力打造动力更强、更具韧性的发展驱动系统。改，就是深化改革，向改革要活力。我们将准确理解市场、政府“双引擎”的辩证关系，一方面深入推行“先照后证”、积极探索“三证合一”[(13)]改革，把该放的权放到位，该营造的环境营造好；另一方面突出企业在市场中的主体地位，引导企业家担好“掌舵人”、“操盘手”角色，大力培养沉着冷静的“船长精神”，让企业家有用武之地，实现由企业、产业的元气足，谋全区经济发展上水平。顺，就是顺应期盼，让群众共享发展成果。群众对美好生活的向往永无止境，我们的努力奋斗也永不停步。我们将直面群众日益增长的物质文化需求，树立强烈的发展意识，立足当前办实事，着眼根本建体系，努力让辖区群众享受更均等的社会保障、更优质的公共服务、更舒心的生活环境。

围绕上述目标和要求，我们将重点抓好以下六个方面工作：

一是顺应趋势加快转型升级。产业是经济发展之根，根不强，枝难壮。我们将积极顺应发展趋势，全力推动现代服务业、都市型工业和新兴产业“三驾马车”在并驾齐驱中持续提升，促进区域经济且行且稳健。

加快发展互联网经济。把发展以互联网技术为支撑的关联产业作为清河跨越发展的“新引擎”，坚持市场主导与政府推动相结合，充分发挥环渤海湾经济圈与长三角经济圈之间的交通枢纽优势，抢抓新一轮科技革命孕育的有利机遇，研究出台支持互联网经济发展政策，进一步发挥好区电子商务协会的桥梁作用，以顺丰电商产业园、江苏“云街”、传化公路港等项目为支撑，大力发展电子商务、平台经济[14]、社群经济[15]等新型业态，努力构建淮安线上线下互联互通的互联网交通枢纽。围绕P2P金融[16]、供应链管理、云计算、云服务等领域，积极招引区外互联网企业、领军人才，大力扶持房乐淘、“我要吃”等本土企业，着力培育一批高成长性互联网企业“后备军”、“生力军”。全力支持顺丰电子商务产业园拓展跨境电商业务、畅通跨境物流服务，积极争创国家电子商务示范基地，引领周边电子商务生态圈发展，努力打造苏北电商一站式服务中心、智能化物流中心。鼓励江苏“云街”加快社区店规划布点及建设步伐，与顺丰速运构建城市共同配送体系，争取早日在“新三板”挂牌。

改造提升服务业。以增强中心城区能级为核心，加大服务业改造提升力度，全力打造淮安商业商务、金融服务、文化旅游“三大功能中心”，巩固提升中心城区地位。围绕商业商务中心定位，大力推进传统服务业内部整合，与高新技术产业、网络经济有机融合，借鉴上海“新天地”、南京新街口等特色商圈运营经验，推动淮海东路、现代有轨电车沿线商业片区提档升级，汇通市场、布匹市场等改造提升，茂业时代广场建成运营，提升万达金街、开元路商业街、富强路便民街等档次水平，不断优化商业商务空间布局。围绕金融服务中心定位，加大金融产业招商力度，进一步提高金融机构集聚度，确保兴业银行、南京银行年内落户，华夏银行、常农商村镇银行建成营业，江苏银行大厦年内具备交付条件，淮安金融中心(一期)年内部分主体封顶。围绕文化旅游中心定位，策应里运河文化长廊建设，加快御码头美食街主力店、品牌店招商步伐，推动中国爱情小镇(一期)、演艺中心等建成运营，真影荣文化产业园尽快落地，加速发展休闲经济、月光经济，推进清河文化旅游产业更好更快发展，着力打造“旅游目的地”。

做强做特都市型工业。充分发挥清河新区“两化”融合示范园区效应，以智能制造为突破口，不断拉长新材料、新医药、高端装备制造等产业链条，增加增值环节，确保全年规模以上工业开票销售、入库税金分别增长15%、10%，高新技术产业产值、新兴产业产值占规模以上工业总产值比重分别达到52%、45%，争创省级高新技术企业5家、研发机构3个。进一步突出企业主体地位，全力促进技术创新、产品创新、管理创新、商业模式创新，鼓励澳洋顺昌、清江制药、金象传动等骨干企业走智能化、内涵式发展之路，引导顺泰包装、苏益电器等企业加大技术改造、产品研发、市场拓展力度，支持麦德森制药、安洁医疗等企业加快股改上市步伐。加大中小企业扶持力度，建立产业联盟，组建行业协会，引导同类企业错位竞争、关联企业功能互补，实现融合发展、合作共赢。充分发挥人才对都市型工业的支撑作用，采取项目捆绑、校企合作等方式，多方位、多元化引进高端人才、技术团队，确保全年新增“企业院士工作站”1家以上，引进国家“千人计划”专家2名以上、各类高端人才20名以上。以恒盛科技园、传化公路港、恩源·源家园等为范例，全面推动经济开发模式转型升级，逐步使清河走出一条以技术、人才为根本驱动力，以高收益、高集约度为基本特征，以开发模式转型升级为支撑，更加有利于创新创业的都市型工业发展之路，力争早日为全市工业经济可持续、内涵式发展提供样本。

二是科学抓好项目建设。项目建设是推动经济发展的主抓手。我们将牢固树立“项目为王”理念，按照清河发展实际和产业转型需要，有重点地推进和实施一批大项目、好项目。

*进一步提升招商精准度。*招商质效事关项目实施、产业发展，我们将把提升精准度作为破题之要、攻坚之道，集中精力、整合资源，积极招引一批实力强、质态好、潜力大的优质项目。找准招商方向。主动顺应产业发展趋势，按照“增链、补链、强链”的要求，推动招商工作有的放矢，力求精准。盘活现有楼宇资源，充分利用存量资产开展定向招商，努力引进一批总部楼宇经济、文化创意产业类项目。创新招商方法。按照专业化、市场化、平台化要求，加快转变招商思维，积极探索代理招商、产业招商、平台招商等新举措、新手段，确保全年新签约亿元以上项目不少于15个，注册外资实际到账不低于1亿美元。完善招商机制。进一步健全完善考核办法，优化组织方式、激励机制以及项目评审制度，集中优势兵力，聚合多方资源，着力引进符合清河实际的重大产业项目、城市功能性项目。

*加快重点项目建设。*对签约未开工项目，切实加强与投资企业沟通对接，加快前期手续办理，全力推动华信广场、华希广场等10亿元以上重特大项目早日开工，尽快释放对片区发展的带动效应。对在建项目，科学制定路线图、明确时间表，及时协调解决好各类矛盾问题，推动雨润中央新天地、力宝广场等项目加快进度，茂业时代广场、苏宁生活广场等项目全面运营，大功率高亮度LED芯片及光电产业化、高速齿轮传动装置等项目竣工投产，确保早见成效、多作贡献。对建成项目，建立效益评价体系，实行全程跟踪管理，帮助精品灯具城、爱家生活广场等盘活存量资产，推动中环国际广场、锦绣智慧生活广场等全面运营，引导旺旺食品、华美能源等加快技改、多增产能，进一步提升项目的运营效益和发展贡献度。

*不断提高帮办服务水平。*健全完善帮办服务机制，继续实施项目“ABC”分类管理(17)和保证金制度，积极推行档案化管理、全程化服务，更高效率地推进项目建设。针对项目建设中存在的融资难、审批慢等矛盾问题，强化帮办单位、职能部门的服务意识，积极帮助投资方协调处理好与审批单位、金融机构、建设主体等方面的关系，确保项目按序时推进。以提升帮办服务能力为重点，通过业务培训、实践锻炼等途径，强化手续办理、建设流程、工程招投标等专业知识学习，提升综合协调、应急处置等业务素质，努力发现和培养一批“项目能手”“帮办标兵”，不断提高帮办服务的专业性和实效性。做好新形势下向上争取工作，加强政策研究，加大工作力度，力争全年为重大产业项目、重要功能项目向上争取资金1亿元以上。

三是稳步推进重点领域改革。以处理好政府与市场关系为核心，加快突破一批引领性、带动性、标志性强的改革事项，推动各项改革任务落实落地，最大限度释放改革红利、激发市场活力。

*积极推进经济领域改革。*在区委领导下，深化国有企业改革，放大华信公司混合所有制改革效应，积极探索股权改革、资本结构优化等新路径，切实推动区属国有资产公司向多元实体经营功能转型，着力吸引更多社会资本参与旧城改造、基础设施建设和政府公共服务。加快国有资产管理体制改革，围绕“配置合理、使用高效、处置规范”的要求，健全完善管理办法，积极探索市场化运作模式，盘活用好辖区闲置资产、存量资源，不断提升运营管理水平，全力促进国有资产保值增值。推进预算管理制度改革，围绕加强政府全口径预决算管理的总体要求，将存量地方政府性债务纳入预算管理，全面公开政府预决算，加快建立预算绩效制度，逐步健全完善科学规范、公开透明的预算制度。

*稳妥推进行政管理体制改革。*积极实施政府机构改革，按照省市要求，整合工商、食药、质监等部门职能成立市场监管局，合并卫生局、人口计生委组建卫计委，进一步优化政府机构设置、职能配置。加快行政审批制度改革，完善区政务服务体系，实施审批服务流程再造，推行“并联审批”，逐步实现由过去单纯的行政审批向“服务+审批”“保障+审批”转变。深化市场准入和监管制度改革，在全市率先启动“三证合一”登记制度改革，进一步降低市场准入门槛，放宽经营场所限制，大力推进全民创业，努力打造全市“门槛最低、效率最高、成本最少、服务最优”的政务环境。

*加快推进社会领域改革。*充分发挥推进社会组织改革发展意见的引导作用，探索社会组织承接政府购买服务机制，编制政府购买服务项目清单，大力培育和发展公益类、服务类、调处类社会组织，进一步提高社会组织参与社会管理服务的能力和水平。科学编制社区事务目录，严格实行社区事务“费随事转”，逐步提高工作经费标准，多渠道解决办公活动用房问题，进一步转变职能、厘清职责、减轻负担，为社区更好地服务辖区群众创造良好环境。深化和谐社区建设，发挥综合考核办法促进作用，强化社区品牌化建设，确保年内省级和谐社区创成率达到85%。

四是不断提高城市建设管理水平。以推动城市转型发展为主线，持续优化城市功能布局，全面提升中心城区整体商业价值和空间品质。

*有序推进旧城改造。*充分发挥规划引领作用，按照“连片整理、统一规划、价值提升、环境优化”要求，深入实施旧城改造三年计划，有序启动华丰装饰城、中液生活区等片区改造，着力提升中心城区形象。积极探索新常态下旧改运作新思路、新路径，通过搭建股权、品牌等要素资源合作平台，招引有资金实力、有商业资源、有从业经验的企业参与开发建设，加快在水一方、奥林大厦等地块实施进度。切实加快征收改造步伐，科学制定征收补偿安置方案，确保中医院临床教学综合楼、有轨电车及周边配套工程（二期）等地块尽快完成征收。用足用好市政府“一区一题”专项扶持政策，加大重点地块攻坚力度，加快总理童年读书处周边特色街区改造建设步伐，确保上半年完成招商、年内完成征收。

*着力提升新城区承载力。*紧扣清河新区与盐河生态科技城发展定位，推动产业发展与项目建设有机结合、功能布局优化与公共服务提升同步实施，全力促进新老城区良性互动、融合发展。进一步放大新区生态优势、比较优势，以多元化思维发展休闲旅游、文化创意、

餐饮娱乐等特色产业，以便民化导向完善商业网点、基础设施、公共配套，推动在线服务中心等项目尽快落地，切实增强综合服务功能，加速提升新区人气商气。围绕打造特色化高新技术产业园区目标定位，加快与淮阴区合作共建步伐，高标准、快速度建设盐河生态科技城，完成康马河、姚庄路等基础设施建设，推动传化公路港（一期）、好美生物科技等项目加快进度，确保年内再引进亿元以上项目2个。

扎实做好城市长效综合管理。以开展全国卫生城市复审和文明城市、生态市创建为契机，注重建管并举、内外兼修，切实提高城市管理科学化、精细化水平，逐步实现城市外在形象与内在品质的同步提升。加强城市生态环境保护，大力推进节能减排，积极推行工业企业循环经济、清洁生产和环境污染责任保险试点，有序推进水环境综合治理，扎实开展噪声、油烟、扬尘等专项整治，深入实施和平路、交通南北路等道路景观提升工程，新建漕运西路、大同路中段等城市绿色小客厅，不断提升城区环境质量。加大市容管理力度，大力实施流动摊点、城市"牛皮癣"等专项整治行动，积极推进道路清扫保洁、公厕管理等环卫作业外包，深入开展省城市管理示范路、示范社区创建工作，确保城市长效综合管理水平继续位居全市前列。

五是深入推进依法行政。自觉运用法治思维和法治方式想问题、作决策、办事情，着力从根本上、制度上将政府各项工作纳入法治轨道，努力为推动区域发展提供强有力的法治保障。

提高依法行政能力。建立健全政府系统集体学法制度，紧紧围绕项目建设、招商引资、旧城改造、社会治理等重点领域，开展专题培训、专家讲座、在线课堂等学习活动，切实增强政府全体人员科学履职、依法办事的能力。加强执法队伍建设，进一步完善行政执法人员法律和业务知识培训制度，严格实行行政执法人员持证上岗和资格管理规定，扎实开展以"规范、文明、高效"为主题的执法教育活动，不断提升行政执法人员法治素养。以争创全国"六五"普法先进区为契机，扎实推进法律知识进机关、进企业、进学校、进社区，更大力度发挥各类法制宣传阵地作用，着力在全社会营造"尊法、学法、用法、守法"的浓厚氛围。

依法规范行政行为。健全科学民主决策机制，继续完善人大代表、政协委员列席政府常务会议制度，全面推行政府法律顾问制度，完善政府重大行政决策程序，严格规范行政决策行为。按照"法定职责必须为、法无授权不可为"的要求，制定区级行政权力清单，进一步明确行政主体职责权限，认真履行好市场监管、公共服务和环境保护等基本职能，着力从源头上解决不作为、乱作为的问题。健全完善行政裁量权基准制度，进一步细化、量化行政裁量标准，坚决杜绝选择性执法、不公正执法、随意性执法，着力提升公正文明执法水平。

切实加强行政监督。自觉接受人大法律监督、政协民主监督和社会舆论监督，积极推行"领导领办、部门承办、主要负责人会办、督查部门督办"机制，认真办理好人大代表建议和政协委员提案，确保政府各项工作"在阳光下运行"。坚持"公开为常态，不公开为例外"原则，进一步加大政务公开力度，统筹利用政府网站、"阳光清河"、"区长热线"等平台资源，重点推进政府投资项目、安置房建设、房屋征收等领域信息公开，依法保障群众的知情权、参与权、监督权。认真落实机关工作人员问责办法,加强内部制约和风险防控,推动财政监督、审计监督与行政监察有机衔接,切实把行政权力关进制度的"笼子"里。

六是更加注重保障改善民生。坚持把改善民生作为发展的落脚点,持续加大投入力度,切实办好民生实事,不断提升群众幸福感和满意度。

*编密织牢社会保障安全网。*积极促进就业创业,以国家级创业型城区建设为抓手,通过打好技能培训、岗位推介、创业激励等"组合拳",进一步营造"大众创业、万众创新"的浓厚氛围,重点做好"4050"人员、被征地农民、高校毕业生、"零就业"家庭等特殊群体就业服务,确保新增创业不低于2000户、城镇就业不低于8000人、下岗失业人员再就业不低于3000人。扎实推进社保扩面征缴工作,继续提高居民医保财政补贴标准,重点落实好非公经济组织从业人员、灵活就业人员、就业困难人员和农民工参保工作。探索多元化养老服务模式,拓宽政府购买居家养老服务覆盖面,实现社区居家养老服务中心(站)全覆盖。完善社会救助机制,鼓励引导社会各界人士积极投身慈善事业,深入实施慈善援助工程,继续做好重度残疾人、困难职工等群体的救助工作,进一步提高城市低保、城乡医疗救助等标准,切实保障困难群众基本生活。

*着力办好社会事业。*坚持以"六化联动"[(18)]方略为指引,进一步加快学前教育发展步伐,全力推进淮师附小新校区建设,引导市区两级教育战略合作协议释放更大效应,深入推进教育现代化建设。积极开展全民健身活动,适时启动省公共体育服务体系示范区创建。健全完善公共文化服务网络平台,切实加强文化遗产保护、传承和利用,扎实开展"幸福清河"社区文化艺术节、"书香清河"全民阅读节等文化惠民活动,不断强化文化市场执法监管,努力营造健康向上的文化环境。加快完善社区卫生服务体系,扎实抓好医疗服务、学校卫生、传染病防控等重点领域专项整治,不断提升医疗卫生服务水平。深入实施"亲情关爱"工程[(19)],精心打造"连心家园"三级服务平台,全面提高人口计生工作水平。加强食品药品安全监管,确保群众"舌尖上的安全"。

*全力维护社会和谐稳定。*深入推进平安、法治建设,进一步健全网格化管理服务平台,完善群防群治工作机制,全力防范和及时处置各类刑事、治安案件,切实维护社会公共安全。严格落实安全生产责任制,进一步加大宣传教育力度,扎实推进企业安全生产标准化建设,深入开展安全隐患排查整治及"六打六治"[(20)]专项行动,强化商场市场、"五小"行业、"三合一"场所[(21)]等重点领域安全监管,严防重特大安全事故发生。全力维护社会稳定,加强分析研判,强化矛盾纠纷排查调处,进一步畅通群众诉求表达、权益保障渠道,努力从源头上预防和化解各类矛盾问题。着力构建和谐劳动关系,完善劳动争议联合调解机制,切实保障职工合法权益。扎实做好民族宗教、外事侨务、拥军优属、国防教育、对口援疆等各项工作。

各位代表,今年我们将继续实施好区政府"十大惠民工程"。一是就业创业工程,扩大特殊群体就业创业培训受益面,为在清河创业的困难高校毕业生提供资金支持,面向社会组织购买公益性创投项目20个。二是尊老养老工程,向领取城乡居民基础养老金人员、被征地基本生活保障养老年龄段人员提供免费体检，新增标准化社区居家养老服务中心10个。三是医疗惠民工程，向符合生育条件的计划怀孕夫妇免费提供孕前优生健康检查，将万达社区卫生服务站扩建成社区卫生服务中心。四是社会救助工程，为困难职工、困难学生、单亲特困母亲家庭等困难群体提供政策帮扶、资金资助、法律援助，将城市低保标准提高到每人每月490元。五是育才兴教工程，按照省教育装备一类标准逐步提升8所中小学装备水平，按照中小学校舍安全工程标准实施校舍改造。六是助残惠民工程，将贫困精神病人服药纳入免费基本用药，向低保外智力、精神二级残疾人每人每月发放160元护理补贴，给予7-14岁大龄自闭症儿童定点康复训练补助。七是文化惠民工程，实施万人文化公益培训计划，培育群众文艺团队100个以上，举办公益性惠民演出、展览110场次。八是幸福家庭工程，帮助独生子女伤残、死亡家庭解决生活照料、精神慰藉等问题，将0-14周岁独生子女父母奖励金提高至每人每年60元。九是便民服务工程，新建公共停车泊位400个以上、健身步道8-10公里、城市绿色小客厅2个，新建（改造）公厕16座，完成农贸市场标准化升级改造3个。十是舒适平安工程，实施老旧小区综合环境整治8个、60万平方米，对部分道路、后街背巷实施改造提升，逐步更新治安监控系统。

切实加强政府自身建设

当前，经济发展正逐步进入新常态，对政府自身建设提出了新的更高要求。面对经济下行压力、科学发展难度加大的宏观形势，我们将进一步坚持问题导向，保持定力，积极作为，既以取势谋突破，又以求实强根基，着力提振合力攻坚的精气神，加快汇聚推动发展的正能量。

着力提高服务水平。充分认识新规律、新特征，准确把握新形势、新需求，进一步提升服务针对性、实效性。创新服务理念。紧扣区域发展之需、破解瓶颈之急、民生改善之要，更加注重理念创新、思路创新，善借创新之力重塑服务理念，善谋创新之举改进服务方式，切实解决企业、群众生产生活困难。提高服务质量。围绕转型升级、项目建设、要素保障、公共服务等方面需求，把握大势，精准发力，科学施策，力求零失误、不延误，力争出精品、塑形象。增强服务本领。积极探索结构优化、动力转换、风险防范等方面的新路径、新举措，切实提升服务发展能力，增强服务发展本领，做到既能因势利导“锦上添花”、又能突出重点“雪中送炭”，努力以本领强、服务优，赢得群众“点赞”。

全面提升工作效能。把提升效能作为强化执行力、构筑竞争力的第一选择，努力打造一支务实高效的政府团队。转变作风。推动群众路线教育实践活动常态化、长效化，持之以恒转变作风，真心诚意汲取民智，及时回应社会关切，大力解决突出问题，着力把改进作风的实际成效转化为推进工作的强大动力。崇尚实干。坚持沉下心来干事业、踏踏实实抓落实，自觉做到言出必行、行必求成，以“不达目的，誓不罢休”的韧劲和“抓铁有痕，踏石留印”的实劲，推动政府各项工作破浪前行。注重结果。把干成事作为检验抓落实的核心标准，不做表面文章、杜绝形式主义，切实做到不干则已、干则必成。

大力倡导担当精神。积极塑造政府系统勇担当、能干事的良好品质，确保在状态、有作为。强化责任意识。把强化责任作为体现担当、展示品格的首要举措，切实担负起发展重任、担纲好跨越职责，切实做到在其位必须履其职、抓工作更要尽其责。积极主动作为。大力弘扬“面对矛盾勇于迎难而上，面对重任敢于挺身而出”的优良作风，以“逢山开路，遇河架桥”的攻坚精神，勇于“涉险滩”，敢啃“硬骨头”，以更大力度、更大作为推动改革发展，造福人民群众。奋力拼搏争先。强化“狭路相逢，勇者必胜”的拼搏意识，瞄准更高目标，矢志攻坚求进，努力以拼搏争先的干劲换取跨越发展的实效，用政府系统全体人员的辛苦指数提升群众的幸福指数。

切实加强廉政建设。把廉洁从政贯穿到政府工作各个环节，确保干部清正、政府清廉、政治清明。坚持依规施政。牢固树立纪律和规矩意识，始终做到坚持原则不动摇、规范程序不走样、严守规矩不放松，努力打牢思想基础，筑牢思想防线，自觉做到守纪律、讲规矩、严约束。厉行勤俭节约。严格落实中央和省市区委各项规定，牢固树立过“紧日子”思想，确保“三公”经费支出“零增长”，切实把有限的资金用在发展最需要的关键处，用在群众最急需解决的问题上。推进反腐倡廉。严格落实党风廉政建设责任制，切实加强重点领域监察审计，严肃查处各类违纪违法案件，着力惩治腐败行为，努力营造干净干事、风清气正的良好氛围。

各位代表，新的目标催人奋进，新的征程任重道远！我们将在市委、市政府和区委的坚强领导下，按照本次会议确定的目标任务，攻坚克难，务实求进，为建设经济强、百姓富、环境美、社会文明程度高的新清河作出新的更大贡献！

名 词 解 释

（1）千人计划：即海外高层次人才引进计划，主要是围绕国家发展战略目标，从2008年开始，用5到10年，在国家重点创新项目、重点学科和重点实验室、中央企业和国有商业金融机构、以高新技术产业开发区为主的各类园区等，引进并有重点地支持一批能够突破关键技术、发展高新产业、带动新兴学科的战略科学家和领军人才回国（来华）创新创业。

（2）双创计划：根据省委、省政府《关于加强高层次创业创新人才队伍建设的意见》（苏发〔2006〕29号）规定，实施“江苏省高层次创业创新人才引进计划”。设立“江苏省高层次创业创新人才引进专项资金”，引导和支持各地引进海内外特别是海外高层次创业创新人才。围绕江苏省优先发展的重点产业和重大项目，以企业为主体、项目为载体，每年从海内外引进100名左右高层次创业创新人才，并根据其创业创新的发展情况，择优给予持续资助，以进一步增强对海内外高层次创业创新人才的吸引力，激发全社会创业创新的活力。

（3）企业博士集聚计划：从2010年起，江苏省开始实施“企业博士集聚计划”，计划用5年时间资助2000名左右在企业创新创业的博士，对被列入计划的创新创业博士给予每人不低于20万元的资助，吸引人才扎根企业科研一线。

（4）淮上英才计划：根据市委、市政府《关于组织实施“淮上英才计划”的意见》（淮发

〔2013〕7号)规定,为更好地实施“靠开放、靠科技、靠人才”发展战略,加快淮安苏北重要中心城市建设,启动实施“淮上英才计划”。从2013年起,用3年左右时间,围绕淮安重点产业、重点领域和重点学科引进10个创新创业团队、100名创新创业领军人才、1000名创新创业急需人才,从资金、融资、税收、住房、创业场所等方面给予支持。

(5)“两化”融合:工业化和信息化融合,以信息化带动工业化,以工业化促进信息化,走新型工业化道路。

(6)新三板:原指中关村科技园区非上市股份有限公司进入代办股份系统进行转让试点,因为挂牌企业均为高科技企业而不同于原转让系统内的退市企业及原STAQ、NET系统挂牌公司,故形象地称为“新三板”。目前,新三板是全国性的非上市股份有限公司股权交易平台,主要针对中小微型企业。

(7)安康关爱行动:政府出资为城市“三无”老人、60周岁以上低保户老人、重点优抚对象以及其他生活困难老人集中购买老年人人身意外伤害险。

(8)连心家园:根据苏计生协〔2014〕12号文件精神,清河区作为淮安第一个试点单位,清河区以“亲情关爱”工程为基础,积极发挥计生协会的作用和优势,依托现有的区—街道—社区三级人口和家庭公共服务平台,打造“连心家园”工作室,为“失独家庭”搭建一个相互倾诉、相互交流和开展服务的平台。

(9)10分钟体育健身圈:居民在县级以上主城区以正常速度步行10分钟左右、直线距离在800至1000米范围,就有一处可供开展健身活动的场馆、场地或设施;在这个活动范围内,群众还可以获得健身指导、健身知识、健身咨询等服务。

(10)“星级”社区:根据《清河区和谐社区综合考核暂行办法》,区委、区政府决定自2014年起,对社区重点依法履职事项以及与群众生活密切相关的主要服务工作实施年度考核,分为集中考核和第三方居民满意度测评,最终视综合得分排名情况分别评定社区星级等级,包括“一星”至“五星”社区。

(11)六大专项行动:社会治安综合整治、矛盾纠纷排查化解、安全生产检查整改、环境保护、网上舆论引导、工程建设领域专项行动。

(12)一带一路:倡议“丝绸之路经济带”和“21世纪海上丝绸之路”的简称。

(13)三证合一:指工商营业执照、组织机构代码证和税务登记证三个证件合并为一。

(14)平台经济:是一种虚拟或真实的交易场所,平台本身不生产产品,但可以促成双方或多方供求之间的交易,收取适当的费用或赚取差价而获得收益。

(15)社群经济:社群媒体借助互联网的蓬勃发展,持续改变企业行销产品的方式,以及消费者与企业间的互动,从而形成的一种新型经济模式。

(16)P2P金融:指个人与个人间的小额借贷交易,一般需要借助电子商务专业网络平台帮助借贷双方确立借贷关系并完成相关交易手续。借款者可自行发布借款信息,包括金额、利息、还款方式和时间,实现自助式借款;借出者根据借款人发布的信息,自行决定借出金额,实现自助式借贷。

(17)“ABC”分类管理:因客观条件差异可能导致项目推进难度的不同,将项目分为A(难度很大)、B(难度较大)、C(难度一般)三类,方便对项目开展情况进行分类管理、区别分析,同时为每类项目制定不同的考核细则,确保项目考核时能够客观公正。

(18)六化联动:优质化、均衡化、集团化、国际化、特色化、现代化联动。

(19)“亲情关爱”工程:2013年,清河区启动实施计划生育特殊困难家庭“亲情关爱”工程,旨在帮助全区“失独家庭”解决生活、医疗、心理、养老等难题。

(20)六打六治:打击矿山企业无证开采、超越批准的矿区范围采矿行为,整治图纸造假、图实不符问题;打击破坏损害油气管道行为,整治管道周边乱建乱挖乱钻问题;打击危化品非法运输行为,整治无证经营、充装、运输,非法改装、认证,违法挂靠、外包,违规装载等问题;打击无资质施工行为,整治层层转包、违法分包问题;打击客车客船非法营运行为,整治无证经营、超范围经营、挂靠经营及超速、超员、疲劳驾驶和长途客车夜间违规行驶等问题;打击“三合一”、“多合一”场所违法生产经营行为,整治违规住人、消防设施缺失损坏、安全出口疏散通道堵塞封闭等问题。

(21)“三合一”场所:指住宿与生产、仓储、经营一种或一种以上使用功能违章混合设置在同一空间内的建筑。该同一建筑空间可以是一独立建筑或一建筑中的一部分,且住宿与其他使用功能之间未设置有效的防火分隔。

中国人民政治协商会议
淮安市清河区第八届委员会常务委员会
工 作 报 告

——2015年2月9日在区政协八届四次会议上

2014年工作回顾

过去的一年,在中共清河区委的领导下,区政协常委会认真学习贯彻中共十八大、十八届三中、四中全会和习近平总书记在全国政协成立65周年大会上的重要讲话精神,牢牢把握团结和民主两大主题,围绕全区工作大局,认真履行政治协商、民主监督、参政议政职能,深入开展党的群众路线教育实践活动,各项工作取得了新进展,为推动清河经济社会发展作出了积极贡献。

一、围绕中心,服务大局,政治协商有序进行

坚持把政治协商融入全区经济、政治、文化、社会和生态文明建设中,主动议大事、谋良策、促发展。围绕中心开展全体协商。在区政协八届三次全会上,委员们以高度负责的态度对《政府工作报告》进行广泛的协商讨论,围绕全区中心工作和发展大局,通过大会发言、小组讨论、提案等形式进行协商议政。共提交议政发言材料19篇,5位委员作了大会发言。委员们提出的增加事业编制幼儿教师、规范清河区机关事业单位编外用工等建议,受到区委、区政府高度重视。去年,全区新招录事业编制幼儿教师20名。目前已建立了编外用工动态管理信息库,制定出台了严禁机关事业单位新聘编外人员的规定,全区编外用工情况得到了有效控制。选择专题开展常委会协商。2014年,区政协常委会围绕全区医疗市场整治和中小企业发展两个课题,成立专题调研组,深入相关部门、企业、社区,通过座谈、走访、问卷调查等形式开展调研,形成报告,分别召开专题民主协商会议,听取区政府及相关部门负责同志的情况通报。围绕调研课题开展专题协商。相关部门负责同志认为常委会的调研报告情况准确、数据翔实、建议可行。拓展内容开展对口协商。进一步完善专委会与政府职能部门对口协商机制,增强界别工作指导力度,不断提高对口协商成效。各专委会组织基层委员对城市建设、城市水利、科技创新、文化旅游、财税征收、电子商务产业发展等方面工作进行了视察,与政府部门开展对口协商,进一步丰富了清河区政治协商的层次和内涵。

二、开拓创新,注重实效,民主监督有效推进

坚持突出重点,把握难点,不断创新工作理念,认真履行民主监督职能。积极探索民主监督的有效形式。出台了《关于委派民主监督员工作的暂行办法》，选择了区环保局、区城管局、公安清河分局开展委派民主监督小组试点，使政协的民主监督由被动邀请向主动委派转变。民主监督工作小组通过模拟报警、窗口暗访、实地调研、走访企业、听取汇报等形式开展民主监督，既有力地推动相关部门的工作，又进一步丰富了民主监督的形式，每个民主监督工作小组均向被监督单位提交了民主监督建议书。加大跟踪视察评议力度。2014年，区政协选择了消防安全和房屋征收两项工作，由专委会牵头，采取座谈评议和现场评议相结合的方式开展跟踪视察。学宣委在区消防大队的配合下，每季度对消防重点单位和高层楼宇开展一次视察评议活动，实地了解消防安全工作情况，现场听取被视察单位消防安全负责人的汇报，认真开展座谈研讨，提出了健全长效监管机制、加大经费投入等建议。社会法制委组织委员跟踪视察了有轨电车及周边配套工程、社管中心南侧地块等房屋征收工作，对阳光征收、惠民征收提出了具体的意见和建议，一些建议已经得到采纳。提升提案办理工作实效。区政协八届三次会议以来，全体政协委员和政协各参加单位，以提案形式提出意见建议143件，经审查予以立案的130件，其中，集体提案20件，提案办结率、委员满意和基本满意率均为100%。进一步加大日常督办、重点督办和专项督办的力度，先后对《关于进一步规范我区民办幼儿园发展的建议》等6件重点提案，教育局、城管局2家提案承办重点单位，《关于加强老旧小区改造管理的建议》等10件跨年度落实提案开展督办，一批社会关注的重点、热点、难点问题得到了较好地推动和落实。

三、关注民生，助推发展，参政议政有声有色

坚持紧紧围绕区委的决策部署积极参政议政，调查研究求真务实，服务群众尽职尽力，中心工作主动作为。围绕热点难点问题开展调查研究。区政协分别召开常委会、主席会议专题听取各专委会、委员工作组、民主党派、工商联、知联会和部分委员的调研情况汇报。开展优秀调研报告征文活动，全年共收集各类调研报告15篇。农业农村组围绕非上市公司自然人股权转让个人所得税征管存在的问题、医卫组围绕加强清河区安置小区物业管理、社科组围绕建立健全文明城市创建长效机制、工商联围绕推进清河电子商务产业发展等方面开展调研，提出了有益的对策和建议。深入开展“察百姓情、建惠民言、办利民事”系列活动。出台了《加强反映社情民意工作的意见》，聘请45名特邀社情民意信息员，全年共向区委、区政府报送社情民意信息44条。各专委会、委员工作组深入挂钩社区，了解和反映社情民意信息。组织委员开展了爱心捐助、结对帮扶、志愿服务等系列活动，全年共向光彩事业、困难群众捐款捐物累计20余万元，经济一组深入朝阳、上海路社区开展“迎新春、送对联”活动，为社区文艺团队赞助了服装、道具、器乐等演出用品；文教组发起的救助白血病女孩大型募捐义演活动，现场募集资金4.5万元；经济三组深入城西社区开展“结对子、送温暖”活动，为辖区部分困难群众送去慰问金和体检服务；经济四组为沈阳路居家养老服务中心捐赠价值3万元的设备。主动参与中心工作。区政协机关干部和广大委员积极主动地投入招商引资、项目建设、房屋征收等工作。政协机关成功签约泛美国际酒店亿元项目。区政协领导班子成员全年领办重点项目12个，经常深入项目一线出谋划策、协调服务、化解难题，有力推动了项目的顺利实施。机关政协委员有11名同志参与有轨电车及周边配套工程房屋征收工作，其中6人担任组长，得到项目指挥部的肯定。

四、改进作风，夯实基础，自身建设不断加强

坚持以开展党的群众路线教育实践活动为抓手，建章立制，强化管理，履职能力不断提升。扎实开展党的群众路线教育实践活动。区政协党组按照区委统一部署，聚焦“四风”问题，对照为民务实清廉要求，紧密结合政协工作实际，精心安排学习活动，集中交流学习体会，组织机关党员干部开展实境课堂教育、在职党员进社区等主题活动。通过召开座谈会、开展谈心谈话等形式，广泛听取意见建议，搜集梳理各类问题82个，认真制定了“整改清单”，推进整改落实。改进机关服务方式。制定修订了20余项制度，机关作风进一步改进。在制定工作计划、出台文件之前，加强了与委员、与基层的沟通交流，认真听取委员和基层干部的意见、建议。为了减轻委员工作组的负担，凡非涉密的文件或通知都通过政协网络平台发送。建立了政协委员QQ群，方便政协机关与委员工作组、委员与委员之间开展工作交流。强化委员队伍建设。注重发挥委员的主体作用，开展了专委会与委员工作组联合视察，进一步扩大了委员参政议政参与面。注重委员学习培训，举办了“电子商务未来发展趋势”等两期委员论坛，组织部分非公企业家赴浙江大学培训，帮助委员开阔了视野，增强了创新发展的能力。强化委员履职考核，出台了《区政协2014年考核实施办法》，按照参会情况、提交提案、报送信息等方面进行综合打分，并将考核结果作为评先评优、委员调整的重要依据。2014年，农业农村组、文教组、社科组被评为优秀委员工作组，杨绚丽等27名委员被评为优秀委员，3名不称职委员被劝退。

各位委员、各位同志，区政协一年来取得的工作成绩，是中共清河区委正确领导的结果，是区人大、区政府大力支持的结果，是各党派团体、社会各界人士共同努力的结果，是历届政协老领导、老同志热情关心的结果，也是全体委员和政协工作者尽职尽责的结果。在此，我代表区政协八届常委会，向关心、支持清河政协工作的各级领导和社会各界人士表示衷心的感谢！

在肯定成绩的同时，我们也清醒地看到，对照新形势、新任务和新要求，自身工作还存在一些薄弱环节，比如：如何进一步加强调查研究，提高建言献策的针对性和可操作性；如何进一步加强和推进协商成果的转化工作，增强政协履行职能的实效性；如何进一步激发委员履职热情，发挥好委员主体作用；如何进一步提升反映社情民意工作水平。对此，我们要在今后的工作中高度重视，认真研究，切实加以改进。

2015年工作安排

2015年是全面完成“十二五”规划的收官之年，也是清河实现“两大奋斗目标”的关键之年。今年，区政协工作的指导思想是：在中共清河区委的领导下，深入学习贯彻中共十八届三中、四中全会和习近平总书记系列重要讲话精神，牢牢把握团结、民主两大主题，切实履行政治协商、民主监督、参政议政职能，认真贯彻落实区委七届六次全会部署要求，为清河实现“两大奋斗目标”凝更大共识、聚更强合力、献更多良策。

一、把握和谐新要求，更加广泛地汇集各方力量

人民政协是统一战线的重要机构，为改革凝聚共识、为发展凝聚力量，是我们的职责所在、使命所在。

一是坚定方向，始终与党中央保持高度一致。认真学习贯彻党的十八届三中、四中全会精神和习近平总书记系列重要讲话精神，自觉践行社会主义核心价值观，准确把握全面深化改革和依法治国的一系列新思想、新举措、新要求，认真领会中央对政协工作的新定位，对协商民主的新论断，切实把思想和行动统一到中央决策和部署上来，进一步坚定共同理想信念，夯实共同政治基础。

二是着眼全局，始终与区委保持同频共振。深入学习贯彻区委七届六次全会精神，深刻领会区委对当前形势的分析判断，围绕清河“转型升级、提质增效”，积极应对“四大压力”，全力抢抓“四大机遇”，聚焦“两大奋斗目标”，重抓“六大重点任务”，凝聚社会各界智慧和力量，找准服务全区经济社会发展的切入点和着力点，全力助推区委重大决策部署的贯彻落实。

三是共聚合力，始终与各界人士保持密切联系。发挥政协大统战优势，进一步加强同党外人士、民族宗教界人士、非公经济界人士等社会各界人士的沟通联系，积极为他们广泛参与政协事务，深入了解政情民情、充分表达建议主张搭建平台。建立主席会议成员走访各民主党派、工商联和无党派人士制度，关注各民主党派、工商联、知联会的发展，及时将各民主党派、工商联换届产生的重要代表，吸纳进入政协委员队伍。

二、适应发展新常态，更加有为地服务科学发展

服务发展是政协履职的第一要务，要主动顺应新常态，积极谋划新思路，唱响“好声音”、献出“金点子”。

一是开展调查研究，服务发展大局。紧扣区委区政府关注点、改革关键点、群众热议点，围绕产业升级、项目建设、功能提升、改革创新和民生改善等方面，深入调查研究，积极建言献策。进一步改进调研方式，提高调研的组织力度和计划性，增强建言的针对性和可操作性。鼓励专委会、党派团体、委员工作组与区党政部门开展联合调研，按照“一个课题、一位负责人、一套调研班子”的模式，整合调研力量，提高调研实效。

二是履行监督职能，推动中心工作。充分发挥民主监督职能，推动区委区政府决策部署的贯彻落实，组织专委会和委员工作组对重点工作和“十大惠民工程”进行跟踪视察。对文明城市创建、城市内河环境保护、安全生产等工作开展“挑刺式”无陪同视察监督活动。扩大选派民主监督工作组的覆盖面，向区法院、检察院、民政局、食药监局、教育局、人社局等部门选派民主监督工作小组，向广大群众宣传有关部门改进作风、服务群众的好做法，反馈群众提出的意见和建议，促进部门改进工作、提升服务质量。

三是发挥自身优势，参与经济建设。动员区政协机关全体人员和广大政协委员，围绕区委部署，努力做好招商引资、项目帮办、房屋征收、安置房建设等各项重点工作。加大项目帮办服务力度，深入项目建设一线，及时协调解决各类矛盾和难题，推动九龙国际大厦等项目尽快建成营业。深入企业开展调研，帮助企业排忧解难，努力营造支持企业发展的社会氛围，助推企业转型升级。

三、顺应群众新期盼，更加倾心地促进民生改善

履职为民是人民政协的工作宗旨，要扎根人民、深入群众，聚集民智、反映民情、维护民利。

一是及时反映群众诉求。问题是时代的声音，人心是最大的政治。继续开展委员工作组联系社区和委员联系群众活动，广泛收集基层群众对社会热点、难点问题的意见建议。完善社情民意收集网络和沟通反馈机制，为各民主党派、政协委员和社情民意信息员搭建起搜集反馈社情民意的有效平台，通过专题协商、提案、社情民意信息等多种形式，及时向区委、区政府反映群众的愿望呼声和社会动态。

二是高度重视群众关切。围绕教育均衡发展、资源环境保护、和谐劳动关系建设等重要问题深入开展视察调研，积极协助有关部门加快推进民生重点工程建设，落实各项惠民政策，为幸福清河建设出谋划策。每个专委会选择一个群众关注的话题，带着对人民群众的深厚感情，认真开展调查研究，深入基层召开座谈会，直面群众，听取他们的内心诉求，并与党政部门开展对口协商，真实反映群众意愿，促进社会和谐稳定。

三是帮助解决群众困难。要倾注更多精力、采取更有效措施，不断增进民生福祉。动员广大委员深入基层，走进社区，从困难群众最忧、最盼的问题入手，坚持体外"补血"与自身"造血"相结合、个人帮扶与社会救助相结合，发挥工作组优势和委员专长，采取法律咨询、医疗服务、科学普及、捐资救助、提供就业或实习岗位等措施，切实帮助困难群众解决具体困难，让他们有尊严、有保障、有盼头。

四、拓展协商新渠道，更加积极地推进民主建设

政治协商是人民政协的重要职能，要不断完善协商程序、丰富协商形式、提高协商能力、提升协商成效。

一是深入开展专题协商。区政协常委会围绕全区经济社会长远发展和事关群众切身利益的重要问题，选择提升传统商业、加快诚信体系建设、加强社区文化建设三个重点协商议题，深入开展调查研究，组织专题协商议政。邀请区党政领导、有关部门负责人、专家学者、政协委员和群众代表参加协商活动，听取情况通报，提出意见建议。

二是积极创新协商模式。健全知情明政制度，相关部门定期通报有关情况，为政协委员履职提供便利，创造条件。探索基层协商机制，把协商的重心下移到基层一线，专委会和委员工作组要结合专题视察和委员进社区活动的开展，对涉及群众利益的事情，在群众中广泛协商。不断创新协商的形式和手段，开展视察式现场协商，让委员现场看、现场议，使协商更加生动直观。充分运用微信等手段，开展网络式互动协商，突破时间地点限制，引导委员充分表达意愿，通过网络收集民意民智，提高协商民主的开放性。

三是着力转化协商成果。坚持把注重协商成果转化贯穿于协商民主全过程，建立协商成果采纳、落实和反馈机制。重要的调研、视察报告，经常委会议或主席会议审议后，以建议案或者社情民意信息的形式提交区委、区政府作为决策参考。加强提案工作创新，着力提高提案“产生”、“办理”两个质量。增加集体提案比重，提高提案质量。创新提案办理的评价、评议、督办和通报方式，探索提案办理满意度第三方评议办法，着力提升提案的落实、办理质量。

五、激发履职新活力，更加全面地加强自身建设

自身建设是政协事业发展壮大的重要前提，要深刻认识人民政协面临的新形势、新任务，提高政治把握能力、调查研究能力、联系群众能力、合作共事能力。

*一是着力提高机关工作效能。*进一步加强常委会和机关建设，守纪律，讲规矩，着力营造“热烈而不对立、真诚而不敷衍、尖锐而不极端”的履职氛围。巩固深化党的群众路线教育实践活动成果，认真解决存在的突出问题和薄弱环节，建立健全长效机制，坚持不懈地反对“四风”、恪守“三严三实”要求。加强干部队伍建设，努力打造政治坚定、作风优良、学识丰富、业务熟练的高素质政协机关干部队伍，提高服务水平，充分发挥机关在政协工作中的保障作用。

*二是不断丰富委组活动内容。*调整委员工作组委员结构，增进界别之间融合沟通。充实专委会力量，重视发挥专委会作用。今年各专委会和委员工作组重点围绕“五个一”开展工作：即对一个部门进行民主监督；选择一个调研课题开展调查研究；组织一次专题视察活动；负责对一项惠民工程或重点工作开展跟踪视察；开展一次为民办实事活动。

*三是全面提升委员能力素质。*定期举办委员论坛，帮助委员把握国情、了解区情，提高委员整体素质，发挥委员的智力优势。继续开展“主席接待、约谈委员”活动，关心委员工作生活，激发委员的积极性、主动性、创造性，发挥委员的主体作用。完善考核机制，健全委员履职档案，落实委员履职情况考核和通报制度，探索建立委员诫勉劝退机制。加大对优秀典型委员的宣传力度，展示政协委员的时代风采，积极为促进政协事业持续健康发展弘扬主旋律、传播正能量、提振精气神。

各位委员、同志们，新要求赋予新使命，新时代启动新航程。让我们在中共清河区委的坚强领导下，在区人大、区政府的大力支持和社会各界的积极配合下，振奋精神，群策群力，团结奋进，为谱写中国梦的清河篇章作出更大的贡献！

大事记

2015年

1月

1日　清河区全面启动全国残疾人基本服务和需求专项调查工作。

3日　市委常委、宣传部部长陈涛率市委检查组到清河区考核党风廉政建设责任制落实情况。区四套班子领导、各街道办事处及区直部门负责人出席会议。

▲　区四套班子领导、各街道办事处及区直部门负责人集中收听收看全市领导干部警示教育大会,教育广大党员领导干部进一步增强廉洁自律意识和拒腐防变能力。

5日　省统计局派员到清河区就全国残疾人基本服务状况和需求作专项调查。

7日　区政府召开预防控制输入性疟疾工作会议。

▲　同日,区政府召开大型餐饮服务单位食品安全监管工作会议。区境内72家大中型餐饮服务单位负责人、厨师长参加会议。

8日　区住建部门召开建设领域拖欠工程款和农民工工资推进会。区委常委、常务副区长王建军参加会议。

9日　全国社会治安综合治理信息化建设座谈会在北京召开,清河区作为江苏省唯一的视频会议直播点,在会上汇报交流综治信息化工作开展情况。

▲　区委召开常委扩大会议,传达市第六次党代会第四次会议精神,听取区委七届六次会议方案和报告起草情况汇报,部署信访稳定和安全生产工作。区四套班子领导、各街道及区直有关部门负责人出席会议。

10日　区委召开中心组(扩大)学习暨中共十八届四中全会精神专题报告会。市委副秘书长、市信访局局长邱金义作专题辅导。区四套班子领导,各街道、新区、盐河生态科技城领导班子成员,区直机关、区直企事业单位副科级以上党员干部等参加会议。

12日　市跨越发展目标考核组考核清河区2014年目标完成情况。区长张冲林汇报清河区2014年目标完成情况,区领导王建军、马乃骏、高山、祁素娟、李仁明、汪冲等出席汇报会。

14日　区委常委会召开2014年度专题民主生活会。市委组织部、市纪委人员到会指导。

▲　区人大常委会主任会议专题视察区法院工作。区法院院长卢正苏报告2014年度区法院工作开展情况。区人大常委会副主任孙开明、徐乃明、孙勤,各委办主任及专职委员参加视察活动。

▲　区长张冲林一行先后到奥林晴园小区、淮海东路农贸市场、大修厂宿舍等处走访调研,对群众路线教育实践活动期间开展的社区“家家到”活动中交办的有关问题组织“回头看”。区政府办、住建局、教育局、流通资产公司、市政公司、有关社区主要负责人参加活动。

▲　副市长唐道伦调研清河区工业经济运行情况并就有关问题进行现场会办。市政府办、经信委、卫生局、物价局等部门分管负责人,区领导张冲林及旺旺食品、澳洋顺昌、正大清江制药、苏益电器等企业负

责人参加调研。

16日　区委召开七届六次全体(扩大)会议,深入贯彻党的十八届三中、四中全会以及中央经济工作会议精神,特别是习近平总书记视察江苏时的重要讲话精神,全面落实省委全会、市党代会最新要求,回顾总结2014年工作,研究部署2015年任务,动员全区广大党员和干部群众进一步解放思想、振奋精神,主动适应新常态,积极展现新作为,为推动清河实现新常态下科学发展新跨越而努力奋斗。区四套班子领导,区直机关、区直企事业单位、各街道副科级以上党员干部,区人大、政协各委办负责人等出席会议。

▲　区人大常委会主任会议专题视察区检察院工作。区检察院检察长赵春虎报告2014年度区检察院工作开展情况。区人大常委会党组书记、副主任安毅之,副主任孙开明、徐乃明、孙勤及各委办主任、专职委员参加视察活动。

▲　市委常委、宣传部部长陈涛一行先后到正大清江制药和澳洋顺昌光电产业园慰问工业项目建设者,并为他们送上慰问品。

17日　清河区与西华大学签署政产学研合作协议。区长张冲林与西华大学党委常委、校办主任费凌分别代表清河区人民政府和西华大学在合作文本上签字。西华大学党委书记张小南,校长刘清友出席仪式。会前,西华大学考察团一行参观考察了金象传动、正大清江和澳洋顺昌等区重点企业。

19日　区政府全面启动2014年度目标考核工作,区领导王建军、孙开明、祁素娟、张增元,区目标考核领导小组成员单位主要负责人参加研究2014年度目标考评方案会议。

▲　省委老干部局领导到清河区调研指导精品社区建设深化工作。区委常委、组织部部长马乃骏等陪同调研。

20日　清河区以全省最高分成功创建全市唯一省级节水型示范区。省水利厅副厅长陆桂华带领验收组对清河区进行技术评估和考核验收,打出2014年度全省节水型社会示范区考核最高分94分。区长张冲林、副区长祁素娟参与考核接待。

22日　清河区召开科技镇长团第三次联席会议。区委常委、组织部部长马乃骏出席会议并讲话,副区长、科技镇长团团长杨文武主持会议。区科技镇长团领导小组成员单位和各位团员参加会议。

24日　2015年度淮安电子商务发展论坛在清河区召开。论坛以《畅谈淮安农产品电商新形态和跨境电商发展之路》为主题,邀请顺丰、联想、京东、eBay等一批行业龙头企业参会,吸引淮安及周边地区一批优质电商企业、电商服务企业及相关从业人士共200余人齐聚清河。副市长赵洪权,区四套班子有关领导出席论坛。

25日　清河区开展2015年“世界防治麻风病日”宣传活动。

26日　清河区集中收听收看中共淮安市第六届纪律检查委员会第四次全体会议。市委书记姚晓东出席会议并就做好新形势下党风廉政建设和反腐败工作提出要求。市长曲福田主持会议,传达中央纪委五次全会和省纪委五次全会精神。市委常委、纪委书记葛平作《工作报告》。会议通过市纪委四次全会《决议》,通报2014年度全市纪检监察“一体两翼”目标考核结果,现场发放《廉洁从政规定摘编》。区四套班子领导、各街道和区直部门负责人在分会场集中收听收看会议。

27日 区委召开老干部情况通报会，通报2014年全区经济社会发展情况和2015年工作目标任务，向老干部们征求意见和建议，并向他们致以崇高的敬意和新春的问候。区委常委、组织部部长马乃骏主持会议。

28日 区委召开各界人士联合会议，通报2014年全区经济社会发展情况和2015年工作目标任务，并征求各民主党派、工商联、无党派人士以及各商会负责人意见和建议。区委主要负责人及区相关领导人出席会议。

▲ 区政府召开政府工作报告企业家代表座谈会。中央新亚、金鹰国际、旺旺食品、澳洋顺昌、茂华国际、苏宁云商等涉及商贸、工业、房地产、电子商务共17家企业的负责人受邀参会。

30日 区委召开党的建设工作领导小组会议，听取区纪委、区委组织部、区委宣传部、区委统战部工作情况汇报，回顾总结2014年工作，研究2015年党建工作重点思路和举措，讨论党风廉政建设暨反腐败工作和党建工作会议方案。

▲ “华希广场”项目正式签约。该项目由威亚控股有限公司投资兴建，位于淮海西路与清河路交界口，清河区商业中心地带，占地92亩，总投资超20亿元，汇集欧尚大型超市、商业休闲街区、精品公寓、高档住宅四大商业业态。市委常委、常务副市长戚寿余，区委、区政府有关领导参加签约仪式。

▲ 区政府召开文化市场安全生产工作会议。全区100余家文化经营单位参加会议。

是月 区本级及区有关单位、个人获下列表彰：

“幸福清河 精彩生活”文化馆（站）志愿服务活动被文化部、中央文明办评为“2014年‘文化志愿服务推进年’示范项目”。

团区委《公益夏令营 大家“益”起来》项目，被团省委评为“全省共青团工作创新创优成果奖三等奖”。

区团委《古淮河之恋》微电影在2014年全省大中学生培育和践行社会主义核心价值观活动中被团省委评为“优秀文化产品”。

区人社局被省人社厅表彰为“全省人力资源社会保障系统先进集体”。

区人大代表团第一小组被市人大常委会表彰为“2014年度优秀代表小组”，杨绚丽、苏旭平、王树成、庄德美的建议被表彰为“优秀人大代表建议”，淮海街道、水渡口街道、府前街道的人大代表之家被表彰为“优秀人大代表之家”，颜仲平被表彰为“优秀人大代表”。

2月

3日 区长张冲林主持召开区政府八届9次常务会议，听取全区安全生产工作情况汇报、电子商务发展情况汇报、2015年区政府“十大惠民工程”编制情况汇报，讨论2015年政府工作报告（征求意见稿）等工作。区政府领导班子、党组成员，各街道、区直有关部门负责人参加会议；区人大、区政协相关领导，部分区人大代表、政协委员应邀列席会议。

▲ 省台办主任杨峰到清河区调研台资企业生产经营情况。市委常委、政法委书记张亚青及有关部门负责人参加调研。

4日 区委召开常委(扩大)会议,传达省、市“两会”精神,学习中央、省、市宣传部长会议精神,听取区八届人大四次会议、政协八届四次会议筹备情况汇报,讨论《区政府工作报告(征求意见稿)》,并研究部署当前工作。区四套班子领导、各街道及区直机关负责人等出席会议。

5日 区委召开党风廉政建设和反腐败工作会议。区委副书记、区长张冲林主持会议。区委常委、纪委书记蔡绍忠作党风廉政建设工作报告,各街道、各部门递交党风廉政建设责任状。区四套班子领导出席会议。

6日 区八届人大常委会召开第22次会议。会议选举潘华春、杨文武为区人民政府副区长;决定区八届人大四次会议于2月10至12日召开;审议并通过《区人大常委会财政预算审查监督办法(试行)》;确认补选区人大代表资格有效的报告、关于召开区八届人大四次会议有关事宜、通过区人大代表工作先进集体、优秀人大代表、代表工作先进个人、优秀代表建议和代表建议办理先进单位名单;讨论区人大常委会工作报告(讨论稿)。区人大常委会副主任安毅之、孙开明、徐乃明、孙勤等出席会议;区长张冲林,区委常委、常务副区长王建军,区政协副主席薛睿,区人民法院院长卢正苏等列席会议。

▲ 清河区开展“军营助残”春节慰问活动。驻区部队官兵向清河区20名残疾人家庭捐赠春节慰问金。区委常委、人武部部长俞新昌,区政府副区长祁素娟等参加活动。

▲ 市长曲福田到清河区专题调研澳洋顺昌企业发展。副市长唐道伦,区长张冲林等陪同调研。

7—8日 清河区先后举办职工趣味运动会和2015年度职工运动会,副区长祁素娟出席开幕式并致辞。

8日 区委召开党员冬训工作动员大会暨2015年度第一期清河发展论坛。国务院发展研究中心资源与环境政策研究室副所长、经济学博士、博士生导师、研究员、著名经济学家李佐军作题为“新常态下新经济”专题辅导。区四套班子领导出席会议,区委常委、宣传部部长漆宾主持会议。

9—11日 区政协八届四次会议召开。听取和审议区政协主席梁学文所作的区政协第八届委员会常务委员会工作报告、区政协副主席高寿江所作的提案工作情况报告;大会参政议政发言;表彰2014年度先进委员工作组、优秀政协委员和优秀提案。区长张冲林,区政协主席梁学文,区政协副主席王应标、薛睿、张增元、高寿江等参加开幕式。区政协主席梁学文,副主席王应标、薛睿、张增元、高寿江等出席闭幕式。

2月11日 区政协召开八届十五次常委会议。区政协主席梁学文主持会议。区政协副主席王应标、薛睿、张增元、高寿江等在主席台就座。政协常委、各委员工作组组长参加会议。会议听取各委员工作组对大会有关报告讨论审议情况和对区政协八届四次会议决议(草案)讨论情况的汇报。

▲ 省人社厅副厅长陈励阳走访慰问

清河区基层社区平台。副区长祁素娟陪同走访慰问。

10—12日 区八届人大四次会议召开。听取和审议区政府工作报告和区人大常委会、区人民法院和区人民检察院工作报告；审查并通过关于区人民政府工作报告的决议（草案）、关于区2014年国民经济和社会发展计划执行情况及2015年计划的决议、关于区2014年财政预算执行情况和2015年财政预算的决议（草案）、关于区人大常委会工作报告的决议（草案）、关于区人民法院工作报告的决议（草案）、关于区人民检察院工作报告的决议（草案），关于区八届人大四次会议代表议案、建议处理意见的报告；会议选举王海凤、陈坚为区人大常委会委员；表彰区人大工作先进集体和区优秀人大代表。

12日 区委、区政府组织收听收看全省“深入实施创新驱动发展战略暨建设苏南国家自主创新示范区工作会议”。全国政协副主席、科技部部长万钢，科技部副部长曹健林，省委书记罗志军，省长李学勇出席会议，省委常委、常务副省长李云峰主持会议。区领导张冲林、梁学文、朱维佳、蔡绍忠、王建军、漆宾、李金平、马乃骏、安毅之等在清河分会场收听收看。

13日 市委常委、宣传部部长陈涛到清河区看望全国劳模、军转干部、文化名人、科研专家和特困人员代表，为他们送去党和政府的关怀。

14日 清河区开展“树立清廉家风·创建廉洁家庭”主题教育活动。区委常委、纪委书记蔡绍忠及113名正科级领导干部家属参加活动。

▲ 御码头美食街盛大开街。台湾贸易中心驻南京办事处首席代表赖登科为开街鸣锣。台湾一品极国际股份有限公司总经理许济宇，市台办主任龚晓琴、市里运河文化长廊建设管理办公室副主任蒋维林，区领导张冲林、梁学文、安毅之出席开街仪式，区委常委、宣传部部长漆宾致辞。

15日 清河区举行迎新春团拜会。区长张冲林、区政协主席梁学文等领导和各界人士欢聚一堂，共话新年新愿景，互致新春祝福。区长张冲林致辞。区四套班子领导，区老干部代表，区直各部门、各街道主要负责人，部分人大代表、政协委员，各民主党派负责人、行业商会代表，纳税大户代表，各社区书记、主任，教育、卫生工作者代表，企业职工、环卫职工、道德模范、社区群众代表出席团拜会。

16日 清河区开展节前农贸市场禽流感防控检查工作。

20—23日 区委常委、常务副区长王建军，区委常委、组织部部长马乃骏等区领导先后拜访恒盛科技园、浙江建工、颐高集团、传化公路港等项目负责人；参观考察杭州恒生科技园、浙江建工EAC欧美金融中心（年纳税200亿元的总部经济）、EFC欧美金融城、颐高集团总部、传化科技城等项目。

25日 区委召开常委会议，听取区年度目标考核、软环境建设及重点项目编排情况汇报，研究部署当前工作。

26日 省委召开全省机关作风建设电视电话大会。省长李学勇主持会议，省委书记罗志军出席会议并讲话。区长张冲林，区政协主席梁学文等领导，各街道、区直部门、区人大和区政协委(办)负责人在清河分会场集中收看收听会议实况转播。

27日 区委召开常委(扩大)会议,传达学习省、市组织部长会议精神,听取“为官不为、为官乱为”专项整治实施方案汇报,讨论制定2015年“1+4”目标考核文件、《科级干部工作情况纪实暂行办法》。区四套班子领导、区直有关部门负责人出席会议。

28日 区委、区政府召开2015年度目标工作大会,总结表彰2014年全区涌现出来的先进集体和先进个人,动员和激励全区上下迅速集中思想、集中精力,拧紧发条、紧张快干,全面启动、全力抓好新一年各项工作,推动清河实现新常态下科学发展新跨越。区委常委、常务副区长王建军通报全区科学发展目标工作情况;7个街道、新区管委会、重点项目责任单位向区委区政府递交目标责任状;白鹭湖街道等3个单位作表态发言;会议还表彰了一批先进集体和个人。

▲ 清河区召开“为官乱为、为官不为”专项整治暨软环境建设大会。区领导张冲林、梁学文、朱维佳等出席会议。全体参会人员集中观看市纪委“两为”实录片和清河区“两为”现象明察暗访录,并开展“严查‘两为’ 执纪问责”的公开问政活动。

▲ 区长张冲林主持推进“三证合一”登记制度改革工作会议。区领导王建军、祁素娟以及市国税一分局、地税三分局、质监城区分局、工商清河分局、区人社局、财政局、市民服务中心等部门主要负责人参加会议。

是月 清河区区本级及有关单位、个人获下列表彰:

向阳社区被国务院侨办授予“全国侨务工作示范单位”称号。

区法院被中央文明委授予第四批“全国文明单位”称号。

区知识产权局被省知识产权局表彰为“2014年度江苏省知识产权执法维权工作先进单位”;施慧敏被表彰为“2014年度江苏省知识产权执法维权工作先进个人”。

区统计局被省经济普查领导小组评为“第三次全国经济普查先进集体”。

清河区被市委、市政府表彰为“2014年度县区科学跨越发展考核二等奖”。

清河区“推进两网融合工作法 提升全市综治信息化建设水平”项目被市委、市政府评为“2014年度全市创新创优优秀项目一等奖”;“创新政府购买公共文化服务的‘清河模式’”项目被评为“2014年度全市创新创优优秀项目二等奖”。

区政府被市委、市政府表彰为“2014年度中心城市建设先进单位”;清河老旧小区综合整治工程被表彰为“优秀建设项目”;有轨电车及周边配套工程、宏元国际广场被表彰为“优秀征收项目”;清河区信访矛盾调解中心综合楼被表彰为“省优质精品工程”;王涛、汪萌、夏海明、张进东被表彰为“先进个人”。

区政府被市委、市政府表彰为“2014年度城市长效目标管理先进单位”、“城市环境综合整治暨扬尘集中整治‘双百日’行动先进单位”;清河区城管办被表彰为“城市长效综合管理先进基层单位”;清河区防违办被表彰为“防治违法建设工作先进单位”;长东街道办事处、长西街道办事处、府前街道办事处、柳树湾街道办事处、淮海街道办事处被表彰为“‘零违建’乡(镇、街道)创建工作优胜单位”;万达金街长效管理、和平小区长效管理、清河区拥军新村(八二新村巷道)背街小巷整治项目被表彰为“城市长效综合管理暨城市环境综合整治精品亮点项目”;交通社区、清新花苑社区被表彰为“市级示范社区”;丁华山、郭军、孙彦昌被表彰为“先进个人”。

水渡口街道、卫生局、教育局、公安清河分局被市委、市政府表彰为“2011—2014年全市社会治安综合治理工作先进集体”;韦剑、朱建、江兴安、韩静宇被表彰为“先进个人(二等功)”,王泽民、孙久健、张腾中、施浩芝、夏晓峰被表彰为“先进个人(嘉奖)”。

3月

1日 市双拥办领导到清河区调研双拥工作开展情况。

4日 清河区召开高层次人才引进工作推进会。区委常委、组织部部长马乃骏出席会议并讲话。

▲ 清河区召开招商引资与外资工作推进会,听取各单位招商引资和利用外资工作情况汇报,部署全区招商引资和外资工作。区长张冲林,区委常委、宣传部部长漆宾等出席会议。

▲ 清河区召开网格化社会治理工作会议,总结回顾2014年工作情况,安排部署2015年工作任务。区委副书记朱维佳到会并讲话,区委常委、政法委书记李金平作工作报告,副区长汪冲主持会议。

5日 区领导张冲林、梁学文、马乃骏、安毅之及有关部门负责人督查中澳国际资产大厦、茂业时代广场、颐高数码港、新亚北侧地块一期、淮安金融中心、江苏银行大厦、淮安文化演艺中心、顺丰电子商务产业园、澳洋顺昌二期、中国爱情小镇等重点项目复工情况,听取项目建设情况汇报,现场会办项目建设遇到的问题。

▲ 清河区举办纪检监察业务培训班。区委常委、区纪委书记蔡绍忠作开班动员讲话。区纪委监察局机关和街道、部门的纪检监察干部参加培训。

▲ 全市城市长效综合管理工作推进会在清河区召开。市委常委、常务副市长戚寿余出席会议并讲话。区领导张冲林、汪冲出席会议。

6日 清河区召开2015年反腐败协调小组第一次会议,研究落实新一年反腐败工作。

▲ 市委常委、常务副市长戚寿余就人民剧场片区特色街区打造工作进行专题调研会办,区领导张冲林、王建军、漆宾、汪冲、张增元陪同调研。

8日 区政府召开国家卫生城市复审迎检工作通气会,正式启动全区国家卫生城市复审迎检前期问题排查工作。副区长高山出席会议。

11日 市政府党组成员、宁淮现代服务业集聚区党工委书记、管委会主任杨昌生一行到清河区考察现代服务业发展情况。区委常委、宣传部部长漆宾陪同考察。

▲ 副区长高山陪同省残联副理事长肖敏,各省辖市残联理事长、省管县残联理事长、副理事长等150余人现场观摩清河区水渡口街道东郊社区文化活动中心。

12日 市委常委、纪委书记葛平以“适应从严治党新常态,争做廉政勤政好干部”为题,为清河区党员干部作反腐败专题报告。区四套班子领导和各街道、各部门主要负责人、纪工委书记(纪检组长)聆听报告。报告会前，参会人员参观廉政教育基地，观看违法违纪案件警示片，并通过视频连线实时观看纪委办案现场。

▲　盐城市综治办领导到清河区观摩交流社会治理创新工作。

13日　共青团清河区五届四次全委（扩大）会议召开。

17日　省广告协会会长贺寿天到清河区调研淮安大学科技园（淮安广告产业园）建设工作。副市长唐道伦出席座谈，副区长祁素娟等陪同调研。

18日　区政府召开财税工作会议，分析研判财税工作面临的新形势，研究部署2015年全区财税工作任务，动员全区上下进一步明确目标、强化责任、创新举措，全力推动财税工作迈上新台阶。区领导张冲林、王建军、徐乃明、张增元出席会议。

▲　清河区市场监督管理局正式挂牌成立，并于同日颁发全市第一张营业执照、组织机构代码、税务登记"三证合一"营业执照。

20日　清河区召开2015年首场新闻发布会。区卫计委、人社局、住建局和民政局分别就2014年主要工作开展情况以及2015年重点工作发布了新闻。新华日报、现代快报、江苏人民广播电台、淮安日报、淮安广电总台以及淮水安澜网、淮安网等媒体派员出席发布会。

▲　区委召开"社会主义核心价值观主题大调研"动员会。区委常委、宣传部部长漆宾出席会议并讲话。区直相关部门负责人、各街道分管负责人，区各中小学校校长、分管德育的副校长共100余人参加会议。

22日　区企业管理实务培训在上海财经大学开班。50名企业家参加培训。区委常委、组织部部长马乃骏作开班致辞。区政协副主席薛睿、张增元等参加开班仪式。

23日　区纪委召开党员干部违规在企业兼（任）职取酬专项治理工作会议。区委常委、纪委书记蔡绍忠出席会议。

24日　区政府召开人大代表建议和政协委员提案交办会，专题部署安排2015年人大代表建议、政协委员提案办理工作。区领导王建军、孙开明、高寿江出席会议。

25日　区八届人大常委会召开第23次会议。区人大常委会副主任孙开明、徐乃明出席会议，常务副区长王建军、区法院院长卢正苏、区检察院副检察长赵屹及各街道人大工委主任列席会议。会议接受乔斌辞去人大常委会委员、人大代表职务的报告，同时任命区市场监督管理局、卫生和人口计生委、民族宗教局3位部门主要负责人。新任命人员在区人大常委会副主任孙开明的带领下面对宪法庄严宣誓。会议讨论通过《清河区人大常委会2015年工作要点》。

▲　民政部副部长邹铭到清河区调研婚姻登记工作。副市长王兴尧、区长张冲林、副区长高山陪同调研。

27日　清河区召开党政领导班子"一报告两评议"工作会议，对区委、区政府领导班子和班子成员及区干部选拔任用情况进行民主评议。区委全委会成员；区人大、政府、政协领导班子成员；区纪委常委会成员；区人民法院、人民检察院、党委工作部门、政府工作部门、人民团体及党委、政府派出机构的主要领导成员；"两代表一委员"代表出席会议。

▲　水渡口街道、教育局、城管局、环

保局4个单位共5位党政主要负责人向区纪委全委会进行“三述”,并现场接受区纪委委员的质询评议。

▲ 清河区召开国家卫生城市标准培训会。副区长高山出席会议。

31日 全市服务离退休干部示范社区联席会议在清河区召开。

是月

清河区区本级及有关单位获下列表彰:

江苏顺丰电子商务产业园被省商务厅认定为“2015—2016年度省级电子商务示范基地”。

柳树湾街道被省民政厅表彰为“江苏省和谐社区建设示范街道”。

区委机要局被省委机要局表彰为“2014年度全省机要系统先进集体”,孙国栋被表彰为“先进个人”。

区财政局、淮阴师院附小新区实验幼儿园、水渡口街道劳动保障服务所、区新闻中心被省妇联授予“江苏省巾帼文明岗”荣誉称号;区法院被授予“江苏省巾帼建功先进集体”荣誉称号。

熊颖被省就业年龄段持证残疾人就失业情况调查领导小组表彰为“江苏省就业年龄段持证残疾人就失业情况调查工作先进个人”。

清河区被市委、市政府表彰为“创建全国文明城市工作文明城区”。

4月

1日 清河区召开依法行政工作会议。副区长汪冲出席会议并讲话。

▲ 市妇联主席顾晓芳到清河区调研寻找“最美家庭”和妇女儿童之家建设情况。区委常委、组织部部长马乃骏陪同调研。

2日 恩源·江淮科技园项目落户清河。市委书记姚晓东与北京恩源科技有限公司董事长潘玉军进行会谈,北京恩源科技有限公司副总裁盖浩永参加会谈和签约仪式,潘玉军与区长张冲林共同签约,区委常委、宣传部部长漆宾参加会谈和签约。

▲ 山东省枣庄市委组织部派员到清河区考察党建工作。

3日 区委召开常委(扩大)会议,听取全区项目建设进展情况、“五城”同创工作方案汇报,研究讨论《关于全面推进依法治区的实施意见》。区领导张冲林、梁学文、蔡绍忠、王建军、漆宾、李金平、马乃骏、安毅之等出席会议。

8日 清河区召开“五城”同创工作协调小组办公室第一次全体会议。区委常委、宣传部部长漆宾出席会议。

▲ 区委召开社会主义核心价值观培育和践行调研会。区委常委、宣传部部长漆宾参加会议。

▲ 新疆农七师领导观摩清河区社会治理创新工作。市委常委、政法委书记张亚青,区委常委、政法委书记李金平陪同观摩。

9日 市委书记姚晓东到清河区考察县域经济发展情况。市、区领导王维凯、葛平、戚寿余、陈洪玉、张冲林、梁学文、朱维佳等陪同考察。

10日 区政协召开八届十六次常委会议。区政协主席梁学文主持会议,区政协常委会组成人员参加会议,部分民主党派、委员工作组负责人应邀列席会议。会议听取各党派、专委会、委员工作组年度调研课题及其方案的情况汇报，协商通过各专委会组成人员调整方案、《区政协2015年考核实施办法》和《区政协常委会关于加强自身建设的意见》。会议还专题学习全国政协第十二届委员会第三次会议精神，协商讨论《区政协优秀提案评选表彰办法》。

13日 区委召开统战工作座谈会。区委副书记朱维佳出席会议。区政协副主席、统战部部长张增元主持会议。

▲ 民盟清河总支成立社会服务工作站并对外挂牌。

▲ 市委书记姚晓东、市长曲福田带队观摩清河区澳洋顺昌光电产业园、顺丰电子商务产业园、淮安旺旺食品工业园、苏宁电器广场4个重点项目。

14日 区领导蔡绍忠、王建军、李金平、安毅之、徐乃明、高山、祁素娟、汪冲、潘华春等区领导在清河分会场集中收听收看《全省深入实施转型升级工程推动经济发展迈上新台阶工作》专题电视电话会议。

16日 区政府召开安洁医疗挂牌仪式暨企业上市工作推进会，庆祝安洁医疗在"新三板"顺利挂牌，研究部署下一阶段企业上市工作。市金融办主任吴振华、副主任徐子芹到会指导，区领导张冲林、潘华春、王惠晶等出席会议。

▲ 区人大常委会副主任孙开明、徐乃明一行赴徐州市云龙区观摩街道人大工委建设情况，并座谈交流代表之家建设、财政全口径监督等工作开展情况。

17日 金湖县人大常委会领导到清河区考察学习"人大代表之家"工作。区人大常委会副主任孙开明等参加活动。

21日 区委、区政府召开双拥工作领导小组扩大会议，部署创建全国双拥模范城"四连冠"工作。区委副书记朱维佳主持会议，副区长祁素娟作双拥工作报告。

22日 区委召开党风政风监督员座谈会。区委常委、纪委书记蔡绍忠主持会议。

▲ 清河区举办2015年"幸福清河"社区文化艺术节、"悦读清河"全民读书节、"法治清河"文化艺术节开幕式。区委常委、宣传部部长漆宾，区人大常委会副主任孙开明，区政协副主席张增元等出席开幕式。

23日 区委常委、常务副区长王建军专题部署税源清查"回头看"暨建安税专项清理工作。新区管委会、盐河生态科技城、各街道、财政局、国税一分局、地税二分局、地税三分局、市场监督管理局相关负责同志参加会议。

▲ 区委召开政法暨信访工作会议，总结2014年政法信访主要工作，部署2015年政法信访重点任务。会议表彰2014年综治法治和信访稳定先进单位和个人。区委常委、政法委书记李金平讲话，副区长汪冲主持会议。

▲ 新华社智库江苏中心主任、《江苏领导参考》总编辑周国洪，新华社江苏分社《智库》工作部副主任董俊一行到清河区调研"两网融合"工作。区委常委、政法委书记李金平，区委常委、组织部部长马乃骏等陪同调研。

24日 区委召开深化"五德"教育推进会。区委常委、纪委书记蔡绍忠出席会议。

▲ 区委、区政府召开全区安全生产工作会议，总结2014年全区安全生产工作，安排部署2015年安全生产工作。区委常委、政法委书记李金平出席会议，副区长潘华春主持会议。

25日 清河区举办2015年第二期清河发展论坛。中国科技部科技经费监管中心副主任、研究员、中国科技发展战略研究院副院长房汉廷以"资本体系与创新驱动"为题作专题报告。区四套班子领导参加论坛。

26—27日 区长张冲林,区委常委、宣传部部长漆宾在台湾进行文创产业招商。期间,张冲林一行先后考察了布农部落文创园区、原生应用植物园、花莲文化创意产业园等文创企业,并就两岸青年创意经济园、运动乐园、新区采摘园等项目,与台湾观光旅游协会总会长吴敏、台东县政府旅游局局长郑新兴、中华文教创意产业发展协会理事长薛莉萍、台东县多元产业人才培训发展中心主任彭丽华等进行深入交流。

29日 区八届人大常委会召开第24次会议,听取和审议区政府《关于全民健身活动开展情况的报告》《关于贯彻实施〈安全生产法〉工作情况的报告》,并对相关专项工作报告的满意度进行表决。会议讨论通过有关人事任免,并向新任命的政府工作人员颁发任命书,向宪法宣誓就职。区人大常委会党组书记、副主任安毅之,副主任孙开明、徐乃明出席会议,常务副区长王建军,副区长高山,区法院副院长董坚,区检察院副检察长赵屹和有关部门负责人、街道人大工委主任以及部分区人大代表列席会议。

▲ 清河区在台湾举办文化创意产业专场交流活动。海基会副董事长周继祥,台湾中央通讯社董事长陈国祥、台中市政府参事张大春;中共淮安市委常委、宣传部部长陈涛,清河区领导张冲林、漆宾等参加交流活动。

30日 区长张冲林,区委常委、宣传部部长漆宾拜访台北市商业会,就双方搭建交流平台、进一步加强合作进行深入探讨。长城文化基金会董事长耿荣水、台湾综合研究院董事长黄辉珍、台北市商业会秘书长陈四郎等参加会谈。

▲ 区委举办2015年第二期公开问政活动。区领导蔡绍忠、孙开明、汪冲、张增元,区部分人大代表、政协委员、党风政风监督员、群众代表顾问团成员参加问政活动。

▲ 区劳模代表走进淮安苏益电器公司,参观企业先进生产设备,了解企业生产经营状况,并与企业职工座谈交流心得体会。区委常委、组织部部长马乃骏参加活动。

是月 区本级及有关单位、个人获下列表彰:

曹跃祥被省总工会授予"江苏省五一劳动奖章",淮安澳洋顺昌光电技术有限公司LED外延部生产A班被授予"江苏省工人先锋号"。

区委组织部、白鹭湖街道办事处、安洁医疗用品股份有限公司、被市政府授予"淮安市五一劳动奖状",李延清、张楠、王介锁、杜利强、谢兵被授予"淮安市五一劳动奖章"。

5月

6日 安徽省马鞍山市委组织部派员到清河区考察党建工作。

7日 省妇联副主席顾敏到清河区调研妇女儿童工作开展情况。市、区相关领导陪同调研。

▲ 民建清河总支成立社会服务工作站。民建市委主委高岱明，区政协副主席、统战部部长张增元参加活动。

▲ 区委召开聘请党外人士担任特约人员工作座谈会。

8日 区政府召开2015年度防汛防涝工作会议。区委常委、常务副区长王建军出席会议，副区长祁素娟主持会议。

▲ 区政府召开创建省公共体育服务体系示范区工作推进会。副区长高山出席会议并讲话。

▲ 清河区举办中华传统文化教育专题讲座。市政协副主席、民盟淮安市委主委荀德麟主讲。区政协副主席、统战部部长张增元，区政协副主席、工商联主席、民盟清河主委薛睿等出席开讲仪式。

▲ 云南省政协常务副主席白成亮到清河区参观考察澳洋顺昌企业。省政协副主席范燕青，市政协主席王维凯、副主席朱益民，区长张冲林陪同考察。

11日 区政府召开构建高端人才科技成果引进OTO新机制征求意见座谈会。正大清江、澳洋顺昌、金象传动等8家区属重点企业负责人，区委常委、组织部部长马乃骏，副区长杨文武、潘华春等参加座谈。

▲ 区委召开街道统战工作座谈会。区政协副主席、统战部部长张增元主持会议。

▲ 全省检察文化示范点评估指导组到清河区指导检察文化建设工作。

12日 区委副书记、区长张冲林，区委常委、常务副区长王建军，副区长高山、祁素娟等在清河分会场收听收看全国推进简政放权放管结合职能转变工作电视电话会议。

13日 市委书记姚晓东到清河区督查推进“五城同创”工作。市领导练月琴、宫文飞，区领导张冲林、漆宾、祁素娟、汪冲等参加督查。

▲ 省物价局副局长孔祥平调研清河区价格工作。区委常委、常务副区长王建军等陪同调研。

▲ 区工商联淮海街道商会正式成立。市工商联副主席马彦，区政协副主席、工商联主席薛睿，区政协副主席、统战部部长张增元等参加活动。

15日 中共淮安市委、淮安市人大常委会、淮安市人民政府、淮安市政协机关及其相关工作部门由清河区健康西路83号搬迁至翔宇南道1号新行政中心办公。

▲ 清河区2015年第三期“清风讲坛”开讲。市纪委审理室主任吴一航为全区纪检监察干部就案件审理业务进行专项培训。

▲ 全市双拥办主任会议在清河区召开。市双拥办主任宋德成，副区长祁素娟，各县(区)双拥办、驻淮部队代表参加会议。

17日 市委常委、政法委书记张亚青到清河区“与光同行自闭症儿童康复中心”开展助残日慰问活动。市、区两级党委政府及爱心企业为中心捐赠共计13万元康复训练补助。副区长高山参加慰问活动。

18日 区政府召开八届十次常务会议，听取“五张清单”编制、农贸市场管理、税源清查和建安税专项整治、防汛防涝问题整改和国有公司高管招聘及管理方案等情况汇报。区长张冲林主持会议并就相关工作提出要求，副区长王建军、高山、祁素娟、汪冲、杨文武、潘华春等出席会议，区人大、区政协相关领导，各街道和相关部门主要负责人，部分区人大代表、政协委员列席会议。

19日 省经信委领导到清河区考核验收澳洋顺昌省智能示范车间。副区长潘华春陪同考核验收。

▲ 甘肃省天水市麦积区人大工作人员到清河区考察非公经济工作。区人大常委会副主任孙开明、徐乃明等陪同考察。

19—20日 区委常委、宣传部部长、区"五城"办主任漆宾，区政协副主席、区"五城"办常务副主任高寿江带队赴常州、泰州两市学习考察全国文明城市创建工作。

20日 区政府召开周恩来总理童年读书处周边特色街区一期建设项目动员大会。区委常委、常务副区长王建军作动员讲话。副区长汪冲，区政协副主席、统战部部长张增元出席会议。

21日 清河区召开法学会成立暨第一次会员代表大会。市委政法委副书记、市法学会常务副会长朱锦，区委常委、政法委书记李金平出席会议。

22日 区纪委召开纪检监察系统专题学习会议，观看中共中央常委、中央纪委书记王岐山在加强中央纪委派驻机构建设工作培训班开班式上的视频辅导报告，传达市纪委书记葛平"三严三实"专题党课精神。区委常委、纪委书记蔡绍忠出席会议并讲话。

23日 区委召开常委(扩大)会议，讨论"三严三实"专题教育实施方案和关于派发党风廉政建设主体责任季度工单有关意见。区领导张冲林、梁学文、朱维佳、蔡绍忠、王建军、漆宾、马乃骏、安毅之等出席会议。

25日 区委常委、常务副区长王建军牵头召开行政审批制度改革第一次联席会议。区委办、政府办、发改委、经信委、市场监管局等成员单位负责人参加会议。

▲ 九江市浔阳区政协副主席周华一行，到清河区考察拆迁安置工作。区政协副主席高寿江陪同考察。

26日 区政府举行"2015年中国淮医惠民大行动"清河区启动仪式。

27日 区委召开"三严三实"专题党课暨专题教育部署会。区四套班子领导、各街道党政主要负责人、区直部门(单位)主要负责人到场听课。

▲ "朝晖爱心基金"成立暨捐资仪式在清河举行。副区长高山、祁素娟参加捐赠仪式。

28日 市委副书记练月琴到清河区视察农贸市场整治工作。

▲ 区委举行"廉洁文化进校园"活动启动仪式。市纪委副书记陈灼，区委常委、纪委书记蔡绍忠，区委常委、宣传部部长漆宾等参加活动。

29日 区人大常委会主任会议视察新城酒店、华信广场项目现场，先后听取传化淮安公路港建设情况汇报、全区招商引资工作开展情况汇报。区人大常委会党组书记、副主任安毅之，副主任孙开明、徐乃明等参加考察活动。

是月 清河区本级及有关单位、个人获上级下列表彰：

淮海街道被省委组织部、省委宣传部表彰为"2014年度全省基层党员冬训工作示范街道"，孙纾被表彰为"先进个人"，《"循环教育"打造"家门口"的冬训课堂》被表彰为"创新项目"。

汉韵淮安国学社被团省委授予"江苏

青少年国学堂”称号。

师院附小被省全民阅读中小学指导委员会、省教育学会考试专业委员会授牌为“江苏省中小学书香校园阅读基地”。

郭茜在首届全省检察机关未检业务竞赛中获“全省未检业务能手”称号。

6月

2日　区委召开落实党风廉政建设主体责任推进会，进一步贯彻落实中央、省、市委关于落实党风廉政建设主体责任相关决策部署，全面推动清河区主体责任落到实处。区领导蔡绍忠、漆宾、李金平、马乃骏、安毅之、张增元等出席会议。

▲　清河区举行党外人员担任特约人员集中聘请仪式。区领导王建军、薛睿，张增元等出席活动仪式。

3日　教育部督导组到清河区督导义务教育均衡发展工作。区长张冲林、副区长高山等参加汇报会。

4日　农工民主党清河支部社会服务工作站成立。农工党淮安市副主委郑劲松，区政协副主席、统战部部长张增元等参加活动。

5日　清河区召开御码头美食街运营管理专项推进会。区委常委、宣传部部长漆宾参加会议。

8日　区政府召开科技镇长团第四次联席会议。区科技镇长团领导小组成员单位和各位团员参加会议，区领导马乃骏、杨文武、潘华春出席会议。

▲　清河区无党派知联会社会服务工作站揭牌成立。区政协副主席、统战部部长张增元参加活动。

9日　省编办领导到清河区视察社会治理创新工作。区委常委、政法委书记李金平陪同视察。

11日　清河区举办2015年第三期清河发展论坛。中央党校党建教研部主任、教授、博士生导师王长江应邀作《从严治党，提高党的领导水平和执政能力》专题报告。

▲　区文化部门举行2015年“幸福清河·百场演出进社区”活动启动仪式。区委常委、宣传部部长漆宾等出席启动仪式。

12日　区政府召开八届11次常务会议，专题听取“上水平”责任清单任务完成情况汇报，研究部署下阶段责任清单落实和冲刺“双过半”相关工作。区长张冲林主持会议并提出工作要求。区政府副区长、区政府党组成员出席会议，区人大、区政协相关领导、各街道和相关部门主要负责人以及部分区人大代表、政协委员列席会议。

13日　区政协举行2015年第一期“委员论坛”。淮安市委党校行政学教研部主任许宁为全体政协委员作题为《如何做好沟通》的专题讲座。区政协主席梁学文，副主席薛睿、张增元、高寿江以及市政协驻清河区委员出席讲座。

15日　区委召开“五城”同创工作会议，专题研究部署国家卫生城市复审迎检工作。区委副书记、区长张冲林主持会议，副区长高山通报省暗访组督查情况反馈及市国家卫生城市复审迎检工作推进会精神。区领导漆宾、祁素娟、汪冲、高寿江等出席会议。

▲　区人大常委会主任会议考察清河公安分局治安防控体系建设情况，听取工作情况汇报并针对有关情况提出依法规范执法、加大防控体系投入、加强队伍建设等

意见和建议。区人大常委会党组书记、副主任安毅之，副主任孙开明、徐乃明、孙勤等参加活动。

18日 省编办主任俞军到清河区开展“三严三实”专题调研工作。区委常委、组织部部长马乃骏陪同调研。

19日 淮阴工学院院长李北群、市科技局局长李太生一行走访调研大学科技园。区领导张冲林、潘华春等陪同调研。

23日 省委组织部人才工作处调研员高政文到清河区调研第七批科技镇长团工作。区委常委、组织部部长马乃骏，副区长、科技镇长团团长杨文武等陪同调研。

24日 南京林业大学人文学院与清河区淮海街道、世界之窗广告产业园签署合作共建协议。南京林业大学人文学院院长王全权、党委书记董博，区委常委、组织部部长马乃骏，副区长、科技镇长团团长杨文武出席活动。

25日 原市政协主席陈从亮到清河区考察“4+3”服务业特色产业。区人大常委会副主任安毅之，区政协副主席薛睿等陪同考察。

26日 市委常委、宣传部部长、市政府党组成员陈涛到淮海街道新村社区过党日。区委常委、宣传部部长漆宾，副区长潘华春参加活动。

29日 区八届人大常委会召开第25次会议。听取和审议区政府《关于2014年财政决算情况的报告》、《关于对2014年预算执行情况和其他财政收支的审计工作报告》和区法院《关于执行工作开展情况的报告》，并对相关专项工作报告的满意度进行表决。会议还讨论通过有关人事任免，向新任命人员颁发任命书，并举行新任命人员向宪法宣誓仪式。会议还听取区政府《关于区八届人大常委会第24次会议审议意见贯彻落实情况的报告》。区人大常委会党组书记、副主任安毅之，副主任孙开明、徐乃明、孙勤出席会议，区政府常务副区长王建军，区法院院长卢正苏，区检察院检察长赵春虎和有关部门负责人、街道人大工委主任及部分区人大代表列席会议。

30日 区长张冲林先后到东方丽景小区、大同路铁路桥涵洞、大寨河杨湖泵站等重要地段检查防汛抢险工作准备情况并提出要求地。

▲ 区委召开纪念建党94周年暨先进典型事迹报告会。会议表彰十佳“五德”干部、十佳勤廉社区干部、先进基层党组织、优秀共产党员和优秀党务工作者。区长张冲林主持会议，区领导蔡绍忠、漆宾、马乃骏等参加会议。

7月

1日 区委组织收听收看全市“十佳勤廉村官”和“十佳‘五德’干部”事迹报告会暨颁奖仪式电视电话会。市委书记姚晓东发表讲话。区领导张冲林、梁学文、蔡绍忠、王建军、漆宾、李金平、马乃骏等在清河分会场收听收看会议实况。

2日 市银监局局长殷路鸣、市金融办主任吴振华、市国联集团董事长汤正明，中国工商银行、中国农业银行、中国银行、中国建设银行、中国农业发展银行、广发银行、浦发银行、民生银行、苏州银行等淮安分行的主要负责人及相关人员齐聚金融中心，详细了解金融中心建设进展情况，并就入驻相关事项进行座谈。

3日　民革清河总支——长东街道社会服务工作站正式揭牌成立。民革市委张家欣副主委，区政协副主席、统战部部长张增元等参加共建仪式。

6日　区政府召开2015年征兵工作会议。区委常委、常务副区长王建军出席会议。

9日　区委召开中心组(扩大)专题学习研讨会，观看纪录片《信仰——只要主义真》，区领导张冲林、李金平、孙开明、高寿江作交流发言。

▲　区长张冲林会见美籍华裔医学专家沈路一教授，双方就圣阳高科、血管3D打印设备等项目进行深入交流。

10日　清河区举办2015年第四期清河发展论坛。复旦大学社会发展与公共政策学院谢遐龄教授以《"三严三实"与传统文化》为题作报告。区四套班子领导、各街道党政主要负责人、区直单位主要负责人等200多人参加论坛。

14日　省慈善总会会长俞兴德到清河区调研基层慈善工作。市领导陈洪玉，区领导孙开明、高山陪同调研。

15日　清河区举办"名家大师总理故乡行"暨"悦读清河"淮安地方历史文化专题报告会。《人民文学》副主编，上海作协专业作家徐则臣到清河区为宣传文化系统的干部职工、机关干部、读书爱好者等作题为《想象淮安的一种方式》主题报告会。区委常委、宣传部部长漆宾，副区长潘华春参加活动。

▲　清河区举办教师应急救护培训班。全区14所学校103名中小学教师及幼教老师参加培训。

17日　出席中共淮安市委六届七次全会的清河区代表团在清河分会场热议市委六届七次全会工作报告。市委常委、宣传部部长陈涛参加清河代表团讨论发言；区委副书记、区长张冲林作交流发言。

18日　区委举办统一战线信息宣传培训班。省委统战部鞠艳、余晓川为学员授课，全区统一战线成员130余人参加培训。

20日　区委召开常委(扩大)会。传达省委十二届十次全会、市委六届七次全会精神，听取上半年全区跨越发展指标完成情况及重点工作进展情况汇报，讨论上半年财税增收、招商引资、旧城改造和房屋征收工作奖励方案和区委工作会议方案。区领导梁学文、朱维佳、蔡绍忠、王建军、李金平、马乃骏、安毅之等出席会议。

▲　区人大常委会召开人大工作交流会，研讨人大理论调研工作。区人大常委会党组书记、常务副主任安毅之，副主任徐乃明等参加交流会。

23日　区委为21名2015年苏北计划志愿者到达清河区并开展服务举行欢迎仪式，区委常委、组织部部长马乃骏出席欢迎仪式。

24日　区人大常委会主任会议先后到淮海东路菜场、健康老年公寓、华润苏果北京路店、颐园老年公寓等地，考察部分代表建议涉及的食品安全、社会养老等工作，并召开专题研讨会，听取重点督办建议办理情况汇报。区人大常委会副主任安毅之、孙开明，副区长祁素娟出席会议。

▲　区政协召开八届十七次常委会议。区政协主席梁学文主持会议，区政协副主席张增元、高寿江及常务委员参加会议，区政府办、区经信委有关负责同志列席会议。副区长高山代表区政府通报全区上

半年经济社会发展情况和全区诚信体系建设工作情况。区政协专题调研组汇报关于全区诚信体系建设工作调研情况，各常委就区政协关于加快信用体系建设构建诚信清河的建议案进行讨论，并原则通过此建议案，待进一步修改后，履行建议案办理程序。区政协常委会还专题学习中共中央办公厅印发的《关于加强人民政协协商民主建设的实施意见》。

27日 区政府召开科技镇长团第五次联席会议。区科技镇长团领导小组成员单位和各位团员参加会议，区领导马乃骏、杨文武、潘华春出席会议。

▲ 市政协副主席朱毅民到清河区召开“先照后证”改革调研座谈会。区政协副主席薛睿等参加座谈。

29日 清河区举行“筑梦清河”最美身边人发布会。朱华林等10人被评为十大“最美清河人”，并受聘成为清河区道德宣讲团首批成员，王坤等40人被评为“最美身边人”。副市长王红红，区领导梁学文、漆宾、安毅之、潘华春、高寿江等出席发布会。

▲ 区委、区政府召开庆“八一”军政座谈会。区委副书记朱维佳，区人大常委会副主任孙勤，区政协副主席张增元，区人武部政委王文为及驻区部队首长参加座谈会。同日，区委副书记朱维佳率队走访慰问解放军驻淮某分部、联勤部淮阴干休所、军分区干休所、清河消防大队等驻区部队官兵。

30日 市委书记姚晓东调研清河区文化建设工作。市委常委、宣传部部长陈涛，副市长王红红，区领导张冲林、漆宾等陪同调研。

▲ 区委举办年度第一期副科级以上领导干部廉洁从政专题培训班。区各街道办事处、区直部门部分领导班子成员共80人参加培训。区委常委、纪委书记蔡绍忠，区委常委、组织部部长马乃骏出席培训班并分别作开班式、结业式讲话。

▲ 区文化部门开展纪念抗战胜利70周年和建军88周年赠送书画进军营活动。

31日 清河区召开广告业商会成立选举大会暨第一届理事会。会议选举产生首届理事会，淮安市意百佳影视文化广告传播有限公司总经理卞军当选首任会长。市工商联副主席马彦，区政协副主席、统战部部长张增元，区政协副主席、工商联主席薛睿等出席会议。

是月 清河区本级及有关单位、个人获上级下列表彰：

张红梅被市委、市政府表彰为“优秀党务工作者”。

白鹭湖小学被省科协、省教育厅授予“十二五第四批省科学教育特色学校”荣誉称号。

刘孟轲被团省委、省科协、省少工委聘为江苏省少年科学院“十佳小院士”，他提出的《关于禁止在食品中使用生石灰干燥剂的建议》荣获“十佳科学建议奖”；田林翼《关于对新建小区安装节能路灯的建议》、董芮知新《关于改进城市绿化树种植和以植物命名道路的建议》分别获评江苏省“红领巾科学建议”三等奖。

8月

3日 区政府召开八届12次常务会议，讨论区创投引导基金管理暂行办法，听取人大代表建议、政协委员提案办理情况汇报，部署区委工作会议精神落实相关工作。区长张冲林主持会议并提工作要求，区政府班子、党组成员出席会议，区人大、政协相关领导、各街道和相关部门主要负责人列席会议，部分区人大代表、政协委员应邀列席会议。

5日　市人大常委会副主任陈洪玉检查清河区贯彻落实全市人大工作会议精神情况。区领导张冲林、安毅之、孙开明、徐乃明、孙勤等陪同调研。

6日　市委副书记练月琴调研清河区农产品电子商务发展情况。区领导张冲林陪同调研。

▲　省编办机关党委副书记徐纪法率队参观考察清河区社区党建工作。市编办副主任张家浩，区委常委、组织部部长马乃骏陪同考察。

11日　市纪委组织调研组专题调研清河区“五德”教育工作开展情况。区委常委、纪委书记蔡绍忠参加活动。

12日　区文化部门举办纪念抗战胜利七十周年专题文艺演出会。

14—20日　区委党校在中国人民大学举办青年干部创新思维专题培训班。副区长祁素娟出席开班仪式并作动员讲话。全区52名优秀青年干部参加培训。

18日　清河区组织收听收看行业协会商会与行政机关脱钩全国电视电话会议。区委副书记朱维佳等在清河分会场收听收看会议。

19日　市委书记姚晓东考察清河区重点项目建设进展情况，区委书记仲凤笔，副书记朱维佳、区委常委、常务副区长王建军，区委常委、组织部部长马乃骏陪同视察。

20日　区政府第十次调增被征地农民社会保障待遇。该次调增对象为参加“土地换社保”第二、三、四年龄段的被征地农民，涉及730名被征地农民，资金35万元。自2015年1月起在原发放标准上每人每月提高40元，1至7月提标金额已于8月全部补发到位。第二、三、四年龄段从2006年的起初标准120元/月、100元/月、180元/月调增至现在的460元/月、440元/月、540元/月。

23日　区委书记仲凤笔主持召开区委常委（扩大）会议，贯彻落实市委市政府相关会议精神，专题听取国家卫生城市迎复审、全区经济运行、信访稳定、三严三实专题教育活动开展、安全生产等五项重点工作情况通报，研究部署大干当前和抓好各项重点工作任务的举措。区领导张冲林、梁学文、朱维佳、王建军、李金平、漆宾、杨冬梅、马乃骏、王文为、安毅之出席会议。

25日　市政协副主席朱毅民调研清河区现代物流业发展情况。区政协主席梁学文、副主席薛睿等参加座谈会。

26日　省公安厅副厅长程建东检查清河区市场安全生产工作。区长张冲林陪同检查。

▲　市人大常委会副主任李冰调研清河区防汛工作。区领导张冲林、祁素娟等陪同调研。

▲　驻区联勤部淮阴干休所、解放军八二医院、淮安军分区干休所和区人武部等部队首长代表驻区部队官兵向清河区20名残疾大学生、中学生捐赠1万元助学金。区委常委、人武部政委王为文，副区长祁素娟等参加捐赠仪式。

27日　区八届人大常委会召开第26次会议。区人大党组书记、副主任安毅之，副主任孙开明、徐乃明、孙勤出席会议，常务副区长王建军，区法院院长卢正苏，区检察院副检察长刘凤文和有关部门负责人、街道人大工委主任以及部分区人大代表列席会议。会议听取和审议区政府《关于2015年上半年国民经济和社会发展计划执行情况的报告》、《关于2015年上半年财政预算执行情况的报告》和《关于区八届人大四次会议代表建议办理情况的报告》，对区环保局工作开展评议，并对以上专项工作报告的满意度进行表决。会议还讨论通过有关人事任免，任命陈志勇为区政府副区长，免去高山区政府副区长职务。

▲ 区工商联召开五届六次常委会。区政协副主席、统战部部长张增元到会并讲话，区政协副主席、工商联主席薛睿作工作报告。50余位清河工商联常委参加会议。

31日 区委书记仲凤笔慰问区部分离休老干部。区领导张冲林、梁学文、马乃骏、安毅之陪同慰问。

是月 清河区区本级及有关单位、个人获上级下列表彰：

朱春波被国家卫计委、中国红十字总会、解放军总后勤部卫生部联合授予“2012—2013年度全国无偿献血奖铜奖”。

清河跳水队代表淮安市参加“江苏省少年儿童跳水锦标赛”，荣获4枚金牌、4枚银牌、1枚铜牌。

繁荣小学竹笛社团在“江苏省第二届青少年竹笛大赛”中演奏曲目《清河在我心中流》荣获组合组金奖。

9月

2日 市委书记姚晓东，市委常委、宣传部部长陈涛，市人大常委会副主任陈洪玉，区委书记仲凤笔先后到柳树湾街道李登先、杨西彩、张光亚、缪锦华4位抗战老战士、老同志家中，亲手为他们佩戴中国人民抗日战争胜利70周年纪念章，并送上慰问金。

同日，区文化部门举办纪念抗战胜利70周年书法作品展，区委常委、宣传部部长漆宾出席开幕式并致辞。

▲ 区委、区政府组织收听收看全省简政放权放管结合优化服务职能转变电视电话会议。区委常委、常务副区长王建军等在清河分会场收看会议。

4日 区委、区政府召开纪念中国人民抗日战争胜利70周年座谈会。区领导仲凤笔、张冲林、梁学文、朱维佳、王建军、李金平、漆宾、杨冬梅、王文为、安毅之，部分抗战老首长、老战士，驻区部队负责人及社会各界人士代表参加座谈会。

6日 区委书记仲凤笔主持召开财税工作座谈会。区领导王建军等参加会议。

7日 区委书记仲凤笔赴正大清江制药、金象传动、顺泰包装、三益电器、旺旺食品等工业企业，了解企业生产经营发展情况并提出要求。区领导王建军、潘华春等陪同调研。

9日 区委书记仲凤笔主持召开全区教育工作座谈会。区领导张冲林、王建军、陈志勇参加活动。

▲ 区委、区政府举行欢送2015年入伍新兵大会。区委常委、常务副区长王建军，区委常委、人武部政委王文为等出席欢送仪式。

▲ 省高级人民法院院长许前飞到清河区法院调研并指导工作。市中级人民法院院长钱斌，区委书记仲凤笔，区委常委、

政法委书记李金平等陪同调研。

11日　市第五巡回检查组检查清河区“三严三实”专题教育工作开展情况。区委常委、组织部部长马乃骏汇报全区专题教育工作推进情况。

12日　区委书记仲凤笔主持召开区委常委(扩大)会议，传达市委关于加强县区党政正职重点权力制约监督若干规定、全市生态创建复核工作推进会、全省统战工作会、全市推动文化建设迈上新台阶工作会等文件会议精神 ，听取“五城同创”领导小组工作机制调整、招商引资百日竞赛活动方案、安置房建设管理、公车改革等情况汇报，并就当前几项重点工作进行部署安排。区领导张冲林、梁学文、朱维佳、王建军、李金平、杨冬梅、马乃骏、王文为、安毅之等出席会议。

13日　区委书记仲凤笔先后到富强村、淮海路菜场、黄河南社区、健康东路菜场、万达金街、四门闸、和平小区、丁香路、随园小区、北京新村等地，检查全国卫生城市复审迎检工作落实情况。区领导张冲林、朱维佳、杨冬梅、安毅之、祁素娟、陈志勇等陪同考察。

14日　区委书记仲凤笔调研区人大工作，听取本届以来区人大常委会履职情况汇报，并就今后工作提出要求。区人大常委会党组书记、常务副主任安毅之，副主任孙开明、徐乃明、孙勤参加活动。

15—18日　社区糖尿病患者健康管理服务规范培训班在清河区举办。市卫计委副主任于龙门、副区长陈志勇等出席开班仪式。省内外社区卫生服务机构管理人员、全科团队负责人以及临床一线的全科医生、社区护士等26名学员参加培训。

16日　区委书记仲凤笔主持召开全区服务业经济调研座谈会，要求全区以“4+3”现代服务业特色产业为重点，一手抓传统服务业转型发展，一手抓现代服务业集聚发展，全力推进服务业转型升级，争当全市现代服务业发展的排头兵。区领导王建军、潘华春等出席会议。

17日　区政协港澳台侨委联合委员工作五组视察区残联惠民工程。区政协副主席、统战部部长张增元参加视察活动。

▲　省全民阅读办领导对清河区开展“书香城市”建设试测试评工作。

20日　区委、区政府召开大干四季度暨招商引资百日竞赛活动动员会。区委书记仲凤笔出席会议并讲话，区领导张冲林、梁学文、朱维佳、王建军、李金平、漆宾、杨冬梅、马乃骏、王文为等出席会议。

23日　区政协召开民主党派座谈会。区政协主席、党组书记梁学文主持会议，区政协副主席薛睿、张增元、高寿江、各民主党派、工商联、知联会主要负责人、政协各委办主任出席会议。

24日　全市重点人才工作观摩督查座谈会在清河区召开。市委组织部部务委员、市人才办主任姜洪洋，区委常委、组织部部长马乃骏，副区长、科技镇长团团长杨文武等出席会议。

25日　省司法厅副厅长张光东、周红养调研清河区“德法同行”活动开展情况。市领导宫文飞，区领导张冲林、李金平、汪冲陪同调研。

25—30日　清河区宣传文化部门举办《铁血淮安 中华之光》纪念淮安抗日战争胜利70周年图片展。

28日　区四套班子领导在清河分会场

集中收听收全省领导干部警示教育大会视频直播。省长李学勇主持电视电话直播会议，省委书记罗志军出席会议并讲话。

29日 区委召开关工委专题工作会暨校外辅导站建设推进会议。市关工委主任刘学东、区委书记仲凤笔出席会议，区委常委、组织部部长马乃骏主持会议。

▲ 市长曲福田到清河区昆仑纺织城、中央新亚国际广场等单位，了解安全生产工作情况，实地检查相关设备安全运行状况，就进一步做好安全生产工作提出要求。市领导张正军、唐道伦、宫文飞，区领导仲凤笔、张冲林、潘华春参加检查。

▲ 副市长窦立夫专题调研清河顺丰电子商务产业园。区领导张冲林等陪同调研。

30日 区委召开政法、综治及信访条线调研工作座谈会。区委书记仲凤笔主持会议并就全区政法、综治、信访工作开展提出要求。区领导李金平、汪冲等出席会议。

是月 清河区区本级及有关单位、个人获上级下列表彰：

正大清江制药和金象传动两个企业入选国家人社部"2015年新批准设立博士后科研工作站单位"。

淮阴师范学院附属小学新区实验学校被教育部认定为"全国足球特色学校"。

赵宏扬被省委统战部评为"江苏省优秀统战干部"。

区委统战部被中央统战部《中国统一战线》杂志社表彰为"宣传先进单位"。

10月

1日 区委书记仲凤笔，区领导张冲林、朱维佳、王建军、汪冲、陈志勇及有关部门负责人先后到苏果超市北京路店、乐天玛特超市、淮海东路农贸市场、青年路农贸市场以及上海路等地，视察节日市场供应及"五城同创"相关工作。

14日 省人大常委会党组书记、常务副主任蒋定之视察清河区淮海街道人大工委工作情况。市人大常委会党组书记、常务副主任陈洪玉，区委书记仲凤笔，区人大常委会党组书记、常务副主任安毅之陪同。

▲ 区委召开全区各界人士情况通报会暨市委统战工作会议精神传达会。区委常委、常务副区长王建军，区政协副主席、统战部部长张增元等出席会议。

16日 副市长、市公安局局长宫文飞慰问清河区离退休老同志。区委书记仲凤笔、副区长陈志勇陪同慰问活动。

19日 区委组织50余名离退休老干部参观清江浦中学和顺丰电子商务产业园。区委常委、组织部部长马乃骏参加活动。

20日 清河区人武部党委召开第一书记任职大会，淮安军分区政治部主任周春发宣读任职命令：任命中共清河区委书记仲凤笔为清河区人武部党委委员、第一书记。淮安军分区政委朱海文出席会议并讲话，区委常委、区人武部政委王文为主持会议。

▲ 区委书记仲凤笔主持召开重点项目建设暨招商引资百日竞赛过堂会，总结前一阶段项目建设和招商引资工作情况，研究部署下一阶段相关工作。区领导张冲林、梁学文、朱维佳、李金平、杨冬梅、安毅之等出席会议。

21日 区委书记仲凤笔调研全区党的组织工作，区委副书记朱维佳陪同调研，区委常委、组织部部长马乃骏汇报全区组织工作开展情况。

▲ 区政协主席会议专题督办委员重点提案落实情况。区政协主席梁学文主持会议，区政协副主席张增元、高寿江等参加会议。

22日 区委中心组举行（扩大）学习会，深入学习习近平总书记关于党风廉政建设和反腐败斗争重要论述，全面推进“两个责任”贯彻落实，深入开展“三严三实”专题教育。市委常委、纪委书记葛平应邀作专题辅导报告。区委书记仲凤笔主持学习会并讲话。区领导张冲林、朱维佳、杨冬梅、马乃骏、王文为、安毅之等参加学习。

▲ 区委、区政府召开创建全国文明城市年度迎测动员会。区委书记仲凤笔出席会议并讲话，区长张冲林主持会议，区委副书记朱维佳对迎测工作进行部署，区领导梁学文、李金平、杨冬梅、安毅之等出席会议。

23—24日 区委举办2015年第一期领导干部学习会。著名经济学家、党建研究专家、反腐理论研究专家、《求是》杂志研究员黄苇町，著名经济学家、中国人民大学世界经济研究中心主任、中央政治局集体学习讲解员、国务院特殊津贴获得者黄卫平，中国企业“激情文化”创始人张戴金，市发改委主任黄克清分别就“四个全面”解读、新常态下中国经济转型与一路一带发展战略、责任胜于能力、市“十三五”规划的思考等作专题讲座。区委书记仲凤笔作动员讲话，区四套班子领导、各街道办事处党政主要领导、区直单位主要负责人共500多人参加学习。

24日 区政府召开八届13次常务会议，专题研究为民办实事、安置房建设、教育系统岗位设置、清河小学新校区建设、消防车辆购置等相关问题。区长张冲林主持会议，区政府领导班子、党组成员，各街道办事处主任、相关部门主要负责人参加会议，区政协、区人武部相关领导，部分区人大代表、政协委员应邀列席会议。

29日 省委副秘书长刘松汉调研清河区社会管理创新工作。区领导朱维佳、李金平、漆宾、马乃骏等陪同调研。

▲ 农工民主党召开清河区支部换届暨总支成立大会。会议通过《农工党清河区支部委员会换届选举办法（草案）》，并选举产生总支第一届委员会，杨绚丽当选为农工党清河总支主委，王义标、毛德祥当选为总支副主委，总支下设两个支部。市政协副主席、农工党淮安市委会主委李玉峰，市委会驻会副主委郑劲松，市委会副主委周武军，市委会秘书长孙悦出席会议，区政协副主席、区委统战部部长张增元等应邀参加会议。

30日 区八届人大常委会召开第27次会议。传达省人大常委会党组书记、常务副主任蒋定之在淮安调研时的讲话精神和《中共淮安市委关于加强全市县乡人大工作和建设的意见》精神，听取区政府关于第26次常委会审议意见落实情况的报告，审议区财政局工作情况汇报和区检察院检务公开工作情况报告，并对相关专项工作报告的满意度进行表决。区人大党组书记、常务副主任安毅之，副主任孙开明、徐乃明、孙勤出席会议，区委常委、常务副区长王建军，区法院院长卢正苏，区检察院检察长赵春虎和有关部门负责人、街道办事处人大工委主任以及部分区人大代表列席会议。

▲　区政府召开财税融资工作推进会。区委常委、常务副区长王建军主持会议，新区管委会、国税六分局、市地税二分局、市地税三分局、区财政局、城市资产公司、各街道办事处等相关负责人参加会议。

是月　清河区区本级及有关单位、个人获上级下列表彰：

区图书馆被省文化厅表彰为“2015年度全省红领巾读书征文评奖活动组织奖”。

承德路小学“舞之韵”小社团在2015年“小哥白尼杯”全省红领巾小社团活动优秀案例征集评选活动中被省少工委评为二等奖。

区委统战部副部长、工商联党组书记赵宏扬被中央统战部宣传办评为“2015年度宣传先进个人”。

区委统战部被市委表彰为“全市统战系统先进集体”，沈锋、何海成、牧晓丹被表彰为“全市统战系统先进个人”。

区工商联被省工商联认定为“江苏省‘五好’县(市、区)工商联”。

11月

5日　市政协主席王维凯调研督查清河区文明创建工作。区委书记仲凤笔、区政协主席梁学文陪同调研。

▲　副市长、市公安局局长宫文飞到清河分局调研指导工作。区委书记仲凤笔，区委常委、政法委书记李金平等陪同调研。

6日　区委召开常委(扩大)会议，传达党的十八届五中全会、中央纪委转发河南省委关于新乡市委书记落实党风廉政建设主体责任不到位问题的通报、全市迎接全国双拥模范城四连冠检查验收动员大会、省市关于加强人大工作建设文件、市委统战工作会议等文件会议精神，通报1—10月份全区经济运行情况，听取“调查研究月”重点调研课题安排情况汇报。区委书记仲凤笔主持会议并提出要求。区领导张冲林、梁学文、王建军、李金平、杨冬梅、马乃骏、王文为、安毅之等出席会议。

▲　区委召开中心组学习会。市政协副主席、市委统战部部长仲波向全区领导干部传达中央和省、市委统战工作会议精神，区委书记仲凤笔主持会议并讲话。区领导张冲林、梁学文、王建军、李金平、杨冬梅、马乃骏、王文为、安毅之等参加学习。

7日　市长曲福田到清河区澳洋顺昌企业调研外贸外资工作。副市长窦立夫，区委书记仲凤笔陪同调研。

9日　市委书记、市创建指挥部总指挥姚晓东到清河区调研文明城市创建工作。市委副书记、市创建指挥部常务副总指挥练月琴，市委常委、宣传部部长、市创建指挥部副总指挥陈涛，区委书记、区创建指挥部总指挥仲凤笔参加调研。

10日　清河首届大众创业万众创新活动周暨高层次人才项目产品发布会开幕。市委书记、市人大常委会主任姚晓东，市委常委、组织部部长张彤，省委组织部人才工作处副处长叶绪江，区委书记仲凤笔，市直部门、驻淮高校有关领导，区四套班子领导出席活动，区长张冲林主持开幕式。

11日　区长张冲林会见旺旺集团总部高管并商谈第四期项目建设情况。区委常委、常务副区长王建军，副区长潘华春等参加活动。

14日　清河区召开“逐梦淮安、创业清河”首届创客论坛。副区长祁素娟出席论坛。

16日 区政府召开食品安全工作暨“食品安全城市”创建动员会。区委常委、常务副区长王建军,副区长祁素娟出席会议。

17日 区人大常委会召开“万名代表回选区见选民活动”动员大会,传达学习全国和省、市人大关于加强县乡人大工作和建设的会议精神。区人大常委会副主任安毅之对“万名代表回选区见选民活动”进行部署。会议对王丽娟、张正喜等10名“万名代表回选区见选民”活动先进个人进行表彰。区人大常委会副主任孙开明、徐乃明、孙勤出席会议。

19日 市长曲福田到清河区调研依法行政工作。市领导张亚青、宫文飞,区领导仲凤笔、张冲林、李金平、汪冲陪同调研。

20日 区人大常委会主任会议专题视察市场监管工作。区人大常委会党组书记、常务副主任安毅之,区人大常委会副主任孙开明、徐乃明、孙勤等参加活动。

23日 清河区召开总理童年读书处特色街区一期项目房屋征收工作动员会。区委书记仲凤笔参加会议并对征收工作提出要求。区领导张冲林、王建军、马乃骏、汪冲、张增元等参加会议。

24日 区委书记仲凤笔先后到金象减速机厂、西安路九号、齿轮厂宿舍、老坝口小学周边等地块调研全区旧城改造工作。区领导朱维佳、王建军、汪冲等参加调研。

▲ 市人大常委会党组书记、常务副主任陈洪玉视察指导清河区“万名代表回选区见选民”活动开展情况。区人大常委会党组书记、常务副主任安毅之陪同视察。

25日 区政府召开党组会议,贯彻落实中共十八届五中全会精神,深入推进“三严三实”专题教育活动,进一步加强区政府党组和全体人员党风廉政建设和作风建设。区长张冲林主持会议,区领导王建军、潘华春、汪冲、杨文武、陈志勇出席会议。

26日 省专家组对清河区创建“十二五”省人口协调发展先进区进行终期评估。区委书记仲凤笔、区长张冲林、区委副书记朱维佳、副区长陈志勇等出席会议。

▲ 清河区出台《清河区纪检监察干部问责暂行办法》、《清河区纪检监察干部“六严守十二禁止”》。

27日 市委书记姚晓东调研清河区经济社会发展和“双挂”工作推进情况。区领导仲凤笔、张冲林等陪同调研,梁学文、朱维佳、李金平、杨冬梅、马乃骏、安毅之、祁素娟、汪冲、陈志勇、王惠晶等参加座谈会。

▲ 清河区成立非公有制企业法律专家工作站。市工商联副主席马彦,区政协副主席、区委统战部部长张增元,区政协副主席、区工商联主席薛睿等参加会议。

▲ 区领导仲凤笔、张冲林、朱维佳、王建军、李金平、杨冬梅、马乃骏、安毅之等赴市好干部教育馆参观学习。

28日 区委书记仲凤笔主持召开重点项目建设过堂会。听取纳入年底考核开竣工项目和“老大难长”项目进展情况以及招商引资百日竞赛活动进展情况。区领导张冲林、梁学文、朱维佳、王建军、李金平、杨冬梅、马乃骏、王文为等出席会议。

是月 清河区区本级及有关单位、个人获上级下列表彰:

清河区被省教育厅命名为“江苏省学

前教育改革和发展示范区”。

城西社区被省政府外侨办表彰为“2015年度江苏省社区侨务工作示范单位”。

淮安市清江浦中学(淮安市第六中学)被团省委评为“江苏省中学中职共青团工作‘六个一’团建项目示范校创建单位”。

白鹭湖小学“学生种植实践基地”被省少工委评为“江苏省少先队文化建设‘特色项目’”。

淮西社区卫生服务中心通过“中国社区卫生协会培训基地”复核评审。

王凌被市政府表彰为“优秀慈善工作者”。

12月

1日 清河区举行驻区部队关爱留守儿童行动暨第八届双拥奖学金颁奖仪式。何浩天等20名留守儿童获得双拥助学金,何佳美等64位品学兼优的同学荣获双拥奖学金。区委常委、人武部政委王文为,副区长祁素娟参加活动。

▲ 区政协召开重点提案办理第三方绩效评议会。区政协副主席高寿江主持会议。区政协副主席薛睿、张增元,部分市、区政协委员,区政协提案委成员,提案工作职能部门、提案人和市民代表参加会议。

2日 市委常委、宣传部部长陈涛调研督查清河区文明创建工作。区委书记仲凤笔、区委副书记朱维佳、区政协副主席高寿江陪同调研。

3日 省委宣传部副部长、省网信办主任蔡丽新调研清河区基层思想文化工作“加强年”落实情况。区委书记仲凤笔,区长张冲林,区委常委、宣传部部长漆宾陪同调研。

8日 区委召开中心组(扩大)学习会,学习新修订的《中国共产党廉洁自律准则》和《中国共产党纪律处分条例》。市纪委副书记、监察局局长范青应邀解读《准则》和《条例》。区委书记仲凤笔主持学习会并讲话。区领导张冲林、梁学文、朱维佳、王建军、李金平、杨冬梅、马乃骏、王文为、安毅之等出席会议。

▲ 区委中心组召开“三严三实”专题学习交流会。区委书记仲凤笔主持交流会并讲话。区领导张冲林、梁学文、朱维佳、王建军、李金平、杨冬梅、马乃骏、王文为、安毅之等出席会议。

10日 区政府召开八届14次常务会议,专题研究民生实事推进情况、相对集中行政许可权改革、文创公司运营等有关问题。区长张冲林主持会议并提出要求,区政府领导班子、党组成员出席会议,区人大相关领导、各街道和相关部门主要负责人列席会议,部分区人大代表、政协委员应邀列席会议。

▲ 区政府召开四季度新闻发布会。区教育局、市场监管局、民政局、城管局等部门新闻发言人分别就各自单位全年工作重点工作及与会记者提出的学前教育,三证合一、一照一码,医疗救助政策受助对象,市容环境秩序等问题进行详细解答。

11日 区委召开统战工作会议。区委书记仲凤笔讲话,区长张冲林主持会议,区委副书记朱维佳通报表扬全区统一战线工作先进集体和先进个人。区领导梁学文、李金平、马乃骏、王文为、安毅之、张增元等出席会议。

▲ 区纪委组织全区第一期党员干部廉政法纪在线集中测试。区纪委书记杨冬

梅到场巡考。

12日　区委、区政府召开重点项目编排工作会议。区委书记仲凤笔参加会议并讲话，区长张冲林主持会议，区领导梁学文、朱维佳、王建军、李金平、杨冬梅、马乃骏、王文为、安毅之等出席会议。

14日　市中级人民法院在清河区召开人大代表、政协委员座谈会。区人大常委会党组书记、常务副主任安毅之主持座谈会，驻区十余名市人大代表参加座谈。

15日　省委召开全省扶贫开发工作电视电话会议，省委书记罗志军、代省长石泰峰出席会议并讲话，省委常委、副省长徐鸣主持会议。区委书记仲凤笔、副区长祁素娟等在清河分会场收听收看会议。

▲　副市长唐道伦督查清河区特种设备安全工作。区委书记仲凤笔、副区长祁素娟陪同督查。

16日　区委举办2015年第二期领导干部学习会。著名经济学家，国家发改委宏观经济研究院副院长马晓河教授作题为《“十三五”的重大问题和发展战略》的专题报告。区委常委、组织部部长马乃骏主持会议，区四套班子、各街道党政主要领导、区直单位主要负责人500多人参加学习。

17日　全市冬春水利建设会议观摩大寨河生态清淤及四门闸改造工程。市委副书记练月琴、副市长赵洪权参加观摩，区委书记仲凤笔、区委副书记朱维佳、副区长祁素娟等陪同。

18日　市长曲福田现场会办推进金融中心项目。市委常委、常务副市长戚寿余，区委书记仲凤笔，区长张冲林等参加活动。

▲　区法院召开“打击抗拒执行”专项活动新闻发布会。来自中国网、扬子晚报、江苏省广播电台、淮安日报、淮海晚报、淮安电视台等多家媒体记者应邀参加发布会。

19日　区委书记仲凤笔主持召开常委扩大会，听取“四个清河”建设指挥部组建方案、新时期清河精神大讨论方案、棚户区改造及“十三五”规划起草情况汇报。区领导张冲林、梁学文、朱维佳、王建军、李金平、漆宾、杨冬梅、马乃骏、王文为、安毅之等出席会议。

25日　区法院召开特色诉讼服务工作新闻发布会。来自中国网、淮安电视台、淮安广播电台、淮安日报、淮海晚报、淮海商报、淮水安澜网等媒体记者应邀参加发布会。

30日　区八届人大常委会召开第29次会议。区人大常委会副主任孙开明、徐乃明、孙勤出席会议，区法院，区检察院和有关部门负责人、街道人大工委主任列席会议。会议听取区政府、区检察院报告第27次常委会审议意见落实情况，听取孙志刚、杨绚丽、庄德美3位市人大代表述职报告并进行测评；通过区政府关于调整“十二五”国民经济和社会发展部分指标的报告及区政府关于调整2015年财政预算情况报告；审议区政府关于“十大惠民工程”实施情况报告。

▲　区委、区政府召开党政联席会议，专题研究全区公务用车制度改革工作相关情况。区委书记仲凤笔主持会议并讲话，区领导张冲林、梁学文、王建军、李金平、杨冬梅、安毅之等出席会议。

▲　区委举办十八届五中全会精神报告会。市委宣讲团成员、市统计局局长沙杰应邀作宣讲报告。区委书记仲凤笔主持

报告会，张冲林、梁学文、李金平、杨冬梅、安毅之等区领导出席报告会。

30—31日 团省委副书记蒋敏调研指导清河区青年创业工作。团市委书记王娟，区委常委、政法委书记李金平等陪同调研。

31日 区人大常委会主任会议听取2015年区检察院工作汇报。区人大常委会党组书记、常务副主任安毅之，副主任孙开明、孙勤参加会议。区人大常委会各委办主任及检察院中层以上干部列席会议。区检察院检察长赵春虎汇报2015年检察院工作开展情况。

是月 清河区区本级及有关单位、个人获下列表彰：

被省人社厅授予“2015年度全省劳动保障监察两网化管理示范区”荣誉称号。

区检察院被省纪委评为“江苏省廉政文化建设示范点”。

区法院被省机关事务局、省经信委联合表彰为“江苏省节能示范单位”。

区图书馆被中央宣传部、文化部、国家新闻出版广电总局表彰为“第六届全国服务农民服务基层文化建设先进集体”。

清新花苑社区被国家减灾委、民政部联合授予“全国综合减灾示范社区”荣誉称号。

水渡口街道司法所被司法部授予“全国先进司法所”荣誉称号。

淮海街道办事处、区人社局、青河房屋拆迁安置有限公司、区商务局、区第六中学、区文广新局、区财政支付中心、区发改委、繁荣小学、老坝口小学、区消防大队、区委办、区政府办、区科技局、清河中学、承德路小学、区城管行政执法大队、区总工会、区财政支付局、市民服务中心等单位被市委、市政府表彰为“2012—2014年度淮安市文明单位”，西安路社区、长西社区、城西社区、东方丽景社区、合肥路社区、交通社区被表彰为“2012—2014年度淮安市文明社区”。

马艺涵被团省委、省教育厅、省少工委授予“江苏省优秀少先队员”称号，刘蓉被授予“江苏省优秀少先队辅导员”称号。

清河实验中学韩旭升和李雨柏申报的论文《培养初中生环保意识和能力的实践研究》被江苏团省委和江苏省学生联合会表彰为“2015年度江苏省学校共青团优秀研究成果”。

2015年度清河区单位及个人获上级表彰情况：

区河道管理所被省水利厅评为“省三级水利工程管理单位”。

张红梅被市委表彰为“优秀党务工作者”，成丽被表彰为“优秀共产党员”。

区情概览

概　述

【地理气候】 清河区是历史文化名城淮安市的主城区,东与淮安区接壤,南与清浦区毗连,西、北隔古黄河(旧为古淮河之道)与淮阴区相望。区境内为黄淮冲积平原,从西北向东南略倾斜,以砂质土壤为主。至2015年年底,辖区地理面积32.28平方公里(不含市经济技术开发区),行政区呈东西长、南北窄形状。区境属温带与亚热带过渡气候区,全年日照充足,雨量丰富,雨热同季,四季分明。

【户籍人口】 2016年,清河区境常住人口33.73万人(不含市经济技术开发区居住人口),较上年增加0.33万人,年末全区户籍总人口为251681人,比上年增长1.77%,其中男性126066人,占总人数的50.09%,女性125615人,占总人数的49.91%,总人口性别比由2014年的100.43下降到2014年的100.36(以女性为100)。全年出生人口3109人,出生率为12.46‰;死亡人口709人,死亡率为2.84‰;自然增长人口2400人,人口自然增长率为9.62‰。

【历史沿革】 古代清河,是江淮流域人类文明的发祥地之一。大约距今六七千年以前,在今钵池乡山前村一带居住着氏族部落。经对遗址出土的炊煮谷物的陶器及大量蚌壳、螺蛳壳、兽骨等考证,当时经济活动是以渔猎与采集为主,农业还处于不发达阶段。夏商周时期,清河境内是淮夷、徐戎活动范围。春秋战国时期,境内先属吴、越,后归楚国。秦汉时期,境内属淮阴县。东汉末年战乱时期,刘备、曹操、吕布、袁术等曾在境内有过军事活动。魏晋南北朝时期,清河一带地处南北战争对峙的前沿。南宋咸淳九年(1273年),在淮阴故城北、泗水入淮口(即古泗口,又称大河口)设置清河县,清河县名自此始。明永乐十三年(1415年),陈瑄开凿清江浦河,清江浦人口殷繁,隧兴为重镇。清乾隆二十六年(1761年),清河县移治清江浦。时清江浦扼河、漕、盐、榷、驿之机杼,官商云集,市场繁荣,城区人口一度达数十万人,与当时的扬州、苏州、杭州并称为运河沿线的“四大都市”。现清河境内里运河北岸的石码头一带,成为当时南北方各省官员、商人和旅客往返的必经之地。故有“南船北马”“九省通衢”之称,盛极一时。

由于管理体制、隶属关系以及行政区划的多次调整,历史上的清河治所常与淮阴县(今淮安市淮阴区)交叉重叠。民国2年(1912年),政府废淮安府,清河县直属省辖。民国8年,清河县复称淮阴县,仍治清江浦。时,淮扬镇守使衙门、淮扬道尹衙门同设于此;民国21年(1931年)起,清江浦为国民党淮阴区行政督察专员公署所在地,国民党第二十五路军指挥部也曾在此驻节。民国26年(1937年)底国民党江苏省政府迁避于此。民国28年(1939年)3月,淮阴城被日军攻陷,淮属各县于次年相继成立抗日民主政权。民国34年(1945年)9月,新四军收复淮阴城,并以里运河两岸为主要区域成立清江市,直属苏皖边区政府管辖(清河现境多属其管辖)。同年11月,苏皖边区政府驻清江市。民国35年(1946年)9月,国民党军队占领淮阴城,清江市政府被迫撤出，国民党淮阴县政府、淮阴区行政督察专员公署和淮海绥靖司令部随驻扎清江市区。民国37年（1948年）12月，中国人民解放军解放淮阴城，清江市与淮城市（今淮安市淮安区城区）合组成立两淮市，直属华中行政办事处领导。民国38年（1949年）3月，华东局撤销两淮市建制，原两淮市6个直属区合并为清江、城南、王营3个区，划归淮阴县管辖。1951年1月经中央政务院批准，淮阴县清江区改建为清江市，直属淮阴专员公署管辖。1958年8月，清江市与淮阴县合并成立县级淮阴市；1964年10月市、县分置，复设清江市。1972年11月，淮阴县治所由清江市城区迁至古淮河北王营镇。1983年3月，江苏省实行市管县体制改革，撤销淮阴地区行政公署，设立淮阴市。原地辖清江市行政区域以里运河为界南北分治，分设两个市辖行政区。里运河北历史上曾是古清河县的一部分，故名清河区。清河区政府设治于市区淮海西路太平巷（现名利苑路）2号，1997年1月迁入现址北京北路103号。2002年2月，淮阴市更名为淮安市，清河区随属其辖。

至2015年年底，清河区境设7个街道办事处，40个社区委员会（其中村居合一的12个）。

【人文与旅游】 清河区旅游景点主要集中在古淮河（亦称废黄河）南岸、里运河北岸及清河新区。淮安市动物园、柳树湾生态公园、桃花坞公园、淮安博物馆、中国南北地理分界线标志园、沿古淮河南岸自西向东依次排列；钵池山公园、淮安万达广场、水渡口牌廊、青龙庵、济安水龙局、名人故居、古钟楼、仿古美食街、御码头、清江古清真寺、娃娃井、仁慈医院旧址、赛珍珠故居、中洲岛公园（新清江浦楼）、古清江闸、御碑亭、石码头、大运河文化广场、常盈桥、淮海商业步行街、石塔湖公园、周恩来童年读书处、夕阳红文化广场自东向西坐落于里运河北岸。以“生态新城、休闲之都”为主题，“水新区、绿新区、夜新区、景新区”为理念建设的国家AAAA级景区——“古淮河文化生态景区”位于清河新区中心位置。清河文化馆、古淮楼、红喜会馆、中国淮扬菜文化博物馆、西游记博览馆、古淮河生态公园、奥特莱斯购物公园、中国西游记博览馆、清淮农家乐休闲街区、荀派艺术馆、红娘广场、清河城市馆、净坛广场、清河生态美食城、青龙湖公园、青龙湖健身会馆、中国城市化史馆、清涟湖公园、七星生态商务岛景点环其四周。

清河区境历史名人主要有宋代著名诗人“苏门四学士”之一的张耒；南宋抗金名将韩世忠在大清口（即清河县）抗击金兵；明清时期，水利专家陈瑄、潘季驯、靳辅、陈横、郭大昌等先后在境内治水，功勋卓著。清道光、咸丰年间，著名女弹词作家、书法家邱心如，生于清江浦阜城街（原十里长街西段），著有清代弹词名篇《笔生花》。清末民初，晚年任《续纂清河县志》总纂的著名学者范冕，又著《淮阴近事录》两卷。捐赠房屋器具，共值银33598两6钱，创办绳武高等小学堂和江北中学堂的著名教育家张符元，受到当时朝廷的嘉奖。

开国总理周恩来童年时代曾就读于古清河十里长街的西长街大有巷。有“淮阴三范”著称的范希曾、范尉曾、范绍曾三兄弟，均毕业于南京高等师范学堂，学业优异，事业斐然，尤以范希曾博览群书，补缀前人之未逮，为古籍目录学既往开来作出贡献。出生于十里长街东长街的剧作家陈白尘，著有《升官图》《岁寒图》《乌鸦与麻雀》《大风歌》《阿Q正传》等话剧电影剧本小说文学作品。原清河十里长街东长街232号，是已故著名针灸专家、中国中医研究院教授、博士生导师、中国工程院首批院士、中央文史馆馆员、国家攀登计划"经络的研究"项目首席科学家程莘农的故居，其主编的《中国针灸学》(中、英文版)等十余本学术著作，受到世界文化理事会表彰，荣获"阿尔波特·爱因斯坦"世界科学奖。

经济与社会发展

【概况】 2015年，清河区实现地区生产总值172.25亿元，按可比价格计算，同比增长10.8%。其中：第二产业实现增加值31.13亿元，同比增长10.3%；第三产业实现增加值141.12亿元，同比增长10.9%。三次产业结构比例由上年的0：19.1：80.9，调整到0：18.1：81.9。其中，第三产业增加值占地区生产总值比重比上年提高1个百分点。人均地区生产总值143676元，按当年平均汇率折算为23068美元。民营经济实现增加值115亿元，占地区生产总值的66.8%。至2015年年末，在清河区市场监督管理局登记的内资企业412户，注册资本18.56亿元；私营企业6436户，注册资本1092亿元；个体工商户28762户，注册资本22.75亿元。

2015年，全区规模以上工业总产值实现86亿元，比上年增长17.7%，其中：轻、重工业总产值分别为59.6亿元和26.4亿元，分别增长10.6%和38.4%；股份制工业产值19.13亿元，增长67.2%；外商及港澳台投资企业工业产值31.91亿元，下降2.4%；私营工业产值16.58亿元，增长19.2%。在规模以上工业中，实现产品销售产值83.07亿元，比上年增长22.7%，工业产品销售率为96.6%。全年实现工业新产品产值3.79亿元，比上年增长23.9%。全年规模以上工业实现主营业务收入77.98亿元，比上年增长20.2%；完成利税总额14.92亿元，比上年增长27.4%；完成利润总额11.36亿元，增长23.2%。

【固定资产投资快速增长】 2015年，全区共有列统投资项目110个，比上年增加16个，全年累计完成规模以上固定资产投资173.07亿元，同比增长26.3%；在全部列统投资中，列入城镇固定资产投资的项目65个，其中 22个工业项目、43个服务业项目，完成投资109.52亿元，同比增长56.9%；在全部列统投资中，列入房地产开发投资的企业45户，完成投资 63.54亿元，同比下降5.4%。商品房施工面积428.5万平方米，同比下降4.6%；实现商品房销售面积135.5万平方米，同比增长11.04%；实现商品房销售额83.27亿元，同比增长 6.55%。

【消费市场运行平稳】 2015年，全区实现社会消费品零售总额159.05亿元，比上年增长12.4%，按行业类别划分：批发和零售业实现零售额149.76 亿元，增长13.0%；住宿餐饮业实现零售额9.29亿元，增长3.4%；按规模划分：限额以上企业实现零售额163.27亿元，增长13.3%；限额以下单位实现零售额22.64亿元，增长20.2%。

【服务业发展质态提优】 顺丰电子商务产业园等创成省级电子商务示范基地、兴业银行等多家金融机构成功落户。2015年完成服务业增加值141.12亿元，其中现代服务业比重占GDP比重44%，较上年提高1个百分点。实现服务业入库税收22.8亿元（不含房地产），增长21.7%。申报规模以上服务业企业45户，增量居全市第一。

【财政收入稳步增长】 2015年实现财政总收入43.4亿元，增长8.1%。公共财政预算收入37.17亿元，增长8.2%，其中社保基金收入3.64亿元，增长17.3%，政府性基金收入0.91亿元（不含土地出让金收入），增长91.2%；上划中央四税6.23亿元，增长8.0%。全年实现财政总支出30.58亿元，增长8.1%；其中公共财政预算支出26.95亿元，增长21.9%；基金支出3.63亿元，下降41.4%。

【社会保障】 2015年，全年新增城镇就业8647人、创业4015户，创业带动就业17378人，城镇居民人均可支配收入31107.5元，比上年增加2489.7元，增长8.7%； 城镇居民人均消费支出18048.2元，比上年增加1117.4元，增长6.6%；城镇登记失业率控制在2.07%以内，第九次调增新区被征地农民基本生活保障待遇，“土地换社保”、居保转城保有序实施，城乡基本社会保险覆盖面全市第一。新建3A级社区居家养老服务中心5个，政府购买居家养老服务增至400名。截至2014年年底，全区共有民办养老机构5家，每千名老人拥有机构养老床位数达12张。 “城市居家养老服务中心”21家，覆盖率达55.26%。累计发放尊老金530.6万元；累计开展各类老年人文体活动上千场次。

教育科技文化卫生体育

【创新能力不断增强】 全社会研发投入1.86亿元，占GDP比重1.23%，高新技术产业产值31.4亿元，占规模工业产值比重42.9%，超全省平均水平，比“十一五”期末提高4.9个百分点。列统企业研发机构建有率90%，百亿元GDP发明专利申请量252件、专利授权量369件。新增省高新技术企业6家、省高新技术产品1项、市高新技术企业5家。长东街道获批省级创新型试点乡镇，江苏正大清江制药有限公司获批省级企业研究生工作站，江苏苏益电器有限公司“江苏省低压配电智能终端工程技术研究中心”获批省级工程技术研究中心，江苏微宁科技有限公司“淮安市阵列激光器芯片工程技术研究中心”、江苏顺泰包装印刷科技有限公司“淮安市环保型防伪包装材料工程技术研究中心”获批市级工程技术研究中心。全年完成专利申请1356件（其中申请发明专利366件），获得专利授权536件，申请PCT专利1件，万人拥有有效发明专利3.68件。

【文化事业】 “‘幸福清河 精彩生活’文化馆（站）志愿服务活动”被文化部表彰为2014年“文化志愿服务推进年”示范项目；清河区图书馆被中宣部、文化部表彰为第六届全国服务农民、服务基层文化建设工作先进集体。区文广新局被省全民阅读活动领导小组表彰为2014年度省全民阅读工作先进集体。“骨康外敷药酒炮制技艺”成功列入省级非物质文化遗产名录。社区文化艺术节、全民阅读节、法治文化艺术节、百场演出进社区等系列文化惠民活动成功举办。辖区内共有7个街道文化站，3个图书馆，2个文化馆，5个博物(博览)馆。广播电视覆盖率100%，万人拥有公共文化设施面积5747平方米。

【卫生事业】 基本药物制度扩面稳步推进，全区年末拥有区属卫生医疗机构 113个，其中疾病预防控制中心 1个，妇幼保健所 1个。卫生机构床位数 1070个，卫生技术人员 1650人，其中：执业医师、执业助理医师761 人，注册护理师、护士889人。产妇住院分娩比例100%，婴儿死亡率2.06‰。

【体育事业】 2015年，清河区成功创建成江苏省公共体育服务体系示范区，在8月常熟举办的江苏省青少年跳水比赛中，清河区跳水队获得4枚金牌、4枚银牌、1枚铜牌的好成绩。

环境保护与城市建设

环境保护

【概况】 2015年,清河区环境保护工作以科学发展观为指导,紧紧围绕生态文明建设和服务经济发展工作目标,以节能减排、绿色创建、环境宣传、环境执法为抓手,大力推行低碳经济和循环经济,全力推动全区环境保护与生态建设工作再上新台阶,群众环境满意度稳步提高。全区水功能区水质达标率、饮用水源水质达标率、噪声达标区覆盖率、空气良好以上天数、四项主要污染物总量削减指标均保持较好水平,全区生态环境持续改善,群众环境满意度稳步提高。

【加强水环境整治】 按照"河长责任制"的要求,对古黄河、里运河定期开展巡查,及时了解河流水质及污染情况,一旦发现排污口,立即进行封堵,几年来共封堵排污口21处。对河面及河岸实施长效保洁制度,确保水质稳定达到三类标准,水质全年达标率达100%;对辖区内10条河道河面面积30多万平方米的水系实施监管。投入500多万元对西安路园区进行道路雨污分流管网改造,对科技大沟实施综合治理,消除河流黑臭现象,确保水质达标。同时,加强对工业企业的排水监管,定期对有水排放的企业进行排查并采取水样进行水质监测,督促旺旺食品等企业实施了雨污分流改造工程,对清江药业、麦德森公司每月开展污染防治设施运行情况监察,确保设施完好、运行正常。

【加强大气环境整治】 开展全区范围内燃煤锅炉和企业挥发性有机物整治,几年来共拆除燃煤锅炉187台,完成了5家有挥发性有机物产生企业的整治,并通过省、市考核验收。对可能影响空气质量的企业加强监控,确保二氧化硫、氮氧化物等主要污染物达标排放。对扬尘污染严重的3户企业、55个建筑工地、127条区管道路实施扬尘整治、规范化管理。对"五小行业"实施分类管理,特别是对全区餐饮集中的工农路、乐园街、交通路等8条道路进行油烟排放专项整治,全区清洁能源使用率达95%以上。清河区的空气质量逐年改善,PM2.5浓度较2014年同期下降29%,在主城区排名第一。

【强化噪声污染治理】 联合公安、城管、工商、文体等有关执法部门和单位组成了联合执法组,采取联合执法、集中整顿的方式,针对建筑施工工地、文化娱乐场所扰民问题突出的现象,集中进行整治。一是对建筑施工工地和文化娱乐场所进行整顿。对群众投诉较多的流星音乐酒吧噪声源进行整治。二是集中开展中、高考期间噪声污染专项整治行动。对中、高考期间不服从管理违规施工的企业进行严肃查处,进一步优化了市民的生活环境。

【落实环保执法责任制】 经过对全区200多户企业的普查,在全区15户列统企业中选择7户重点企业确定为环保标准化建设范围,安排专人到各企业监管,由责任人现场监察。每月对重点污染源现场检查一次,每季度对一般污染源现场检查一次。对各类污染源各种污染物的排放情况及污染防治设施运行情况加强现场监督检查。督促所有重点企业建立环保台账,完善环境应急预案,杜绝了偷排、漏排现象,全区工业污染源达标排放率100%。

【抓好固体废弃物安全处置】 对全区所有企业特别是入驻清河新区企业的重金属排放情况进行拉网式排查。督促产生固危废的单位落实各项环保管理制度,加强危险废物暂存场地管理,严格执行危险废物转移联单制度。全区工业危险废弃物处理符合要求,医疗废物全部交由楚州柯林固废危废处理中心集中处理,处理率达到100%。

【规范污染物减排】 据最新《挥发性有机物排放企业监督名册表》,2015年,清河区共有2家企业列入整改目录,三和车轮制造有限公司通过加强管理,减少工艺流程,完成了VOC整改;另外1家淮安澳洋顺昌光电科技有限公司,采用活性炭吸附法净化废气,已通过市监测站验收,挥发性有机物达标排放,提前完成年度工作目标任务。

【处理群众环境信访】 以维护广大人民群众的合法环境权益为根本出发点,严格执法,坚持公正、公开、公平的原则,及时处理环境信访投诉案件。一是畅通环境信访投诉渠道。除积极受理"12345"市长热线投诉外,12369环境信访投诉专线24小时开通,急群众之所急、想群众之所想、急事急办、特事特办;二是加大环境信访案件的办理力度,在规定工作日内将处理情况及时回复信访人,保证环境信访件件有着落、事事有回音,各类信访投诉办结率100%,反馈率100%,群众满意率90%以上。三是加强网络舆情监管,做好"阳光纪检"信访,发现有关投诉信息,第一时间反馈、处理,有效维护了群众的合法环境权益,得到了群众的好评。

【全面开展生态文明宣传】 从清河的实际出发,精心策划,因势利导,加强对环保法律法规的宣传,提高全社会的环保意识,增加全社会的环保知识,促进全社会理解环境与人的关系,更好地引导市民亲身参与环保的实践,支持环保工作,分层次、多渠道地开展宣传、教育活动。通过利用宣传栏定期出专栏、组织群众看录像、召开各种座谈会、请专家讲环保课、报纸电视宣传、组建绿色志愿者队伍等各个渠道、全方位营造创建氛围,先后发出宣传资料360余份,展出宣传版面十余块。组织各种主题环境宣传创建活动,辖区企业、居民的环保意识、责任意识明显增强,群众对环境的满意度稳步提高。

【扎实推进生态创建和创模复核】 根据区委、区政府"五城同创"的工作方案,认真对照国家生态市建设指标要求和国家环保模范城市复核考核体系,进一步量化、细化、实化创建目标,调整充实局创建工作领导小组,建立创建机构和工作专班,层层分解落实,形成目标明确、责任到人、措施具体的工作机制。 (供稿人:王艳平)

城 市 管 理

【概况】 2015年,清河区在全市依法行政工作中,获得了执法规范化建设工作现场的荣誉称号。

【以完成"十件实事"为核心,提高服务水平】 2015年,清河区积极完成市、区两级交办的重点项目和为民办实事任务。一是做好公共停车场建设工作。按照2015年年初区委区政府要求全年新增400个以上停车泊位的目标,我们强力推进,全年建设完成上海路停车场、古黄河风光带停车场、金佳园停车场、美食街停车场和职大路停车场等共计405个停车泊位。二是做好公共厕所建设工作。新建的3座公厕和改造的13座公厕于年底全部完工并投入使用。三是做好市容景观提升工作。投入近200万元，在全市率先完成里运河沿线美化亮化工作，获得市美亮办通报表扬；新建美食街、仁爱医院等建筑亮化工作；按照序时完成淮海北路、淮海东路美化工作。

【以创造优美环境为目标，提高保障水平】 一是做好道路清扫保洁工作。每天实行18小时"两扫全保"作业模式，高质量保障全区423万平方米道路和100万平方米绿化保洁工作。机械化清扫面积达192万平方米。二是做好公厕保洁管理。提高公厕保洁标准，对人流量大的公厕增加保洁次数，实行每座公厕保洁责任落实到人。公厕导示牌（距离）安装率100%。2015年全年共为无人管生活大院及老旧小区进行免费清理化粪池921车。三是做好垃圾清运工作。加强全区14座垃圾中转站的考核和规范化管理，利用GPS科学合理调度车辆，确保垃圾日产日清。四是做好垃圾处理费征收工作。全方位考虑并制定收费指标，并对全区新增企业进行细致审核，垃圾处理费收取逐年增加，2015年全年共计450万元。

【全力加大防违治违工作惩治力度】 紧紧围绕创建"零违建区"工作目标，在市防违办和区委区政府的正确领导下，进一步落实管理责任，整合监控资源，强化快速反应，严格责任考核，对新发生的违法建设做到了及时发现、及时查处、及时拆除。2015年，清河区共接各类交办件和受理举报79件，属实28件，拆除面积336平方米。

【以推进"四城同创"为核心，提高管理水平】 围绕创建"四城"工作目标，按照市、区统一工作部署，城管部门不断调整工作思路，改进工作方法，认真做好各级领导交办的各项创建工作任务。

一是开展流动摊点集中整治。1月份，联合市局，对汇通市场内和上海路的新疆人流动摊点进行整治，有效处理了新疆人长期占据汇通市场经营的问题。从3月份开始，开展为期4个月的全区城管综合整治活动。做到全区域、全时段、全覆盖管理。10月份开始联合公安、巡防开展联合执法，提高执法效果。2015年全年共拆除户外广告152处，各类店牌、店招160多处；规范店外店等违规经营行为2200多次，处罚流动摊点460多个。对农贸市场、校园周边占道经营行为开展了集中整治，并注意保持长效。二是实行疏堵结合。针对春季市民出游人流量增加的现象，提前介入，认真做好桃花岛、动物园等各大游园的市容秩序管理工作。在市局的大力支持下，在桃花岛门前设置40个疏导摊位，对部分聋哑人、特困户等社会弱势群体进行安置。根据季节需要设置了瓜果疏导点，既方便了出游市民，又缓解了社会矛盾。三是更换维护环卫设施。对破损的145个果壳箱进行维修更换，花费50多万元为10座中转站设备、15辆垃圾运输车、40座公厕、8座中转站、140多辆保洁车进行喷漆粉刷出新，投资25万元购买50辆电动保洁车，投资150万元购买垃圾运输车。此外依托数字城管平台，借助现代科技手段，提高及时发现问题、解决问题的速度与能力。

区境经济

商贸商务

【概况】 2015年，全区共有列统贸易企业268户，年末营业面积379494平方米，年末从业人数11771人，其中批发零售业共实现营业收入208.53亿元，住宿餐饮业共实现营业收入4.30亿元，限额以上住宿餐饮业单位共拥有客房数2520间、床位数4323张、餐位数14451个。全年实现社会消费品零售总额159.05亿元，比上年增长12.4%，按行业类别划分：批发和零售业实现零售额149.76亿元，增长13.0%；住宿餐饮业实现零售额9.29亿元，增长3.4%；按规模划分：限额以上企业实现零售额163.27亿元，增长13.3%；限额以下单位实现零售额22.64亿元，增长20.2%。商贸流通发展层次有效提升，两大商圈业态不断丰富，御码头美食街、富强路创成市级特色商业街，农贸市场升级改造加快推进，列入市民生实事项目的青年路、大治路、东方丽景3个市场基本竣工。

【外向型经济发展趋缓】 新批利用外资项目13个，全年协议利用外资1.06亿美元，比上年下降27.2%；实际利用外资1亿美元，增长67.8%。全区完成进出口总额为21613.9万美元，比上年下降10.6%，其中出口总额15675.1万美元，比上年下降17.8%；对外劳务营业额878万美元，下降3.0%。

【服务业发展质态提优】 “4+3”特色服务业加速发展，顺丰电子商务产业园等创成省级电子商务示范基地、兴业银行等多家金融机构成功落户。2015年完成服务业增加值141.12亿元，其中现代服务业比重占GDP比重44%，较上年提高1个百分点。实现服务业入库税收22.8亿元（不含房地产），增长21.7%。申报规模以上服务业企业45户，增量居全市第一。

【外资外贸】 2015年完成注册外资实际到账1亿美元，其中开工项目注册外资实际到账9465万美元；全区新批总投资3000万美元以上外资项目2个，其中新批总投资9400万美元项目1个。2015年，全年完成外贸进出口额2.16亿美元，占目标的90.1%，其中，一般贸易进出口同比增长15.1%；外经营业额845万美元，外派劳务457人次；培育跨境电商平台1家。

把电子商务作为推动实体经济转方式、调结构的重要抓手，全力推进电子商务向纵深发展，全区制造业、商贸流通、社区服务、消费娱乐等各个领域的电子商务应用不断得到拓展。淮通电子商务产业园入驻电商企业32家，顺丰电子商务产业园创成省级电子商务示范基地、省级青年创业基地，入驻电子商务企业53家，入驻率超过80%。

【市场秩序】 加强市场监测力度，组织辖区50多家企业定期做好监测数据报送，及时发布市场供求及食品安全消费信息，引导居民消费，维护市场稳定；3月成立区打假工作领导小组，办公室设在区商务局，在春节及两会期间牵头引导打假专项整治工作；指导辖区11家成品油零售经营企业进行年检，协助市商务局妥善处理“12312”商务举报投诉3起。

【粮食工作】 委托淮安市城南粮库代储清

河区区级储备粮，完成市政府下达清河区2014年度5000吨地方储备粮任务，并通过省粮食局验收确认；仔细筛选出3家有资质、诚信好的米厂作为大米供应商，全力保障军粮供应；对辖区粮食经营、食品加工、饲料加工企业和城镇居民用粮、用油情况进行抽样调查，认真做好粮食统计。

【参加海峡两岸农展会】 10月22—24日，江苏省海峡两岸农展会在镇江举办，清河流通资产公司主要领导、分管领导以及基层农贸市场的主要负责人参加了农展会开幕仪式。

【成立城投控股公司】 12月3日，清河区人民政府出资成立淮安市清河城投控股发展有限公司，公司注册资本为5.5亿元。

【整合存量资产】 2015年清河城市资产经营有限公司对原清河地产公司、清河地产开发公司开发的安涉桥、水渡新村、锦绣小区等小区的已办证库存房屋进行评估，将区内所属学校的办公楼、教学楼等资产，流通资产公司、市政公司等单位的资产、区内旧城改造项目中的土地纳入资产公司。将清河城区范围内的市政管网、园林绿化工程项目评估划入城市资产公司报表内；将区政府办公楼、区城管局办公楼、街办大楼及社区用房划入公司名下，年底清河城市资产的总资产规模达50亿元。

工　业

【概况】 2015年，清河区工业经济积极应对经济下行压力增大、市场景气偏弱、资金要素吃紧等多重压力，紧紧围绕“上水平之年”目标任务，突出项目建设，狠抓企业培育，强化要素保障，全区工业经济继续保持平稳较快增长的良好发展态势。

【主要指标平稳增长】 全年规模以上工业实现总产值85.6亿元、增加值18.8亿元、销售收入76.9亿元、利税14.8亿元、利润11.3亿元，同比分别增长18.1%、11.5%、20.3%、19.8%、21.2 %；入库税金3.8亿元，同比增长1.7%；工业用电量1.3亿千瓦时，同比增长12.6%，增幅位居全市前列。

【骨干企业支撑作用突出】 全年旺旺食品、清江制药、澳洋顺昌等7户骨干企业实现开票销售29亿元，入库税金3.7亿元，分别支撑着全区工业总量的88.4%、94.9%。旺旺食品开票销售、入库税金分别进入全市工业企业20强、10强。全区28户规模工业企业中，年开票超亿元企业6户，入库税金超1000万元6户，均占列统企业数量的近1/5，比例在全市最高。

【项目推进扎实有力】 全年实施亿元以上重大工业项目6个，总投资17亿元，其中总投资10亿元的大功率高亮度LED产业化项目、百隆高档色纺纱生产线技改等项目进展较快。全年实现规上工业投资30亿元，同比增长28.9%。完成新开工亿元项目3个，新竣工设备投资千万元项目3个。

【企业创新步伐加快】 金象传动、苏益电器等5户企业培育成为省、市级两化融合示范企业，澳洋顺昌建成省首批智能示范车间，建成省级技术中心3家，市级技术中心8家，顺泰包装、金象传动、安洁医疗、贝林科4户企业分别在香港、新三板和新四板成功上市，成为全市上市企业密集区。

【服务企业成效显著】 认真贯彻落实《清河区落实市"千企帮扶"专项行动方案》，千方百计为企业争取扶持资金，全年为企业争取资金1500余万元。定期组织企业参加银企保对接会、BCG融资市场，帮助企业解决融资需求，全年全区担保机构为中小企业担保贷款10.8亿元，总量位居全市8个县区第一。

【民营经济加快发展】 全面深化市场准入与监管制度改革，积极鼓励和大力支持大众创业、万众创新，全年新发展私营企业1857户，个体工商户5776户，分别完成市目标的232.1%和231%，目标完成率均位列全市第一。

【市领导视察清河工业项目】 1月13—16日，市委书记姚晓东、市长曲福田、副市长唐道伦、市委常委宣传部部长陈涛先后观摩正大清江综合制剂及研发中心项目，旺旺食品、澳洋顺昌等工业企业项目情况，区委、区政府主要领导陪同视。

区境重点工业企业简介

【淮安旺旺食品有限公司】 位于清河新区旺旺路南侧，占地280亩，注册资本8510万美元。拥有多条牛奶利乐包装生产线、旺仔牛奶铁罐生产线、旺旺八宝粥生产线、旺仔小馒头生产线、高档饮料口袋包和米线生产线。主要产品有旺仔小馒头、旺仔牛奶、旺仔口袋便利包、旺仔米线等。企业荣获"江苏省优秀侨资企业"、"食品生产企业A级单位"、淮安市纳税大户奖。2015年公司实现开票销售收入13.2亿元，入库税金1.8亿元。

【江苏省金象传动设备股份有限公司】 位于清河新区青龙湖路1号，占地148亩，注册资金1亿元。拥有德国、英国、俄罗斯等国内一流的进口大型设备170台套，是研发制造各类减速机的专业公司。主要产品有圆弧圆柱蜗杆、硬齿面摆线针轮三大金象牌系列减速机，并派生出1000余种系列产品，广泛应用在冶金、建材、橡塑、环保等行业。产品出口澳大利亚、巴基斯坦、尼日利亚、新加坡、越南、日本、美国等十多个国家。2002年通过ISO9001：2000质量体系认证。2015年，公司实现开票销售收入5960万元，入库税金640万元。

【江苏正大清江制药有限公司】 位于淮安市韩泰北路9号，占地72亩，注册资金4896万元。设有固体制剂、中药提取、化学合成原料等生产车间，有中西药片剂、胶囊剂、滴丸剂、头孢类制剂、抗肿瘤原料药及制剂等多条GMP生产线。主要产品有益肾蠲痹丸、银香颗粒、克洛己新片及干混悬剂、盐酸氨基葡萄糖片、红药胶囊、舒冠胶囊、盐酸西布曲明滴丸等。产品覆盖国内近30个省市、自治区，同时还远销美国、西班牙、捷克、韩国、印度等国家。"东方草"商标为江苏省著名商标。2015年实现开票销售收入3.9亿元，入库税金6200万元。

【江苏顺泰包装印刷科技有限公司】 位于清河新区深圳路88号，占地101亩，注册资金550万美元。拥有国际一流的意大利赛鲁迪9色R960-2型凹印联机模切生产线和日本富士产12色双收双放凹印机等设备。是一家经营烟标印刷生产、各种新型薄膜生产和销售的高科技含量的中外合资企业，主要为烟草及有关对印刷包装行业要求规模大、技术高的产品经行配套服务，是省内唯一一家大型烟用印刷膜及烟标配套印刷的生产单位，是江苏中烟集团独家薄膜供应商。公司于2012年7月份在香港上市，为淮安市首个在港上市企业。2015年企业实现开票销售收入2亿元，入库税金4200万元。

【淮安麦德森制药有限公司】 位于淮安市合肥北路58号，占地面积77亩，注册资本1322万元。公司拥有年产300吨各类规格硫酸软骨素GMP生产线和年产2万亿单位肝素钠生产线。主要产品有：各种规格和系列的硫酸软骨素、硫酸软骨素钙盐、粗品肝素钠等原料药。产品质量符合美国、欧洲药典标准。产品全部销往美国、德国、意大利等国际市场，以其稳定的产品质量享有较高的美誉度。2015年实现开票销售收入2750万元，入库税金620万元。

【淮安利安科技发展有限公司】 位于淮安市清河区珠海路1号，占地42亩，注册资金1300万元。拥有年产3万吨聚醚、5000吨聚氨酯防水堵漏材料生产线。主要从事聚醚、聚氨酯防水材料、高分子聚合物的研究和生产销售。是集生产化工产品、化学建材、房产开发等为一体的综合性企业。通过ISO9001：2000质量管理体系认证，通过国际犹太洁食认证。2015年实现开票销售收入1.8亿元，入库税金430万元。

【淮安百隆实业有限公司】 位于清河新区飞耀路西侧，占地225亩，注册资金3999万美元。由香港百隆集团全额投资建设。百隆集团是一家集研发、生产、销售混色花纱于一体的大型集团领军企业，是国内外色纺行业产品质量标准的制订者。公司已获得ISO9001：2000质量管制体系认证，淮安百隆拥有年产8万纱锭的国际领先的色纺纱生产线，主要产品为BROS牌各种规格的精梳纱线。2015年实现开票销售收入2亿元，入库税金2100万元。

【江苏苏益电器有限公司】 位于清河新区旺旺路16号，占地20亩，注册资本2200 万元。是专业生产断路器、漏电继电器等低压电器系列产品的专业厂家。建有8条低压电器系列产品精益生产线，2条印制板插件、超声波焊接生产线，1条日本日立SMT电子贴装生产线，具有年产各型低压电器系列500万个的生产能力。产品分别通过中国质量认证中心CCC认证和欧盟CE、德国GS认证，公司被评为江苏省高新技术企业、被江苏省人民政府授予优秀管理企业称号。2015年实现开票销售收入9000万元，入库税金800万元。

【淮安澳洋顺昌光电技术有限公司】 位于清河新区景秀路6号。由江苏澳洋顺昌股份有限公司投资建设，占地132.48亩，计划总投资30亿元，建设9万平方米产品研发中心、办公楼、生产厂房等，从德国、美国等国家引进30台MOCVD外延炉、数百台芯片、封装及照明生产及检测设备。一期已竣工投产。2015年实现开票销售收入3.7亿元，入库税金2660万元。

园区及项目建设

清河新区

【新区荣誉】 新区被省经信委认定为“2015年度江苏省信息化和工业化融合示范区”，成功创建土地执法模范区，在2015年度全区科学发展目标考评中荣获“科学发展目标考评先进集体”，被评为代表建议办理工作先进集体、提案承办先进单位。古淮河文化生态景区代表淮安市成功入选省申创AAAAA级景区后备单位名录。

【财税经济】 全年完成公共财政预算收入6.57亿元，其中完成基本户税收收入2.5亿元、非税收入1.9亿元；全力做好融资工作，融资工作取得显著成效，新区融资主体实现融资到账20多亿元，为全区资金提供坚强保证。

【招商引资】 主要领导坚持带头招商，鼓励全员参与，并专门成立3个招商分局，招商成效明显。2015年共上报签约百姓人酒店、环游世界文化旅游、九州通医药科技成果转化、顺泰包装技改、华信金融、旺旺技改、中通设计院7个亿元项目，完成外资到账5320万美元，常葛润和普斯宁2个3000万美元项目已获批。

【项目建设】 2015年共实施重点项目26个，其中列入市考核开竣工亿元项目5个，区考项目12个。总投资15亿元的澳洋集成电路项目成功签约，中国爱情小镇、上河总部经济园通过市亿元竣工项目验收，旺旺新增口泡剁生产线通过市亿元开工项目验收，百隆色纺技改通过市亿元开竣工项目验收，长岛花园、翰香美地、丰球白鹭湖庄园等多个房地产项目顺利封顶。

【城市管理】 累计建成路灯、亮化灯5275套，全面并入市路灯处路灯监控管理平台。完成杭州路LED灯光源调试工作，支十六路、福州路LED路灯完成安装并投入使用。共办理文明施工手续30余批次，施工场地周围环境得到了较大的改善，市容面貌有了显著改善。完成河畔路各交叉口15组交通标牌安装工程，安装新设道路路名牌23块，大型指示牌1座，有效改善了新区交通环境。

【企业服务】 全年列统工业企业实现产值、销售、税金分别为68.9亿元、68亿元、12.1亿元，较去年同期分别增长了15.8%、16%、16%。澳洋顺昌实验室、华美能源研究生工作站成功申报省级以上高新技术企业及市级“两站三中心”。澳洋顺昌LED生产车间获省工人先锋号，安洁医疗、顺丰产业园、旺旺食品获得市五一表彰。大力开展“三进三解三促”、“进企业”等活动，深入了解旺旺食品、澳洋顺昌等重点企业经营情况和存在问题，甘当企业服务“帮办人”。举办了4期专场招聘会，有效缓解了企业用工难题；成立了清河区首家非公企业党组织书记工作室。

【发展要素】 强化土地要素保障，认真做好土地发展文章，连续6年成功创建土地执法模范区，顺利完成恒盛科技园146亩等4个项目的土地征用补偿工作。顺利完成省国土资源厅提出的新区土地出让整改工作。强化资金要素保障，加大债权债务催缴力度，制定新区债权债务催缴方案，通过发送单位函件、律师函直至司法诉讼方式，确保债权债务清理工作按照规定要求完成，同时严把项目审计关，保证国有资产不流失。强化遗留问题解决，成功完成安置房一、三期清新花苑共2000余户拆迁户产权证办理手续，及安置房二、四期竣工验收备案、规划核实、实测、预售许可等前期工作。强化安全要素保障。进一步厘清管委会与两个街道的安全生产监管和信访稳定工作，明确了企业安全生产主体责任，定期邀请安监局、住建局等部门、专家，组织对新区范围内所有在建工地、企业进行拉网式检查，全年深入项目一线进行专项检查6次，对发现的问题要求及时整改，并进行"回头看"，确保新区范围内无重大安全生产事故。

2015年度主要建设项目

【中国爱情小镇】 位于水渡口大道北侧、英才街西侧，由宝龙地产(香港)有限公司投资建设，占地160亩，建设约15万平方米以爱情为主题的集吃、住、游、乐、购于一体的爱情小镇。

【淮安恒盛科技园】 位于深圳东路北侧、飞耀路东侧，由淮安恒盛科技投资公司投资建设，占地147.5亩，建设约13万平方米国家级科技孵化花园式园区。

【圣旺广场(神旺二期)】 位于神旺大酒店南侧，由旺旺集团投资建设，占地约16亩，建设约5万平方米住宅和商业广场。

【智造园】 位于深圳路北侧、景秀路西侧，由淮安澳洋顺昌光电有限公司投资建设，占地53亩，建设3.6万平方米标准化厂房。

【旺旺四期】 位于广州路东侧、珠海路南侧，占地203亩，先期启动30亩，计划建设4幢厂房及1幢办公楼。

【金辉城】 位于曦园街两侧、古河口大道北侧，由金辉(香港)投资有限公司投资建设，占地130亩，建设40幢别墅，20幢多层，6幢高层。

【七星生态岛总部会所】 位于深圳东路北侧、宁连路西侧，由江苏浦斯宁建设发展有限公司投资建设，占地约170亩，建筑面积约10万平方米，主要建设2-7号岛总部经济会所。

【清城创意谷】 位于曦园街东侧、水渡口大道北侧，总占地114.5亩，建筑面积130126平方米。其中一期项目占地面积36618平方米，建筑面积43165平方米。

【七星岛园林式大酒店】 位于水渡口大道南侧、宁连路西侧，建设4.8万平方米的商业酒店及公寓。

【丰球白鹭湖庄园】 位于水渡口大道两侧、徐州街西侧，占地92.3亩，建设6个组团，规划总建筑面积80万平方米。其中，G组团为多层和高层商品房，其余组团为排房别墅。

【白鹭东郡】 位于广州街东侧、曦园街西侧，占地80亩，总建筑面积11万平方米住宅。

【七星水岸】 位于深圳东路北侧、宁连路西侧，由淮安润城置业有限公司投资建设，占地76亩，建设12万平方米商住楼。

【翰香美地】 位于水渡口大道北侧、英才街西侧，由江苏美润置业有限公司投资建设，占地33亩，建设约4.8万平方米商住楼，其中商业面积约6500平方米。

【长岛一墅】 位于河畔路北侧、果林街西侧，由淮安栋梁置业有限公司投资建设，占地181亩，建设13万平方米住宅。

【神旺家园】 位于杭州路东侧、支十六路南侧，由淮安神旺房地产有限公司投资建设，占地41.58亩，建设约6.9万平方米住宅及部分商业用房。

【顺丰电子商务产业园】 位于深圳东路北侧，由顺丰速运集团投资建设，占地约30亩，主要为电子商务产业园整体规划设计、装修改造、仓储智能设备引进及园区整体运营。

【碧水豪庭】 位于韩泰北路东侧、丰收河北侧，由淮安中科置业有限公司投资建设，占地44亩，建设7.2万平方米高档商住楼。

【精品灯具城】 位于水渡口大道南侧、广州路东侧，由淮安市翔峰置业有限公司投资建设，占地20.2亩，建设成一幢商业裙楼及三幢高层，集高档灯具灯饰市场、公寓式酒店、办公、服务、展示于一体的地标型综合商贸城。

【汽车检测线】 位于三坝街西侧、加油站南侧，由淮安市筑博实业发展有限公司投资建设，占地19.15亩，建设汽车尾气检测车间、汽车安检车间、汽车检测生产线以及相配套的综合楼。

【古淮河采摘园】 位于新长铁路以东，淮河老街以西，大同路以北，占地250亩，包括果蔬种植、7000平方米温室大棚及农业配套设施。

【新区幼儿园(伟才国际)】 位于广州路与河畔路交叉路口北侧，由清河新区投资发展有限公司投资建设，占地10.5亩，建设3层约5000平方米的幼儿园。

【总部经济园市政配套设施】 位于清河新区白鹭湖大街北侧、飞耀路西侧，占地约100亩，建设约10万平方米总部经济办公楼，市政配套包括综合管线、绿化、景观、园区道路、监控、亮化等。

【上河总部经济产业园】 位于河畔路南侧、飞耀路西侧，由淮安市清河总部经济产业园有限公司投资建设，总投资约1.2亿元，占地9.2亩，建设约2.7万平方米总部经济办公楼。

【新区党工委召开2014年度党员领导干部民主生活会】 根据区纪委、组织部通知要求，1月23日上午，新区党工委组织召开新区民主生活会。会议由副区长、新区党工委书记李仁明主持，新区领导班子成员参加会议。

李仁明代表新区党工委领导班子作了对照检查，并带头对自身存在的问题进行查摆和剖析，随后，领导班子成员也都逐一作了发言。此次专题民主生活会紧紧围绕“严守党的政治纪律、严格执行民主集中制、严格党内民主生活会，深化作风建设”这一主题，积极开展批评与自我批评，深刻剖析思想根源，明确努力方向，同时制定出各自的整改措施，并对班子和其他成员实事求是地提出了合理的意见和建议，达到了坦诚相见、加深了解、互相帮助、增进团结的目的。

【迅速组织人员清扫积雪】 1月28日晚上，淮安迎来了2015年的第一场雪，路上厚厚的积雪给外出的行人带来了极大的不便。1月29日七点多钟，新区党工委书记李仁明带领新区30余名党员干部赶赴铁路桥路段，与城管队员一起清扫道路积雪。由于准备充分、应急有力，组织得当，经过全体干部职工的努力奋战，铁路桥始终保持了路面整洁，车畅其流，安全有序。

【新区党工委春节前召开党员冬训动员大会】 2月14日上午，按照中央、省、市、区委的部署安排，根据区委组织部、宣传部联合下发的相关文件要求，新区党工委书记李仁明同志主持召开新区党员冬训动员大会，共有32名党员干部参加会议。

【新区管委会组织开展春节走访慰问活动】 新春佳节，新区管委会积极开展春节走访慰问活动。中层以上干部与社区36户低保户和辖区企业8户困难党员进行结对帮扶，累计帮扶资金32000元。

【举办“春风行动”现场招聘会】 3月15日，清河新区组织劳保所、妇联、工会等相关部门在淮安红星美凯龙联合举办“春风行动”现场招聘会。辖区内旺旺食品、百隆实业、开元大酒店等8家企业进场招贤纳士，提供普通操作工、市场营销、企业管理等岗位400余个。在招聘会现场，主办方还设立宣传咨询点，面对面为群众解答创业培训、小额担保贷款、困难帮扶、权益维护等方面的问题，向求职者开展全方位服务。

【新区编制功能配套布局方案】 新区成立三个专业招商分局，针对新区生活配套设施不足的问题，全面调查新区商业门面存量并编制《新区功能配套布局》方案，推动新区生活、生产性配套项目招引，加快集聚新区商气、人气。

【扎实推进党员冬训】 冬训既是党员干部提升素质的“充电器”，也是基层组织强基固本的“加油站”。清河新区党工委紧紧围绕冬训四个专题，精心安排部署，创新工作举措，务求冬训工作取得实效。

精心组织，确保冬训工作有影响。为确保冬训工作的稳步推进，新区及时成立了以主要领导任组长、分管领导任副组长，各基层党支部书记为成员的党员干部冬训工作领导小组，制定并下发了《关于认真组织开展2014—2015年度新区党员干部冬训工作的意见》，各分管领导结合工作岗位和发展实际，分别为党员干部作了新常态下如何做好招商引资、项目建设、融资贷款等专题辅导。新区党工委组织32名党员干部参加冬训大会，分别从思想上、内容上、实效上做了具体部署和安排，确保冬训工作有力度、有声势、有亮点、有影响。

加强宣传，扩大党员冬训参与度。利用新区电子大屏、企业电子显示屏、路口滚动大屏、短信平台，全方位宣传十八届三中、四中全会精神；组织党员干部分片区进社区、进企业，印发冬训宣传材料，指导非公企业党组织创新形式，组织广大职工开展丰富多彩的活动，进一步提高党员冬训的覆盖面。

多措并举，推动冬训工作有实效。围绕冬训主题，切实做到以下三个方面：（一）冬训与开展党员帮扶相结合。春节前，新区中层以上干部与社区36户低保户和辖区企业8户困难党员进行结对帮扶，积极主动联系困难家庭，逐户上门慰问，到困难群众家中了解生活情况，为他们送去米、油等春节慰问品和慰问金，累计帮扶资金32000元。（二）冬训与服务企业相结合。新区组织党员干部深入开展“进企业，解难题，促发展”专题活动，分片区走访重点企业、小微企业，及时掌握企业经营状况，定期召开重点企业服务座谈会，上报企业经营情况一览表，着力提升企业服务质效，促进企业健康发展。（三）冬训与作风建设相结合。“作风建设永远在路上，永远没有休止符”，新区进一步完善督查制度，严格考核奖惩，狠抓落实，切实消除“为官不易、为官不为”的错误思想，坚决杜绝“闯关”思想和应付现象，努力形成“齐心协力谋发展、凝心聚力抓落实”的工作氛围，以更加务实的作风全力推进新区全面建成。

【举办廉政教育专题讲座】 5月27日，新区管委会联合清河检察院派驻新区检察室，在淮安国际摄影馆共同举办廉政教育专题讲座。区检察院副院长刘凤文作题为《预防渎职行为，强化行政行为》专题报告。讲座由新区管委会纪工委书记陶文洪主持，新区管委会、商务局、金融办、城市资产公司、流通资产公司全体工作人员，淮安旺旺食品有限公司、淮安澳洋顺昌光电技术有限公司等14家新区非公企业党组织负责人参加了本次讲座。

【基层党组织规范化建设观摩交流会】 7月1日，清河新区召开庆祝建党94周年暨基层党组织规范化建设观摩交流会。通过现场观摩和表彰交流，看亮点、找差距、学先进、添动力，激励广大基层党组织和广大党员更好地发挥战斗堡垒作用和先锋模范

作用，切实做到应对新形势，适应新常态，经受新考验。各基层党组织书记、部分党员代表30余人参加会议。

【户外广告整治及道路冲洗工作】 7月31日下午至8月1日上午淮安市出现了狂风暴雨强对流天气，新区部分户外广告出现了破损现象，存在一定的安全隐患，影响了市容环境，同时部分道路也因被积水退后的淤泥污染，给广大市民带来了不便。为尽快恢复市容环境、消除安全隐患，暴雨过后，新区管委会立即组织城管执法人员一是对辖区内宣传条幅、户外广告进行检查，并随车配备拆除工具对部分脱落、破损的户外广告进行了拆除，对存在安全隐患的及时通知江苏楚天、长岛一墅、金辉城、叶与城及碳交易中心等相关设置单位进行加固、拆除或更换。二是安排铲车、冲洗车及人员，对黄河人家小区门前、新区管委会办公楼门前广场、古河口大道、广州街、曦园街、旺旺路、徐州街等地段和道路残留淤泥进行拉网式全面冲洗。

【防汛工作】 新区将防汛工作作为当前的头等大事，保持高度警惕，切实增强防汛工作的责任感，坚持做到“四个强化”，全力做好防汛工作。一是强化组织领导。新区成立了防汛工作领导小组，立即制定了防汛应急预案，签订了防汛抗旱责任状，管委会主要领导担任小组负责人，组织全体工作人员认真学习防汛工作会议精神，明确任务，落实责任，一级抓一级，层层抓落实，形成职责分明、科学合理的防汛工作责任体系，真正做到思想到位、组织到位、工作到位。二是强化物资保障。在往年防汛物资储备的基础上，新区进一步充实防汛物资，今年又增加购置了水泵、砂石、编织袋、铁锹等物资，并安排专人保管，保证重点和薄弱环节物资储备。三是强化值班制度。新区实行全员参与24小时值班制度，安排专人值守值班室，及时接收上级防汛部门传真，接听电话，随时准备接受市、区软建办督查，做好值班记录并履行交接班手续。四是强化隐患排查。新区加大重点区域、重点地段巡查力度，加强险情隐情排查力度，每天轮流巡查新区道路、小区积水、生产经营性单位、地下通道、下穿铁路通道、河流水位等情况，完成大同路下穿铁路西侧土坡挡墙防护工作。

【开展税源清查专项活动“回头看”】 根据全区开展税源清查活动“回头看”的统一部署要求，通过对工商、国地税以及财税系统的信息比对，新区管委会税源所共筛选出户辖区内344户企业的信息。目前已初步建立五本台账并按照市场监管系统、税务系统进行了数量划分，其中正常经营户163户，正常纳税70户，已办过税务登记证的260户。

【扎实开展招商引资】 新区坚持把招商引资作为头等大事来抓，不断加大招商引资工作力度，紧紧围绕“盘活存量、产业升级”这一目标开展，重点加强正风苑、生态美食城、农家乐、白鹭湖山庄等存量资产招商，加快推动百隆色纺、顺泰包装以及九州通医药等企业设备改造升级工程。目前，生态美食城以及农家乐部分存量已重新招引投资主体并开始营业；正风苑、白鹭湖山庄已有多家客商有意投资，具体合作事宜正在洽谈；九州通医药技改项目已上报区经信委等待审批，顺泰包装技改项目正按照市环保部门要求制作环评。

【首家非公企业党组织书记工作室在新区成立】 7月17日，清河区首家非公企业党组织书记工作室在新区举行成立仪式，区委组织部副部长汪家云、新区党工委副书记刘伟等参加活动。该工作室以“企业主支持党建工作,党组织支持企业发展”活动典型仁和工贸党支部书记葛善阁同志姓名命名并领衔，由3名顾问、13家新区非公企业党组织负责人和1名新区非公企业综合党委派驻的联络员共同组成。

【开展项目安全生产及农民工工资大检查活动】 伴随着夏季高温和汛期的到来，同时为确保新区建设项目的安全有序推进，维护新区社会稳定，结合自身实际，自6月10日起，新区邀请相关职能部门，深入开展了“夏季安全生产及农民工工资大检查”活动。本次检查内容和重点包括临近端午节及农忙农民工工资是否发放到位；安全生产的规章制度是否齐全，是否对本部门员工进行了安全生产相关规章制度的学习和培训，作业人员是否持证上岗；梅雨季节到来项目现场、办公及生活场所是否做好防汛准备，有无防水、排水措施或物资、机具等。在检查期间，新区管委会与相关职能部门人员一起对在建项目存在问题提出整改意见，下发书面整改通知，并责令限期整改到位。通过开展这两项工作的大检查，认真梳理了安全管理上存在的突出问题和薄弱环节，做好事故隐患排查治理，确保各建设项目夏季施工安全有序推进，保证农民工利益，进而维护社会稳定。

【五城同创，新区在行动】 自“五城同创”工作开展以来，新区管委会高度重视、迅速部署、打主动仗，取得了初步成效。一是全员参与快落实。新区召开“五城同创”重点工作专题推进会，制定了《新区管委会迎接国家卫生城市复审工作方案》，成立了新区管委会迎复审工作领导小组，主要领导亲自挂帅、所有职工全员参与，下设六个具体工作组，明确工作职责及分工，各组结合各自所负责区域工作，每天安排人员值班，开展巡查，做了大量有效的工作：清运了建筑垃圾，更换破损广告牌，清理杂草、死树，修补了道路，深入社区清除卫生死角，铲除楼道“牛皮癣”，完善了新区的交通导视牌、道路指示牌等等，同时针对重点问题制定整改方案进行整改。二是强化宣传造氛围。充分利用各类电子屏、宣传栏、微信群等阵地进行全方位的宣传，在辖区主次干道两侧和醒目位置设置“五城同创”公益广告及宣传标语，在办公大楼张贴宣传画，营造“五城同创、人人参与”的良好氛围，充分调动全体干部职工的积极性。三是督查考核增成效。新区专门成立五城同创督查小组，定期不定期深入挂钩社区、挂钩路段，督查了解各工作小组人员到岗、工作履职等相关情况，掌握实际进展，及时发现问题，并根据实际情况进行通报，推动创建不断取得实效。

【举办职工心理减压培训活动】 9月18日，由清河新区管委会主办、顺丰速运苏北区分公司承办的职工心理减压培训活动在江苏顺丰电子商务产业园举行。活动邀请了中国心理学会注册心理师、淮阴工学院交通学院党委副书记桑海云作了《释放压力放飞心情》的专题讲座。旺旺食品、澳洋顺昌等15户辖区企业党工组织干部、一线职工代表80余人参加了培训。课堂上，授课老师针对当前企业职工面对社会的新形势导致工作和心理压力不断增大的现状，分别从什么是压力、如何正确认识压力的危害及积极作用、压力管理的目标和策略等方面，通过鲜活案例、寓言故事、互动游戏等多种形式，深入浅出地与学员分享了宝贵的专业知识和经验，引导学员要以感恩的心面对工作、面对社会，勇于付出行动，将压力转化为自身成长的动力。本次培训是清河新区“加强职工教育培训、助力企业转型升级”系列活动之一。2015年，清河新区把核心价值观、职业道德、安全教育、自主创业和心理健康等公需科目作为主要培训内容，大力实施“送培进企”工程。同时，积极引导辖区企业树立“培训是最好的福利”理念，广泛开展专业技能培训，赋予每位员工与企业共同成长的机会和平台，不断汇聚新区建设正能量，唱响经济发展好声音。1—9月，已累计举办各类培训160场，受众8000余人次。

【提升招商质态、推动产业升级】 突出“盘活存量、功能配套、产业增链、新型园区”，努力提升招商质效。一是围绕存量抓招商。落实仲书记提出的“向存量要效益”的指示，针对新区已建成未经营的房地产项目、闲置厂房、已出让未开建的土地，进行适宜业态的策划包装，积极组织二次招商，引导新项目优先使用现有存量，尽快提高资源使用效益。对于新增使用土地的项目，坚持引进新材料、新能源、生物医药等新兴产业，按照科技含量高、关联度强、成长性好产业项目的标准，预防先天不足的项目入驻，确保有限土地资源的有效利用。二是围绕产业抓增链。培育壮大新区特色产业，促进现有企业增资扩股、做大做强。增强“以商引商”意识，围绕LED光电、机械制造、包装印刷、食品医药等现有产业，着力招引增链补链项目，不断提升产业层次和集聚度。围绕新区生产、生活、旅游需求，尽快引进商业、娱乐、游乐等功能配套项目。三是围绕“互联网+”抓招商。放大和推广上河总部经济园、顺丰电子商务产业园等新型园区的效应，争取引进一个项目、入驻一批企业的葡萄串效果。搭建“互联网+”招商平台，探索与国家科技、商务等部门的合作，实现线上线下互动招商。依托清城创意谷、世界之窗创意产业园等载体，通过挖掘利用互联网资源，吸收融合互联网基因，吸引培育互联网企业。

【提升节约集约用地“双提升”水平】 新区围绕建设“三区”目标，立足现有区位和土地资源优势，着力在提升招商质态、推动产业升级，“向存量要效益”、盘活闲置土地上下功夫，全面提升新区现有土地利用率，更好实现节约集约用地“双提升”目标。

争当节约集约用地“双提升”行动排头兵。新区是全区近年来使用新的土地资源最多的单位，是最有活力的新的经济增长点，也是全区开展节约集约用地“双提升”行动的主战场之一。新区人面对新的用地形势和工作要求，进一步发扬“拓荒者”精神，全面开展“二次创业”，加快把新区打造成为宜居宜业、功能完善的现代新城区，建设成为全区科学跨越发展的重要引擎和苏北一流的产城融合区，繁荣发达、朝气蓬勃、生态文化彰显的商旅休闲区，更好实现全面提升新区现有土地利用率工作目标。为此，新区人坚持把全面实现产城融合作为主攻方向，在配合市、区国土部门重点做好低效闲置土地的调查处置等工作的同时，着力在强化招商选资、项目推进、企业发展上下功夫，在做大单体项目的同时，着眼于补齐、补强产业链，完善城市功能和产业升级，初步呈现出产业态势发展良好的新局面，为全区今年以来现代服务业、都市型工业和新兴产业三驾马车并驾齐驱、协同发展，内生驱动力不断增强作出了贡献。

发展都市型工业，提升经济质效与总量。新区是全区都市型工业最集中的地方，在下行压力较大、企业市场环境恶劣的情况下，新区人紧紧围绕“加快转型升级、推进创新发展”两大主题，配合国土部门认真做好土地利用基础工作，严格执行工业用地投资强度、建筑密度、容积率、绿化率等指标体系，鼓励企业建设高标准多层厂房，用亩均效益来倒逼土地节约集约利用，明确规定凡投资低于5000万元的项目和投资强度低于300万元/亩的项目不再单独供地，重点发展企业形象好、科技含量高、税收贡献大的都市型工业，不断提升工业经济质效与总量，在现有土地资源上实现节约集约用地“双提升”，成为全区无低效工业用地排头兵。新区按照“盘活存量、功能配套、产业增链、新型园区”，努力提升招商质效工作要求，针对闲置厂房、已出让未开建的土地，进行适宜业态的策划包装，积极组织二次招商，引导新项目优先使用现有存量，尽快提高资源使用效益；对于新增使用土地的项目，坚持引进新材料、新能源、生物医药等新兴产业，按照科技含量高、关联度强、成长性好产业项目的标准，预防先天不足的项目入驻，确保有限土地资源的有效利用；围绕产业抓增链，培育壮大新区特色产业，促进现有企业增资扩股、做大做强；增强“以商引商”意识，围绕LED光电、机械制造、包装印刷、食品医药等现有产业，着力招引增链补链项目，不断提升产业层次和集聚度，呈现出都市型工业逆势上扬新局面。国内LED芯片制造业“领军者”澳洋顺昌是获得土地“点供”计划的大项目，公司高度重视技改投入，从德国、美国等国家引进的30台世界最先进设备投入生产运营，企业业绩持续向好。1—8月，澳洋顺昌、清江制药等骨干企业开票和入库税收均实现20%以上增长，预计前三季度实现规模以上工业增加值13.2亿元、入库税金3亿元，同比分别增长12%、13.5%。

全力保证新兴产业用地。新区围绕建设“三区”目标，认真贯彻区制定出台的《关于进一步规范土地利用工作的实施意见》，把保证新兴产业用地放到重要位置，按照“盘活存量、新型园区”要求，围绕新区生产、生活、旅游需求，尽快引进商业、娱乐、游乐等功能配套项目；围绕“互联网+”抓招商，放大和推广上河总部经济园、顺丰电子商务产业园等新型园区的效应，争取引进一个项目、入驻一批企业的葡萄串效果；搭建“互联网+”招商平台，探索与国家科技、商务等部门的合作，实现线上线下互动招商；依托清城创意谷、世界之窗创意产业园等载体，通过挖掘利用互联网资源，吸收融合互联网基因，吸引培育互联网企业，初步呈现出新兴产业内生驱动力不断增强，休闲娱乐等新热点不断增多，快递物流等新业态不断丰富，电子商务与传统商贸服务业融合度逐步提高新局面。占地30.2亩，规划总建筑面积约5.4万平方米的淮安顺丰电子商务产业园项目竣工后，已入驻企业超50家，清河的电子商务产业由分散经营向集群化发展。

【召开大干四季度暨招商引资百日竞赛活动动员大会】 为了深入贯彻落实全区大干四季度暨招商引资百日竞赛活动动员大会会议精神，全面部署新区四季度工作，9月29日下午，新区召开大干四季度动员会。会议传达了全区大干四季度动员会议精神，布置了新区招商引资“百日竞赛”活动方案，招商局、建设处、财务处、企管处的负责人作交流和表态发言。会议就如何抓好大干四季度各项工作任务，提出三方面的要求，一要咬定全年目标不动摇，二要聚焦重点工作不松劲，三要狠抓作风建设不手软。新区上下将齐心协力、奋力冲刺，以旬保月、以月保季，以时不我待的紧迫感、不进则退的危机感，坚决打响、打赢四季度收官战，确保完成全年各项目标任务。

【白鹭湖变电所项目开工建设】 线路辐射新区全境的110千伏白鹭湖变电所项目最终获批。该项目位于飞耀路与珠海路交叉口，由市供电公司投资，设计建造的初始规模为2台5万千伏主变，后期可增加至3台8万千伏主变同时运转，变电所建造投资约8000万元，配套电缆投资约2000万元。建成后可大大改善新区用电质量，满足现有企业及未来兴建项目的全部用电需求，彻底解决闪跳、电容不足、超负荷等使用问题。现阶段变电所已通过省发改委能源局审批，进入工程实施阶段。

【招商引资亮点纷呈】 今年以来，新区已正式签约亿元或视同亿元项目4个，分别为百姓人酒店、顺泰包装技改、华信金融、水上乐园，其中百姓人酒店项目已正式营业。实现注册外资到账5320万美元，常葛润和浦斯宁2个3000万美元项目已获批。为了确保完成全年招商引资任务，新区紧紧抓住“招商引资百日竞赛”活动这一有利时机，不断强化招商队伍专业化建设，现抽调人员,将招商局组建为三个招商分局,分别对大型工商业项目、中心型配套服务业项目、门面房进行有针对性的招商。招商局还对新区范围内的土地以及国有、私营企业存量资产情况进行全面梳理,并将丰球白鹭湖庄园、翰香美地、叶与城、黄河人家等小区商业门面以及太科检测、新型保温材料、正风苑、七星岛、农家乐、精品灯具城等重点工商业存量对外进行推介,吸引客商来淮考察、投资。

【编制新版《清河新区投资指南》】 通过对新区范围内企业、工业商业存量等进行全方位的调研,重新组织编制了《清河新区投资指南》,使得招商信息更加详细、准确,确保新区招商引资宣传工作的开展。

【清城创意谷获批省级众创空间】 清城创意谷成功入选省级众创空间,成为清河区首家省级众创空间,也是全市唯一一家,并获80万元众创空间建设补助专项资金。省级众创空间建设补助专项资金旨在推动众创空间建设,形成大众创业、万众创新的生动局面,主要用于对众创空间和众创集聚区宽带接入费用,专用设备、仪器购置,公共软件、开发工具购置,线上服务内容开发,为小微企业举办的各类创新创业活动和提供的科技咨询、财务服务、法律咨询、知识产权、技能培训、市场开拓、标准咨询、检验检测认证等创业服务的费用给予补助,以及对众创空间或众创集聚区场地租赁或改造修缮费用给予补助。

【新区城管分局督促丰球白鹭湖庄园工地清除垃圾】 为全面做好国家卫生城市巩固发展工作,提高城市卫生水平,保障人民群众身体健康,切实做好迎接复审工作,新区城管分局全面开展新区卫生死角摸底排查工作,经过拉网式排查,发现丰球白鹭湖庄园A组团工地堆放大量建筑及生活垃圾。分局立即督促丰球集团(淮安)房地产有限公司进行整改,积存垃圾及杂物现已得到有效清理,为市民营造干净、整洁、舒适的生活环境,确保我市顺利通过国家卫生城市复审。

【全力做好卫生城市复审和文明城市创建工作】 为迎接全国文明城市创建、国家卫生城市复审检查,新区按照市、区领导指示要求,迅速进行了部署,多次召开工作推进会,细化工作任务,明确责任要求,全力推进相关工作。一是全面深入地排查辖区内影响市容、环境、秩序的突出问题,努力消除城市管理中的盲点、空档和死角。针对查出的疏漏之处,我单位积极整改,在水渡口大道重新设置了22个果壳箱,提高城市卫生水平,切实做好迎复审工作。同时督促丰球白鹭湖庄园A组团、翰香美地等工地清理建筑及生活垃圾。二是提高环卫作业水平,高效利用机械化作业车辆,让城市环境更清洁,确保道路、设施见本色。三是加强道路冲洗清扫,对新区内的地段和道路残留淤泥进行拉网式全面冲洗，有效解决了过路渣土车抛洒污染道路和汛期下水道漫溢造成污泥污染路面的问题，降低了灰尘污染，改观了该路段的环境卫生面貌。四是加强新区户外广告管理工作。对辖区内宣传条幅、户外广告进行检查，并随车配备拆除工具对部分脱落、破损的户外广告进行拆除；对存在安全隐患的及时加固、拆除或更换。五是加大渣土管理力度，督促工地加强出入口管理，文明运输，确保不污染道路。对道路、建筑工地出入口进行渣土、扬尘清理整治。

【全面规范党员组织关系管理】 为进一步从严落实党员管理制度、规范党员组织关系管理、从源头上治理党员组织关系“空挂”、“失联”等现象，确保新区每一名党员都纳入党组织的有效管理之中，保持党员队伍的先进性和纯洁性。新区通过动员部署、集中登记、核查、查找等各个环节工作的有序开展，全面梳理了17个非公企业党组织287名党员在册情况和缴纳党费、参加组织生活、接转组织关系情况，按照全省统一格式，每名党员都填写了《党员基本情况登记表》，从而建立了系统的新区党员信息库。坚持边排查边规范，已有14名党员进行了组织关系转接。按照《淮安市处置不合格党员实施办法》，着手启动7名“失联”党员组织处理程序。

【基层党组织书记述党建工作会议】 12月28日，新区召开书记述党建工作会议，总结分析2015年新区党建工作，部署新形势下党建工作任务。新区全体党员参加本次会议。会议传达并学习《中国共产党廉洁自律准则》《中国共产党纪律处分条例》《中共淮安市清河区委常委会“三严三实”要则（试行）》《清河区街道党政正职权力运行制约监督暂行办法》等有关文件精神，听取了邓区长关于抓基层党建工作的述职报告，并对新区党建工作提出要求。

【召开企业负责人座谈会】 12月，党工委召开新区企业负责人座谈会，了解企业发展情况，征求“十三五”规划、集聚新区人气商气、搭建企业交流合作平台等方面的意见和建议，解决制约发展的困难和问题。以此统一思想，坚定信心，凝聚力量。对企业提出的具体问题，党工委要求相关部门认真梳理、尽快落实，让企业一门心思抓运行、谋发展，为新区经济稳健增长作出新的更大贡献。

【非公企业党建工作成绩斐然】 2015年，新区在非公企业党建工作中，坚持党建、工建“一盘棋”思想，按照“组织同组建、活动同开展、作用同发挥”要求，深入开展非公企业党工共建活动，全面实现了党工建设和企业发展的同频共振和互促双赢。在清河区成立了首家非公企业党组织书记工作室，仁和工贸被市委组织部授予优秀非公企业党组织称号，顺丰速运等3家党组织顺利通过市级达标考核验收。利安科技聚醚车间成功创建全国模范职工小家，澳洋顺昌LED外延部A班被省总工会表彰为省工人先锋号，安洁医疗被市政府授予淮安市五一劳动奖状。

盐河生态科技城

【恩源·科技园项目成功签约】 4月2日，北京恩源科技有限公司与清河区就恩源·江淮科技园项目在开元名都大酒店成功签约，项目由盐河生态科技城管委会招商引进。淮安市委书记姚晓东与北京恩源科技有限公司董事长潘玉军举行会谈，北京恩源科技有限公司副总裁盖浩永与清河区区长张冲林共同签约。

【仲凤笔调研盐河生态科技城】 9月10日清河区委书记仲凤笔调研盐河生态科技城，现场考察项目规划建设进展情况，听取盐河生态科技城建设发展情况汇报，对园区的发展给予肯定。仲凤笔指出，盐河是清河区经济建设的重要战场，是推动清河科学跨越发展的新引擎，要加快把盐河生态科技城打造成为苏北乃至全省有影响的现代物流、电子商务与高新技术的集聚高地。清河区常务副区长王建军等陪同调研。

【张冲林赴盐河生态科技城现场考察推进传化公路港项目建设】 12月23日，清河区区长张冲林赴盐河生态科技城现场视察推进传化公路港项目建设。盐河生态城主要负责人钱龙、传化项目负责人姚祥陪同调研。张冲林首先听取传化建设方关于项目一期规划情况和现场建设情况的汇报，对整体工作进展表示满意。

综合管理与监督

计划与价格监督

【服务业主要指标增幅明显】 2015年，服务业增加值占GDP比重达81.9%，同比增加1%，服务业增加值占比全市领先；其中现代服务业增加值占GDP比重达44%，比去年提高1%。2015年全区完成服务业入库税收22.4亿元，实现增量4亿元，增幅21.7%。全区服务业从业人员占全社会从业人员比重的80%以上。

【服务业市场主体培育效果显著】 2015年，清河区境的顺丰电子商务产业园、淮通物流园、工业设计园分别创成省级电子商务示范基地、现代服务业集聚区、工业设计示范园。民生银行、兴业银行、悦群科技小贷公司等17家金融机构成功落户清河区，形成了一批纳税百万级特色楼宇。全年全区新增规模以上服务业企业90户，其中限额以上贸易企业45户，重点服务业企业45户。

【固定资产项目审批进一步规范】 2015年，清河区计划管理部门坚持以“便民、高效、廉洁、规范”为宗旨，用最大的热情和友情为企业和全区重点项目服务。实现了审批工作“业务零偏差、流程零障碍、明察暗访零违纪”。 全年共审批项目15个，总投资4.14亿元，其中企业投资10个，总投资3.87亿元。

【依法开展清费减负工作】 清河区按照省、市价格收费文件精神，取消了收费许可证及年度审验，建立和实施行政事业性收费和政府制定价格的经营服务性收费情况报告制度，强化了收费的事中、事后监管。会同区财政部门编制收费目录清单，公布《淮安市清河区行政事业性收费项目目录(2014年版)》，以及《淮安市清河区行政事业性收费目录清单管理办法》，对行政事业性收费实行目录管理。做到目录之外无收费，从源头上杜绝自立项目、转移收费等违规收费行为。

【落实各类收费政策】 根据淮价费〔2015〕71号、淮财综〔24〕号文件精神，结合清河区实际情况，与区财政部门联合办理了全区14家公办幼儿园保教费上浮标准。同时，根据淮价服〔2015〕82号关于规范普通住宅前期物业服务收费的通知精神，及时对申请的辖区内住宅小区物业公司普通住宅前期物业服务收费进行备案。

【畅通价格举报渠道】 以政府“12358”、“12345”网络平台；市、区阳光纪检和物价部门门户网站等举报平台，进一步畅通价格举报渠道，确保价格投诉举报及时、迅速有效的处置。全年共受理各类价格举报90余件，接受各类价格咨询120余人次，办结率、回复率100%。

【收费专项检查】 2015年，清河区先后对教育、农资、医疗等系统及辖区旅游景点、涉价企业等进行价格专项检查，查处违法案件5起，查处违法金额210余万元，并依法进行没收，维护群众和企业的合法利益。

【节日市场价格监管】 2015年，清河区物价检查部门运用调查、劝导、提醒、告诫等多种手段，引导经营者加强价格自律。在元旦、春节、五一、十一等重大节日，共组织10个检查组分别对市场进行价格监督检查，规范市场价格行为，充分

【价格鉴证(认证)工作】 2015年完成刑事案件价格认证211件，鉴证金额210.7万元(报告结论均得到司法机关及当事人的认可，无一件要求重新鉴证或复核裁定)。受理政府采购货物类核价200余件，货物总价5664.5万元，核定额5455.8万元,节约财政资金208.7万元。

【建立重点行业、重点商品的价格监测制度】 2015年，区物价部门完善价格监测预警网络建设，健全监测预警工作机制，对14种钢材(48种规格)开展价格监测，并在辖区内设立3个定点监测点，8个流动监测点，全年共上报价格监测表24份、钢材价格走势分析报告16份。

【开展价格诚信创建活动】 2015年，对水渡口中央商务区万达商管公司及区域内300余经营户开展创建省级价格诚信商务区活动。经过宣传发动，对照创建标准，规范经营行为，该商务区内的商场、超市、餐饮等单位在经营场所醒目位置摆放《价格诚信承诺书》，在醒目位置设立宣传标语，明码标价率达到90%以上。6月24日，全省13个市派员参加淮安万达广场争创省级价格诚信商务区现场观摩活动；11月18日，省专项检查组一行对淮安万达广场争创省级价格诚信商务区进行考核验收；12月25日，淮安万达广场(商务区)被省物价局表彰为“江苏省价格诚信街区”。

【稳步推进平价店建设】 2015年，区物价部门建立挂钩人员巡查制度，明确专人联系平价商店，实现全区平价商店联系、巡查全覆盖。进一步完善考评办法，加大平价店常见问题所占分值的比重，引导平价商店经营管理人员对相关问题的重视。坚持“以奖代补”制度，对平价商店进行周巡查，季度考核验收，并将验收结果作为发放季度奖金的重要依据。全年，共发放奖金补贴39万元。

2015年，全区18家平价商店农副产品全年销售总量达651.9万公斤，销售总额达7494.2万元,为市民节约开支305.1万元,为农民增收225.3万元。

国土资源管理

【概况】 2015年，清河国土分局按照围绕中心有作为，服务大局有贡献，全力推动国土资源工作引领新常态迈上新台阶总体目标要求，认真贯彻落实国家和省、市关于国土资源管理工作的一系列重大决策部署，切实抓好“三严三实”学习教育活动，坚持保护资源与保障发展并重的工作方针，紧紧围绕全区“四园一区”发展定位和重点项目建设，以“保障科学发展，保护耕地红线”为目标，以开展土地“双创”活动为载体，强化行政执法，积极探索新形势下加强土地管理的科学方法与措施，妥善处理好依法行政和服务发展、保障供地的关系，努力提高节约集约利用土地水平，全面完成年度各项工作任务，为“十二五”时期国土资源工作实现“争取用地计划保重点、节约集约

用地上水平、依法依规用地无问责、服务用地单位和群众无投诉”的预期目标划下圆满句号。2015年度，清河国土分局获得清河区目标考评先进集体、区软环境建设“十佳单位”等集体荣誉称号。

【争取用地计划保重点项目成效明显】 分局以保障“四园一区”重点项目及时用地为目标，认真落实科学安排用地计划、积极争取“点供”计划、开展“双创”争取奖励计划、争取独立选址计划等措施，总共为全区重点项目提供用地计划2850.98亩，其中市安排年度计划1147亩，为百隆色纺、旺旺食品、澳洋顺昌等4个重大产业项目争取“点供”计划670亩、开展“双创”争取奖励计划900亩、争取独立选址计划133.98亩；“十二五”期间，共依法审核并上报省政府审批各类建设用地2867.2亩；挂牌出让工业、经营性地块32宗，面积1815亩，土地出让收入27.48亿元，有力支持了全区经济社会发展，在有限的土地资源情况下，全区人均GDP突破2.2万美元，五年翻了一番，达到苏南同类城区平均发展水平。

【依法依规用地无问责】 打好土地例行督察问题整改和国土专项审计迎检两场硬仗，及时整改国家土地督察南京局下发的5大类26项问题，重点围绕2008—2013年土地出让金和耕地保护资金进行了全方位自查自纠，确保各类涉土问题按要求整改到位。深入开展创建“土地执法模范区”活动，连续3年获得省土地执法模范区称号，获得奖励用地计划900亩。认真做好各个年度卫片执法检查工作，实现“零约谈、零问责”目标。加强土地执法监管和信访工作，在全市首次实行国土资源管理“零违法、零问责、零上访”保证金制度，建立完善国土、城管联合执法机制，信访办结率100%。

【服务用地单位和群众无投诉】 完成旧城改造用地服务、农用地征转用、重点项目用地规划调整、各类建设项目用地预审、拟挂牌地块前期实地核查、企业土地交地前期核查、项目地块权属地类面积调查审核、调解相关土地权属纠纷、地籍管理和档案查询日常服务等任务，实现无投诉目标，清河国土分局连续5年获得区软环境建设“十佳单位”等集体荣誉称号。开展了全区第一次地理国情普查工作，全区土地登记信息动态监管查询系统建设工作进展顺利。

【城镇低效用地调查】 按照省国土资源厅和市局相关要求，组织力量对清河新区工业项目用地情况开展全面调查，积极协调区相关部门和新区做好工作，收集相关资料，形成汇报材料。按照“土地规划定规模、产业规划定空间、城乡规划定布局”的原则，根据市、区推进产城融合总体布局要求，坚持以土地利用总体规划为龙头，合理调整清河新区和盐河生态科技城用地结构和布局，为实施都市型工业集中区规划提供用地保障，推动好企业好项目向新区和盐河生态科技城集中，全区用地供地水平明显提高，基本实现无低效工业用地目标，年年完成市目标考核任务，全区亿元GDP建设用地占用下降率逐年下降，到2015年亿元GDP占用仅为16.15公顷，节约集约用地走在全市前列。约3100亩的新区工业园已经落户企业27户，占地面积2745亩，投资总额约96亿元，亩均投资强度350万元，新区创成省“两化融合”示范区、生态工业园区，无低效工业用地，向市国土资源局督查组作专题汇报。

【节约集约用地“双提升”】 科学发展是硬道理，节约用地是大战略，这是党中央、国务院的最新要求，标志着节约集约利用资源已成为国家战略。清河区在2014年认真做好节约集约用地“双提升”行动计划启动年工作基础上，继续全力抓好节约集约用地“双提升”工作。首先，以创建国土资源节约集约模范区为载体，清河区党政主要领导亲自抓重点工作推进落实，人大代表就节约集约用地积极献计献策。其次，国土分局突出抓好重点任务推进落实、工业用地供应制度改革前期调研、建设用地全程跟踪管理、强化合同履约监管、约谈闲置用地企业、政协委员提案答复、国土资源法律法规系列宣传活动、“双提升”工作对外宣传报道、全力打造市金融中心、淮海广场中央新亚北侧地块、总理童年读书处周边特色街区三大高效用地样板等重点工作，在探索“清河模式”促土地高效利用等方面取得明显成效。主要体现在：全区遵循精准投放，高效利用，扎实推进土地供给侧改革，让城市建设“地尽其用”精神，着力在积极探索以“科学规划”+4大节地发展举措的“清河模式”方面下功夫，开始找到一条节地供地发展新路径，在引导并适应着经济社会发展的新需求方面取得新实效。坚持“科学规划”，合理调整“两大核心商圈”、清河新区和盐河生态科技城三大板块的用地结构和布局，为全区实施“百幢商务楼宇建设”和都市型工业集中区规划提供用地保障，规划面积2.73平方公里的盐河生态科技城正在加快推进总投资超10亿元的传化公路港等重点项目建设，约3100亩的新区工业园投资总额约96亿元，亩均投资强度350万元，“百幢商务楼宇建设”计划高效推进，“两大核心商圈”初步形成规模。 建立推进保障机制，形成了区委领导、政府负责、部门协同、公众参与、上下联动的工作格局，保证了全区项目建设高效用地工作顺利进行。 严控新增用地规模促企业用地水平提升，科学设置用地门槛，用亩均产出、亩均税收倒逼土地和空间利用效率，加快形成对新投资项目的用地指标、投资强度、亩均税收等方面的制度约束，工业经济从“总量主导”向“质量优先”转变。鼓励科技创新促“零增地”发展。全区累计推动企业与高校签约科技合作项目20多项，其中工业设计园、创意产业园已完成整体改造并投入运营，成为区“零增地”发展的成功范例。2015年全区实施投资3000万元以上重点技改项目23项、技改企业23家，列入省推广应用新技术新产品3项，涌现出苏益电器等一批节地发展先进典型。积极营造节约集约用地社会氛围。在市、区主要媒体大力宣传国土资源部《关于开展城镇低效用地再开发试点的指导意见》等政策法规和省、市相关要求，区党政主要领导在市、区媒体发表署名文章和调研报告，充分发挥典型示范与带动作用，对突出抓好推进高效用地工作，在现有土地资源上实现节约集约用地“双提升”起到引领促进作用。

【“三严三实”学习教育活动】 清河国土分局认真贯彻上级部署，在党员干部中开展严以修身、严以用权、严以律己、谋事要实、创业要实、做人要实教育活动,注重以先学先改、即知即改、建章立制、作风建设永远在路上为总揽,突出问题导向,认真做好规定动作,结合实际搞好自选动作,在学习教育入脑入心,征求意见求细求深;查摆问题求真求实,开展批评真批真讲;整改落实立行立改,建章立制求严求实,更加主动自觉做好各项工作等方面取得实效。主要表现在三个方面:首先,全局上下特别是领导干部践行"三严三实"思想意识有了新增强。认真组织制定活动实施方案,召开动员部署大会、领导小组会议和多次专题工作会议,编发简讯10多条,制作展板2块;重点推行"一把手领学制",带头解读习总书记一系列重要讲话精神和"三严三实" 学习教育活动学习文件选编等读本,多次组织全局集中学习,开展一系列反腐倡廉警示教育活动,党员领导干部撰写心得体会,开展了"一把手"上党课、观看专题片、专题大讨论等活动;经归纳、梳理和督导组反馈,征求领导班子及班子成员"三严三实"方面及其他方面意见建议12条;经民主评议,分局党总支领导班子征求意见评议满意率均在100%,班子成员评议满意率均在100%;分局党总支和班子成员认真撰写了对照检查材料,高标准召开了专题民主生活会和专题组织生活会,市国土资源局主要领导到会进行指导。其次,服务群众能力水平有了新提升。在办公场所醒目位置设立意见箱,向服务对象和群众寄出《征求意见函》,组织召开了专题座谈会,收集各类意见10余条,制定落实了学习教育活动问题整改方案,解决了许多实际问题,密切了与服务对象的联系,树立了清河国土人亲民务实的良好形象。再次,争先创优工作有了新进展。制定实施《分局"三严三实"学习教育活动整改落实、建章立制环节工作方案》,认真落实8项具体整改措施,对发现的问题立行立改,节约集约用地专项行动等工作按计划顺利进行,取得明显成效。

【土地例行督察问题整改"回头看"】 国家土地督察南京局于2014年首次对清河区近年土地利用与管理情况开展例行督察。区委区政府按照市部署要求,在省市规定时间将国家土地督察南京局下发清河区的5大类26项问题基本整改到位,整改率达到80.7%,顺利通过省政府和南京督察局的实地核查验收。全区继续围绕抓好土地例行督察问题整改工作,确保整改率达到100%目标任务,完成飞耀路项目土地利用总体规划调整批复和征地材料报批,着力抓好违规抵押、违规减少土地出让金问题整改等方面工作,整改到位率持续上升。同时对已整改到位项目加强监管,防止发生拆后重建现象。

【国土专项审计】 清河国土分局按照市、区统一部署,在重点围绕2008—2013年土地出让金和耕地保护资金进行全方位自查自纠基础上,严格按照国家审计署赴淮安市审计组《审计工作需求单》要求,及时提供全区土地出让收支和耕地保护情况方面的相关资料,做到了在第一时间及时提供相关资料,在第一时间回答了审计组领导要求回答的问题。对审计发现问题整改意见中涉及清河国土分局工作进行了整改任务分工,分解落实了工作责任,制定了整改措施,努力做到"三到位",即人员到位、资料到位、沟通到位，着力抓好违规抵押、违规减少土地出让金问题整改，对已整改到位项目加强监管，以确保各类涉土问题按要求整改到位。

【创建“土地执法模范区”】 认真贯彻省国土资源厅统一部署和市、区相关要求，提出2015年度的创建工作目标，认真实施《清河区开展创建省、市级土地执法模范区活动实施方案》等文件，各街办、新区管委会向区政府递交“土地执法模范街办”创建工作责任状，区“创模”领导小组将任务分解到各部门各街道办事处，并在时间节点上作出明确要求。将创建工作作为区社会管理综合治理宣传月、行政执法服务月暨4·22地球日、“5·18”法制宣传日、“6·25”土地日、“8·29”测绘法宣传日、“12·4”国家宪法日等系列活动内容，扩大创建工作知晓率。在全区建立完善国土、城管联合执法机制，全面加强土地执法动态巡查工作，严格按照创建方案抓好各项任务落实，区政协领导和区人大代表分别到分局专门检查土地执法工作。突出抓好耕地保护共同责任机制落实、土地例行督察问题整改“回头看”、国土专项审计等重点工作任务落实，全部按规定完成当年工作任务，清河区创建工作顺利通过市检查考核，取得参加全省统一评比资格。

【创建国土资源节约集约模范区】 认真贯彻国土资源部统一部署和省、市、区相关要求，提出2015年度的创建工作目标，认真实施《清河区开展国土资源节约集约模范区创建活动实施方案》，成立创建工作领导小组，印发《清河区关于建立项目用地评审机制节约集约用地的通知》、《清河区关于进一步强化节约集约用地的意见》和创建工作宣传方案等文件。完成2014年度创建文件资料总结编写和2015年度创建重点任务推进落实等工作，配合市国土资源局做好工业用地供应制度改革前期调研和建设用地全程跟踪管理，强化合同履约监管，完成全区节约集约用地相关情况汇报和闲置用地调查及数据汇总，对1家闲置用地企业进行约谈。认真做好关于节约集约用地方面的政协委员提案答复工作，区人大代表节约集约用地“双提升”工作开展情况。开展了“4·22”地球日、“6·25”土地日、“8·29”测绘日宣传系列活动，区相关部门联动大力宣传节约集约用地新思路、新实践、新典型、新成效，在省部级媒体用稿46篇，市级媒体用稿33篇。

【做好坚守耕地“红线”工作】 清河区政府认真贯彻耕地保护和节约集约用地“两个最严格制度”，明确区长是耕地保护第一责任人，对全区土地利用总体规划和年度计划执行情况负总责。区政府与三个街道办事处签订了耕地保护目标责任状，建立健全耕地保护共同责任机制，加大督查工作力度，并在年底进行考核、兑现奖惩。水渡口、柳树湾、白鹭湖三个街道办事处实行主要领导作为耕地保护第一责任人制度，耕地保护组织健全、网络齐全，逐层签订耕地保护责任书，有检查、有考核，严格执行了被征地农民基本生活保障制度，被征地农民的合法权益得到切实维护，耕地保护责任目标履行情况总体较好，全面完成区下达的耕地保护任务。国土分局紧密结合区情实际，切实落实好国家各项土地调控政策，配合作业单位开展全区耕地质量等别调查评价与检测，配合市国土局做好耕地保护补偿激励情况调查，完成清河区贯彻落实省政府93号令工作情况调研报告并及时上报，依法有效保护区内现有耕地，严格按照省批准的农用地转用计划开展征地工作，其耕地补充全部由市国土资源局在全市其他县（区）调拨，实现耕地占补平衡，没有出现违法违规用地情况，耕地保护工作顺利通过市检查考核，耕地保护和土地执法工作获得区人大代表好评。

【澳洋顺昌使用土地“点供”计划成绩显著】 澳洋顺昌在新区计划投入30亿元的LED芯片高科技项目，开始申请需要供地348.6亩，在用地计划十分紧张情况下，市、区国土部门联动为其争取到土地“点供”计划，并采取分期供地模式供地，既保证了一期项目及时用地，又促进了企业节约用地。占地面积185.6亩的LED芯片一期项目，完成投资总额12亿元，亩均投资强度达到646万元。该公司在一期项目投产后，通过机制驱动带来创新裂变效应，成功建成全省首批示范智能车间，企业业绩持续向好，2015年，企业实现销售3.66亿元，盈利1.33亿元，税收2600万元，公司在国内LED行业排名第五，省内第一。

【淮安市金融中心高效用地初显成效】 金融中心项目位于水渡口中央商务区，范围内涉及10个单位和5个居民小区，国有建设用地约586亩，原属于低效用地区域，是清河区2013年“一县一题”重点项目，坚持科学规划就是用地最大节约理念，相关单位对金融中心进行科学规划，总占地面积约562亩，总建筑面积150万平方米（相当于2250亩），总投资120亿元，其中金融办公、总部经济约101万平方米。在办公空间及辅助功能的设置上，充分考虑前瞻性，建成以后将成为淮安最大的全利用空间格局，整个地下两层总面积超40万平方米（相当于600亩）。该项目 2014年2月份被列入全市重点推进的“十项重点工程”，同年10月开工建设，建成后将集聚在淮所有金融机构总部，不仅可充分利用资金的规模效益，为客户提供多层次多样化的服务，提升区域金融整体发展水平，并通过金融服务业的辐射带动作用，有效地提升清河作为主城区的综合服务功能，而且将使全区金融业用地水平有一个质的飞跃。经过各方面努力，金融中心项目建设呈现出供地工作有序进行，工程建设进展迅速、招标得以高效落实、营销招商稳步推进（已集江苏银行、农业银行、农商银行三大金融机构，金融聚集效应已经初显；已对市内40余家保险机构、9家证券公司进行多轮次的拜访，深入推介入驻金融中心）、项目优化更趋合理，并在成本控制方面取得显著成绩，既节约了建设成本，又提升了用地水平。

【淮阴工学院存量土地改造】 位于清河区北京北路的淮安国家大学科技园北园，是清河区与淮阴工学院利用老校区存量资产，在不增地不拆迁的情况下，合作共建的创新创业孵化基地，打造“83众创”创客空间，目前入驻10余家创业团队，并帮助企业争取了300余万元资金支持，已成为淮安唯一以“校地共建、师生共创、市场运作”为特色的助力大学生创新创业的众创空间。该园区作为科技企业孵化器，孵化企业场地面积1.2万多平方米，在孵企业65家，2015年累计实现入驻企业营业收入约1亿元，成为清河区让存量土地改造后创造出新的需求成功范例。

【利用存量资产打造清城创意谷】 清城创意谷总投资3亿元，占地面积50亩，建筑面积5.2万平方米，是清河区“借力国家‘双创战略’，通过‘腾笼换鸟’搞‘零地招商’，将投资效益欠佳的清河新区存量资产进行二次招商建设的重点项目”。该项目自2014年签约落户，到2015年7月正式对外招商，在较短时间里就从市到省到国家连跳三级，成为苏北地区唯一一个“国家级众创空间”，孵化创客团队和众创型企业已达52家，涵盖教育培训、电子商务、动漫创作、文化传媒、软件开发等近20种新兴业态。

【测绘管理工作】 清河国土分局认真履行管理职能，依法管理测绘市场，确保测绘管理工作任务全面完成。第一，抓好区地理国情普查工作，保证普查成果达到标准要求，进一步提升了全区测绘管理工作水平。第二，加强市场管理，加大统一监管力度，积极配合市国土资源局开展辖区内测绘持证单位资质年度注册、依法开展项目备案和测绘基础设施费征收等工作，共完成7个单位测绘项目备案，全面完成收缴基础实施费任务。第三，认真做好修补测相关工作，清河区7.65平方公里修补测成果入库、编制宗地图65份。第四，配合市国土资源局大力推进数字城市建设，围绕“数字淮安地理空间框架”项目建设开展工作。第五，认真做好《中华人民共和国测绘法》宣传工作，积极组织开展“8·29”测绘法宣传和组织辖区内测绘资质单位征订测绘报刊工作，多种方式向群众宣传测绘地理信息法律法规，解答群众关心的问题。第六，做好日常管理工作。对区域内3家测绘持证单位测绘成果质量和涉密成果保密进行检查，按时完成年度测绘成果汇交等任务；切实做好区域内测绘标志维护工作，严格执行与各测绘单位测量标志保管员签订的责任书，保证各项管理任务有效落实。

【创新思路做好用地计划管理服务工作】 认真贯彻全市土地使用制度改革精神，配合市国土资源局做好新增建设用地指标市场化配置试点工作，将上年度结余的141.62亩建设用地指标纳入市级建设用地指标储备库进行调剂。认真做好2014年度国家计划安排使用工作，上报5个项目面积183.38亩，与淮阴区置换城乡挂钩指标115亩。完成建设项目用地预审10宗面积395.688亩、13宗地块土地利用规划审查、2015年第4、7、25批次征用土地规划审查、编制2015年度用地计划需求情况并上报市局等工作，其中丰球房地产集团G组团等3个项目总面积169.13亩土地利用总体规划调整已获得省国土资源厅批复，对市动物园项目规划用地和地类等情况进行调查核实并上报市国土资源局。

【盐河生态科技城重大项目争取用地计划获得成功】 位于淮阴区新渡乡新渡村和夏圩村的计划占地2.73平方公里的盐河生态科技城项目，是清河区第一个“飞地经济”项目。清河、淮阴两区政府建立了项目合作机制，两区国土部门建立了用地服务工作机制，紧紧围绕高水平规划、高标准建设、高标准招商引资、高效率服务，全面提升盐河生态科技城用地水平总体目标，创新思路，主动工作，积极合作，共同做好各项用地服务工作，全力确保重大项目落地生根。由中国企业500强传化集团投资10亿元的淮安传化公路港，是传化集团继苏州、无锡之后布局江苏的第三个项目，项目建成后预计年平台营收近20亿元，集聚并整合各类物流企业2000多家，创造就业岗位15000多个，年承载货物量2000万吨，形成覆盖全省的智能化城市配送中心、苏北结算中心、苏北物流中心，可为周边企业降低物流成本40%以上，2015年列入江苏省重点项目。为确保传化公路港项目及时用地，两区国土部门在用地计划十分紧张，难以满足项目用地情况下，及时启动向省争取用地计划工作机制，通过多方积极工作，争取到土地计划126亩。同时全力抓好用地服务工作，保证一期项目157.8亩及时挂牌成交，二期项目300亩相关工作积极进行中。

【认真做好涉土信访工作】 以贯彻落实《中华人民共和国信访条例》和《国土资源信访规定》为重点，牢固树立“上访群众诉求无小事”工作理念，制定实施《分局依法行政工作意见》、全区国土资源信访稳定突发事件应急预案等文件，着力在强化领导、完善制度，强化学习、提高水平，强化责任、提高效能上下功夫，推进耕地保护目标责任状全面落实，做好耕地保护补偿激励情况调查，完成区贯彻落实省政府93号令工作情况调研报告并上报市局，全面加强土地执法监管工作，从源头进行有效管控。紧密结合“三进三帮三促”活动，组织相关科室同志多次到社区开展走访调研，认真开展国土法制宣传教育，完善信访工作网络，执行信访接待日制度，运用信访信息系统，严格按国家政策依法开展土地征收，积极做好各类土地权属矛盾调处，对信访举报黄河驾校违法用地行为开展了调查取证，全力做好息访维稳工作，切实保护好被征地农民合法权益，2015年共接待来访21批次69人次，完成上级交转办信访案件复查复核16件，申请信息公开7件，淮水安澜网回帖9件，信访事项受理率100%，按期处理答复率100%。

【土地执法监察工作】 依法依规全力推进执法监管工作，制定实施相关工作方案和《分局依法行政工作意见》等文件，认真落实全区土地执法监察共同责任机制，建立完善国土、城管联合执法机制，建立国土系统内综合执法监管内控机制，全面加强土地执法监管工作，定期开展执法巡查，建立健全巡查台账，对发现有苗头性违法用地项目及时发出“法律责任告知书”，做到及时发现，及时查处，及时制止，对信访举报黄河驾校违法用地行为开展了调查取证，在淮安市国土资源局6次开展的土地巡查工作中没有发现违法用地现象，土地执法定期巡查等制度全面有效执行，接受了区人大代表视察并获得好评。结合年度土地变更调查核查做好卫片执法检查工作，相关数据已完成系统填报并通过市、省两级审核验收。

【服务旧城改造新区建设工作】 2015年，完成总理童年读书处周边特色街区用地前期调查和相关服务，积极做好中经路、军营路、地质路3条道路征地前期各项调查等工作，相关征地材料已上报省厅。完成13宗出让地块四至及权属状况调查，调解相关土地权属纠纷案件1起。完成挂牌经营性项目用地5宗面积333.09亩，市金融中心西地块、东地块和中地块都已挂牌成交并办理了土地交接手续。配合市国土资源局搞好土地储备工作,做好招拍挂相关服务，认真开展闲置土地处置,完成经营性土地开发利用情况调查，及时更新台账，重点约谈1家企业，提出拟处置意见，督促其尽快开工建设。盐河生态科技城传化公路港项目争取土地计划获得成功，相关用地服务紧紧跟上，保证了当年重点项目及时用地。及时做好年度计划安排、建设项目用地预审等工作，保证了旧城改造新区建设中一批重点项目用地。

【完成土地登记数据库建设】 认真贯彻市政府关于建立和实施不动产统一登记制度工作部署，把开展土地登记数据库建设作为强化业务支撑的重要工作来抓，在2014年工作基础上，针对约1万卷档案资料尚未录入进库，这部分主要是老旧住宅小区的登记资料，当年登记大多以路名登记，无法与现在的二调数据库宗地相对应，对录入工作影响很大这一实际情况，继续组织人员结合资料和二调街坊图实地进行一一核对、标注，5月底全部完成各项工作任务。同时配合市国土资源局做好相关工作和“一张图”工程建设，大力推进土地登记动态监督查询系统建设，配合市局做好土地登记动态监督查询系统管理层土地登记系统衔接等工作，顺利完成历年土地登记89782卷档案资料录入工作，全面完成历年土地登记资料数字化并整理入库，整个成果导入土地登记系统，可满足新的土地登记管理信息系统正常运行。

【清河区第一次地理国情普查成果通过省验收】 清河国土分局认真贯彻省、市、区部署要求，严格按照《关于做好第一次全区地理国情普查工作的通知》和《关于成立第一次全区地理国情普查工作领导小组的通知》等文件精神开展工作，全力确保达到预定目标。第一，向区领导作专题汇报，积极争取关心支持，在规定时间落实了工作经费。第二，通过竞争性谈判确定江苏省地质勘查技术院为全区地理国情普查工作项目实施单位。该项目调查区域32.28平方公里，共有6个图幅，通过作业单位和国土清河分局的共同努力，在规定时间完成首件产品3个幅面的图调查工作，及时提请江苏省国普办进行检查指导。严格按照省国普办指导意见对检查中存在的问题进行了整改。省国普办对清河区的图幅进行复检，提出具体指导意见。第三，针对省国普办查出的地表覆盖、国情要素、元数据、解译样本及轨迹等问题，国土清河分局领导立即组织相关人员到作业单位进行研讨并拿出整改方案，督促指导作业单位按要求认真进行整改，达到了预验收的标准后，迅速组织人员将清河区第一次地理国情普查资料成果提交省国普办等待预验收。第四，按照省国普办要求做好各项迎检工作，全区地理国情普查成果顺利通过省验收。

【国土资源业务管理基础工作】 按照市国土资源局部署要求，认真做好地籍管理和档案服务工作，取得积极成效。完成淮安市不动产统一登记工作方案下达给清河区的各项工作任务，进一步提升了清河国土分局地籍管理服务水平。完成注销土地登记14件、协助办理法院查解封登记44件、“点对点”查询64个批次共1641件。完成2014年度土地利用现状变更调查和遥感监测工作，变更成果通过省国土厅和国土部审核。完成商品房分割证2447本、清河区7.65平方公里修补测成果入库、编制宗地图65份等工作。接待查阅档案742人次，调阅档案499卷，开出证明771份，接地籍点对点查询358份，调阅档案259卷，整理上架档案26708卷。

【认真做好综合管理工作】 认真贯彻中央八项规定等制度，没有发生超标准接待和公车私用等现象，招待费、车辆运行费、出国费用同比分别下降52.0%、44.9%和100%。对外宣传超额完成任务，其中分局网站用稿224篇、市局网站90篇、区政府网站133篇、区级媒体26篇。开展了创建全国文明城市作奉献系列志愿者服务、“献爱心、送温暖”捐款等活动，对三门社区特困家庭进行了上门慰问，完成《清河年鉴(2015)》国土资源部分编写计23篇。认真做好财务管理工作，严格执行新的规章制度，进一步加强财经纪律，完成市局下达的2015年财务预算编制和部门预算全面公开、“三公”经费监控、国土资源专项审计、固定资产政府采购等工作任务。

【“两为”专项整治暨软环境建设】 认真贯彻清河区和市国土资源局“为官乱为、为官不为”专项整治暨软环境建设大会精神，及时调整分局软环境建设和作风建设领导小组，制订实施专项行动方案，召开“两为”专项整治动员大会，认真做好宣传教育、自查自纠、整改落实、建章立制四个阶段各项工作，建立健全分局效能建设长效管理制度，进一步完善分局机关常规工作职责分解。制定实施《分局“三重一大”事项制度和监督制度实施办法(试行)》等制度，分局全年无违法违纪案件发生。将2015年度重点工作目标任务进行分解，下发督促检查工作方案，加大督查力度，开展了明察暗访工作，接受了市组织开展的一次明察暗访，总体情况良好。

【精神文明建设】 认真贯彻市局部署，扎实开展党建工作，在党员干部中开展了“三严三实”学习教育活动，认真落实党风廉政建设责任制，召开分局党风廉政建设工作会议，逐级签订工作责任状，认真抓好分局领导班子民主生活会，领导班子及成员、全体中层干部述职述廉等活动。扎实推进服务型党组织建设，认真开展塑造“四零”品牌办实事、“三比三看”等专项行动，进一步提升了党员干部服务经济社会发展的能力和水平。认真做好市局局长信箱咨询投诉工作，回复交办表2件。“美丽淮安”论坛发帖跟帖全年任务240帖，完成发帖跟帖258帖。认真开展党员组织关系排查工作，在市局开展的检查中获得好评。加强党小组建设，定期开展活动，认真学习新颁布的《中国共产党廉洁自律准则》和《中国共产党纪律处分条例》等文件，为2016年全面执行打下好的基础。认真做好清河土地学会相关工作，积极完成组织撰写土地学术论文等任务。清河国土分局与区检察院建立了预防职务犯罪工作机制，排出6个风险点，提出防范措施。积极参加国土资源部举办的党风廉政建设视频培训班等活动，开展经常性警示教育等活动。严格执行市国土资源局党委和区委关于落实"两个责任"的有关文件，对全系统"一把手"落实"两个责任"进行了集体约谈，调整分局领导班子"五项权力"分工，进一步规范"五项权力"行使流程。严格分局财务管理，压缩无关支出，创建节约型机关取得新的成效。积极开展反腐倡廉工作，保证了各项制度落实到位，分局全年没有发生违规违纪情况。

【苏益电器依靠科技创新实现节约用地"双提升"】 位于清河新区旺旺路16号的江苏苏益电器股份有限公司，是清河区的本土传统企业，占地面积19.6亩，投资总额约7000万元，亩均投资强度约350万元。2009年前尚处在亏损状态，这家有着30多年历史的老企业依靠科技创新，自主研发了"低压智能断路器"，投入3000万元改造旧生产线新增生产线，依托产品优势，成功夺取江苏的70%市场，实现年产值1.2亿元，销售1.2亿元，利税2000万元，亩均产值、亩均利税分别达到600万元、100万元，用地效益在全区处于领先水平，成为"零增地"发展先进典型，被认定为国家高新技术企业。

【淮安市首家在香港上市企业节地发展显成效】 位于清河新区占地100亩的江苏顺泰包装印刷科技有限公司（简称顺泰科技），共有员工150人，2008年在新区建设新厂中，坚持节地发展理念，加大科技投入，完成投资总额1.5亿元，亩均投资强度150万元；全面加强管理增效益，使企业生产规模不断扩大，实现年产值2.4亿元，销售2.2亿元，利税8000万元，亩均产值、亩均利税分别达到240万元、80万元，2015年被评定为国家高新技术企业，同时成为淮安市首家在香港上市企业。

【正大清江"零增地"发展显成效】 正大清江制药有限公司位于淮安市韩泰路9号，是清河区的本土传统企业，占地面积72亩。2015年，该公司顶着医药产业下行压力，主动适应形势，转变观念，加强创新，调整结构，推进科技创新常态化、企业管理现代化，提前布局转型发展，完成销售额4.72亿元，同比增长18.1%，入库税收6495万元，同比增长24%。

审计监督

【概况】 2015年，清河区审计部门依法履行审计职责，全年完成审计项目195个，核减政府投资审计工程造价10676万元。审计工作综合考核在全市9个县区中名列第一，全市审计系统科研论文评比中获一等奖、三等奖，全市优秀审计项目评选中连中两元，政府投资审计创新做法被审计署录入《审计技术创新发展报告及案例选编》，异地交叉审计论文被中国审计报刊载。区审计机关获全区软环境建设标兵、区科学发展目标考评先进集体、淮安市五四红旗团支部等荣誉。

【强化政府投资审计，促进项目规范管理】 首先是把好报审项目资料接收关。对合同与招标文件前后矛盾、材料暂定价格未经询价与采购、擅自变更等情况，要求相关建设单位完善程序与手续后再报审，有效地缩短了审计时间，防止扯皮。其次是重点加强对工程施工合同、工程变更、隐蔽工程、竣工验收等关键环节审计，采取双人现场勘察、三级复核、业务会集体研究等方法，提高审计质量。特别是在审计报告中披露，经建设单位和监理确认过的工程量，与实际工程量相比相差较大的情况，对建设单位加强管理起到了很好的促进作用。

【做好审计现场管理控制】 审计人员双人全程参与审计项目实地测量、计算等工作。重点通过实地计量、核对进场材料、现场钻芯取样等手段，防止虚报工作量。在绿化项目审计中通过点验苗木数量、测量胸径规格、观察成活率等方法，确保工程的真实性和完整性。

【实施重点项目跟踪监督】 前移关口，突出对重大项目的跟踪审计。重点关注程序执行、资金使用、隐蔽工程验收及变更等情况。已开展了为民办实事项目、淮阴师范附属小学新校区、西安路工业园区雨污水管道改造等重点项目的跟踪审计。

【财政预算执行审计】 加强预算执行审计，推进审计在一定周期全覆盖。在财政预算执行审计中，结合《清河区人大常委会财政预算审查监督办法》，充分征求人大财经委意见，以全部财政资金为主线，预算支出为重点，加大全部政府性资金审计力度。审计主要采取措施是：一是扩大审计覆盖面。审计涵盖了区本级算执行情况，新区管委会及街道办事处、重点部门等12个部门预算执行情况，同时还对新区投资公司、城市资产公司等使用财政资金的企业、事业单位进行了延伸审计，基本实现对重大资金、重点部门的审计全覆盖。二是整合审计资源。针对预算执行审计涉及面广、工作量大、人员少的特点，区审计局打破科室界限，分管局长任审计组长，统筹安排全局力量，根据审计人员专业能力，合理分派审计任务，协调配合形成合力。同时加强各类数据的集中收集、分析、反馈,增强预算执行审计的整体性、宏观性和建设性。三是突出审计重点。审计重点反映了财政预算管理，部门预算执行，政府投资项目、专项资金使用、国有资产监管等方面存在的问题和情况，特别是对财政结余资金、应收款项、存量资产、银行账户开设等情况进行了审计，对发现的部分专项资金长期结余、部分出租资产租金欠收、银行账户较多、应收账款挂账时间长等问题提出审计意见。区政府主要领导在审计结果报告上批示要求对审计中发现的问题组织相关部门做深入细致的研究，防止下年度反复和反弹。审计工作报告获区人大常委会充分肯定。

【领导干部经济责任审计】 加强权力运行监督，深化经济责任审计。根据组织部门委托，对区残联、信访局、财政局、水渡口街道、总工会、软建办等单位开展领导干部任期经济责任审计。审计中根据各单位不同特点，分类确定审计工作重点。对党委政府工作部门重点关注部门预算的执行情况、八项规定落实情况、资产管理情况、“三公”经费及项目资金使用情况等；对街道负责人经济责任审计重点关注房屋征收、项目建设、重大经济活动决策、内控制度建立和执行情况等内容；对区直企业负责人经济责任审计重点审查国有资产管理、使用和保值增值情况，企业往来账款情况等。把握权力运行和责任落实两个重点，把守法守规守纪尽责放在更加突出的位置。

【专项资金审计】 关注群众切身利益，加大民生专项资金审计力度。对民政、公共卫生、劳动培训、教育与体育、残疾人保障等专项资金实施审计。审计中紧跟专项资金的使用去向，不局限于资金流转环节，对街道、社区、学校等资金使用单位进行了延伸审计，一查到底，见人见物。审计发现的低保户户籍地与居住地不一致，不利于动态管理，部分残疾人保障金使用不规范等问题，引起相关部门的高度重视，对审计发现的部分劳动培训资金被挤占、挪用，部分专项资金购置的资产与招标采购规格不一致等问题，及时向有关部门移交，起到了很好的警示作用。

撰稿人：王晓春

市场监督与管理

【创新审批改革，服务于民】 2015年，区政府制定了清河区《住所(经营场所)产权证明办法》,《关于沿街沿路"五小"行业个体户经营场所证明有关要求的通知》等文件，有效激发了市场主体活力，全年新增私营企业2217户，新发展个体工商户5317户，分别完成了市政府下达的全年企业800户、个体工商户2500户发展任务数的277.1%和212.7%。精简登记流程，6月1日，在全省范围内率先启动证照合并(办)改革，并于6月25日发放了全省第一份"证照合并"营业执照。通过"一窗受理、一次告知、一次勘查"，将原来办理证照所需30个工作日压缩至8个工作日，极大地简化审批手续，有效提升了行政审批服务效能。

【拓展企业融资渠道】 针对小微企业普遍存在融资难的问题，综合运用股权出质、动产抵押、商标权质押、"重守"企业信用资质担保等措施，帮助小微企业盘活资产、拓宽融资渠道、搭建融资平台，协助企业有效化解制约发展资金瓶颈。先后办理动产抵押27件，股权出质12件，成功帮助企业融资5亿余元，有效地增强了企业发展后劲和活力。

【培育名牌企业】 有针对性地支持和引导企业提高信用管理水平，使诚信意识和"重合同守信用"观念深入企业，深入人心，逐渐激发企业参与争创"重守"企业的热情。选择规模大、效益好、信誉佳、有潜力、带动作用强的企业作为重点帮扶对象，帮助其建立健全信用管理制度，完善争创资料，争创省级"重守"企业。今年着重培育淮安广济医药连锁有限公司发展为省级"重守"企业，目前广济医药已通过审核，成为我区唯一一家省级"重守"企业。

【食品餐饮监管】 按照抓"重点时段、重点季节、重点场所、重点对象"的原则，对辖区内的食品、餐饮经营主体进行检查，切实改善了食品消费环境。今年共开展"查毒素雷霆行动"、"火锅原料、底料和调味料"、"食用明胶"、"肉及肉制品专项整治"等专项整治行动30余次,查处各类食品案件30起;开展农贸市场食品安全大检查、节假日食品安全专项检查、校园及校园周边食品市场、食品批发市场、餐饮及学校食堂监督检查等,监督检查1万余户次;开展了餐饮服务食品安全监督量化分级管理动态等级评定;参加中高考等重大活动餐饮保障工作10余次;扎实开展了餐饮服务食品安全示范区创建活动,全面推进透明厨房建设工作。

【药械保化监管】 按照全程监管和重点防控相结合的原则,稳步推进药械保化监管工作。实施生产企业全品种电子监管,督促辖区基本药物生产企业正大清江所有品种按规定赋码、核注核销,企业预警处理率达100%。全面推进新版GSP认证,督促辖区所有零售单位按时提交认证申请,所有药品经营企业均通过新版GSP认证。开展医疗器械"五整治"专项行动"回头看"、体外诊断试剂质量评估和综合治理、打击非法经营装饰性彩色平光隐形眼镜行为等各项行动。进一步完善药械不良反应监测体系建设,由专人负责ADR的宣传、上报等工作。制定"四化"实施方案,通过培训引导,加强督查等途径,进一步加强了对保化经营单位的监督管理。全年共组织各类监督检查320余次,规范整改药械保化经营企业80余户,查处药品案件5起。

【特种设备监管】 围绕社会关切的特种设备热点问题,着力开展了电梯安全监管大会战、特种设备安全大检查、气瓶充装单位专项整治等行动,对在用电梯逐台开展隐患和风险排查,将安全监察关口前移,全年共查处特种设备案件4起。建立了特种设备应急救援机制,积极筹划、编制完善《特种设备事故应急预案》。积极开展全国安全月活动,6月19日开展了以"加强安全法治,保障安全生产"为主题的特种设备安全集中宣传服务咨询日活动。目前清河区共注册特种设备3263台,全年未发生一起特种设备事故,安全工作呈现良好的发展态势。

【企业信用监管】 认真贯彻实施《企业信息公示暂行条例》,以建立经济户口、优化服务举措、强化宣传手段、加强信息审核、拟定公示计划、严格考核责任等六举措为抓手,做实市场主体年报工作,为强化信用监管搭建一个"底子清,情况明"基础平台。进一步强化经营异常名录管理工作,经营异常名录及时录入企业信息公示平台向社会公示。2015年度个体户年报率75.2%,标注经营异常7003户,企业年报率72.8%,列入经营异常名录2310户。编制《企业信用信息工作培训材料》,加大执法人员培训力度,确保企业公示信息抽查工作取得实效。以企业年报内容抽查、经营异常名录制度为抓手,持续强化企业信用监管,使违法市场主体及相关责任人"一处违法,处处受限"。

【不正当竞争执法】 以"五城"同创为契机,联合街道社区对辖区市场主体进行一次全面、细致、彻底的摸底排查,加大"查无"力度,进一步落实目标责任制,明确监管人员,并逐户登记造册。"查无"期间共出动检查人员2100余人次,发放责令改正通知书800余份,查处无证无照经营7起。重拳出击，严厉打击侵犯知识产权和制售假冒伪劣商品。以常见的医疗保健食品广告、房地产广告等为切入点，加大对虚假宣传、商标侵权等查处力度。全年共查处商标侵权案件7起，产品质量案件7起，反不正当竞争案件9起。

【推进投诉平台建设，畅通投诉渠道】 整合了原工商“12315”、原质监“12365”、原食药“12331”举报监管平台，结合新《中华人民共和国消费者权益保护法》的贯彻落实，进一步加强申（投）诉举报平台建设，把消费者是否满意作为衡量工作的重要标准。2015年，共受理咨询、申（投）诉举报3100余件，成功为消费者挽回经济损失40余万元，群众满意率达97%。

【加强产品质量监测，提升抽检实效】 根据消费者投诉举报热点行业和巡查人员在日常监管中发现的问题，科学制定抽检计划，认真组织实施，通过抽检从源头上严把产品质量关。积极开展了对关系到人民生命、财产安全的成品油、装饰材料、电子电器、服装鞋帽和儿童用品等100多个批次商品质量监测，查处不合格商品9批次。

【计量惠民工程】 组织计量测试所工作人员，对清河区14个集贸市场1272台件的在用电子计价秤实施免费检定、维修，保证合格率100%。督促集贸市场设立公平秤，公示计量承诺制度，推动集贸市场计量器具统一配置、统一管理、统一检定、统一轮换，进一步规范了市场交易行为，保护群众的合法利益。

【开展知识宣传，营造良好氛围】 “3·15”消费者权益日、“5·20”世界计量日、“10·14”世界标准化日以及“质量月”期间，深入校园、社区、企业宣传消费维权、食品百科、合理用药、标准计量等方面知识，开展各类活动20余次，接受咨询3000余人次，发放宣传资料5000余份。在清河中学、淮西社区卫生服务中心、旺旺食品有限公司等8家单位按照“六有”的标准建立了食品药品安全科普宣传站，发挥宣传、教育、培训、咨询和服务作用。

【队伍建设持续加强】 扎实开展了打造学习型机关活动，制定下发了《关于进一步强化学习型机关建设的通知》，组织了三次大规模全员培训，组织各种业务培训研讨47次，力争多种方式着力提高干部的综合素质和履职能力，逐步适应体制改革和职能转变的新要求，为推进各项工作再上新台阶提供人才保障。

【正风肃纪深入推进】 进一步落实党风廉政建设工作，营造风清气正干部发展环境。大力开展“两为”专项整治，通过脸谱考勤、外出报备等方式来强化内部督查工作，不定期开展了互联网使用、会议纪律等效能督查和工作实绩考核，并且将整改落到实处。积极主动接受人大代表、政协委员视察，聘请两名民主党派成员担任特约人员，聘请多名行风监督员，参与有关活动发挥监督、咨询、检查、联络作用，构筑起全方位的监督体系。

【抓基础立规矩，制度建设务求实效】 以“工作有标准、管事有规章、做事有规矩”为目标，对原三个单位的规章制度进行认真梳理，结合工作实际先后出台了《请销假及考勤制度》、《车辆使用管理办法》等16项制度。在制定每一项制度之前，都做到充分调研，听取各方面的意见，切实从实际出发，不做表面文章，确保每项制度具备科学性、合理性、实用性和较强的可操作性。同时狠抓制度落实情况，由局纪委牵头，监察室、人教科配合对制度执行情况进行督察，切实维护制度的严肃性。

安全生产监督

【概况】 2015年，清河区全面落实“党政同责、一岗双责、齐抓共管”的安全生产责任体系，突出安全生产大检查，狠抓隐患排查治理，持续开展专项整治和“打非治违”等工作，着力宣传贯彻新《安全生产法》，提高市民安全生产意识。2015年共发生火灾85起，与2014年相比，火灾起数下降了42%，直接财产损失数下降了68.7%。在两起安全生产事故中共死亡2人，没有发生重特大事故，全区安全生产形势平稳。

【全面构建安全生产责任体系】 一是落实党委、政府安全生产责任。全面落实“党政同责、一岗双责”制度。二是明确各级安全生产工作职责。根据《江苏省安全生产“党政同责、一岗双责”暂行规定》实施意见，落实“五级五覆盖”责任体系，确保安全生产监管工作到边到底，不留死角；明确街道属地监管、安全监管部门综合监管、行业主管部门直接监管的责任。三是落实企业安全生产主体责任。推进企业构建“五落实、五到位”的责任体系，对企业负责人、安全管理人员开展约谈，鼓励企业参加安全责任保险，落实安全总监制度；督促落实省安委会的《企业主要负责人保护员工生产安全六条规定》，建立覆盖全员的安全生产责任制；在企业中开展安全生产诚信体系建设，强化安全生产依法治理，促进企业依法守信加强安全生产工作。

【切实抓好安全生产隐患排查整治】 一是全面开展安全生产大检查深化打非治违和专项整治行动。开展危险化学品、烟花爆竹、消防、建筑施工、农用机械、特种设备等重点行业领域的安全生产专项整治。全年共自查排查各类生产经营单位3529户次，隐患2918条，整改2801条，整改率96%。收缴危险化学品35箱，共200瓶。收缴非法烟花爆竹11箱，鞭炮8盘。二是做好政府挂牌督办工作。淮安颈肩腰腿痛医院作为市级政府挂牌督办单位，存在重大消防安全隐患，通过多部门会办、督办，完成对备用消防泵的整改，已投入运行。三是专项整治农贸市场消防安全。针对农贸市场的现状，研究讨论整治的具体方案，相关街道和部门工作人员对大同路、大治路、丰登路菜场先后多次开展消防安全检查，查出大同路菜场10条隐患，大治路菜场9条隐患，丰登路菜场7条隐患，结合菜场改造进行整改。四是对新区21家汽车4S店的有毒有害作业人员进行职业健康体检，对工作场所职业卫生进行检测，同时对全区180余家存在职业危害的生产经营单位进行职业危害普查。

【安全生产基础工作有序开展】 一是做好宣传培训工作。2015年共设立安全生产专项资金72万元，将宣传文化建设经费纳入安全生产专项经费。开展了学习习总书记、李克强总理重要讲话精神活动；组织开展新《中华人民共和国安全生产法》宣贯活动；组织安监人员观看消防安全警示片；组织烟花爆竹经营户换证培训班，80余人参加了培训；组织企业相关人员参加市安监局的培训活动，共培训150余人；开展安全生产月宣传，展出展板35块，悬挂横幅21条，发放宣传资料3000余份；组织各街道、各有关部门和企业人员800余人观看安全生产影片《人命如天》；组织相关人员参加全市安全生产行政执法技能大赛，获团体第三名、个人第三名、论文创作第三名等三个奖项；组织相关人员参加全省“安全社区”创建培训班及执法资格培训班；认真组织“安康杯”、“青年安全生产示范岗”等活动。

二是做好审批发证工作。严格做好烟花爆竹经营许可证和危险化学品经营许可证审批工作，在组织培训前对经营场所进行实地检查，对不符合条件的一律不予培训发证；协助市安监局对麦德森制药、利安科技安全生产许可证换证工作进行现场核查；对涉及的安全生产方面行政权力进行梳理、分类，提交网上公示并运行。

三是开展安全生产应急救援工作。为了进一步做好安全生产应急救援工作，及时修订了全区性应急预案；各街道、部门和重点企业修订完善应急救援预案；各街道、有关部门和单位在商场、市场、学校等各类场所开展演练126次。

四是做好基层安监机构能力建设工作。各街道、各部门和单位加强安监队伍建设，各街道办事处单独设立安监机构，柳树湾街道、白鹭湖街道开展了安监机构能力建设工作，顺利通过省级验收。

五是做好企业安全生产标准化建设。积极开展企业安全生产标准化建设工作，全区规模以上工业企业均已达到了三级以上标准化，小微企业已完成2家标准化创建工作。 （李夕红）

统　计

【概况】 2015年，全区统计工作求真务实，开拓创新，执行上级统计部门布置的统计方法制度改革，建立完善统计调查制度；努力提高统计服务水平，不断拓宽服务范围，多层面、全方位地为宏观调控和决策提供服务；全面加强统计基础建设，全区统计规范化水平得到提高，企业统计规范化建设达标率超过80%；坚持依法治统，不断提高统计数据质量。

【做好住户调查工作】 为更加准确地反映记账户收支与生活状况，清河区创新工作方法，提高调查效果与数据质量。一是自制“记账户特殊情况说明表”，按月登记大额收支、人员变动、主要耐用品增减及存在问题等

情况；二是印制《记账项目编码和指标解释》，便于辅助调查员更加快捷、准确地给记账项目编码；三是加强对未落实住宅的管理。为切实反映抽中住宅实际情况，对于空宅和暂时联系不上等住宅进行月度跟踪管理，要求辅助调查员每月初收账本时，到这些住宅查看是否有人居住，同时向左邻右舍了解相关情况，如果有人居住立即开展摸底和落实工作。

【组织网上在线学习】 组织统计系统工作人员参加在线学习培训，学习培训主要内容为统计业务知识、统计法律法规、时事政治等。该学习培训工作从3月开始，全年不间断，学员可以自主选择学习内容，网上学习避免了定时定点的局限性，既节约经费，又方便学习。为扩大与提高学习培训的范围与效果，区统计局利用统计督导检查的机会，直接到街道、企业，督促指导继续教育的人员进行网上培训。

【开展统计基础规范化建设督查工作】 从4月开始，按季开展对街道统计基础规范化建设督查指导工作，检查内容为统计站机构人员到位情况、统计硬件设备配备情况、统计台账整理情况及资料管理情况，每次检查结束，都以《统计工作简报》的形式进行通报。区委对统计督查结果十分关注，11月4日清河区委书记仲凤笔对《清河统计工作简报》第三期作出批示，要求区分管领导做好以下工作加强统计基础工作；对照目标，加快进度；对经济单位进行调查规范，以便加强税收管理。

【开展统计法制进社区宣传活动】 2015年4月17日，区统计局组织干部参加由河堤路社区组织的"在职党员进社区开展志愿服务活动"，活动中向居民分发统计法制资料，进行法律法规政策讲解，为咨询的居民答疑解惑。5月18日，参加由区法制宣传领导小组组织的开展普法宣传进社区活动。区统计局制作了展板进行展示，发放《江苏省统计条例释义与解读》60本，发放印有统计法制知识的宣传单200份左右，现场解答群众问题10余次。

【发布三经普主要数据公报】 根据《全国经济普查条例》的有关规定，自4月10日起，清河区第三次全国经济普查主要数据公报先后在区政府门户网站、区统计信息网、《清河之窗》等媒介正式对外发布。

【开展环境保护满意率调查工作】 5月12

日，召开“公众对城市环境保护满意率暨淮安生态环境公众满意率调查”工作会议，使用多媒体系统布置调查工作、培训调查业务。此次共需调查200户，分布在10个社区，社区调查员于5月13日入户调查，5月26日结束。此后，在被调查户中抽取45户进行电话回访，从电话回访情况看，入户率达到97.8%，调查工作质量符合要求。

【对城市综合体进行调研】 3月10日，区统计局组织人员对中央百货新亚商城春节期间销售情况进行调研。调查时期范围为春节前后各一周，调查内容为新亚商城的经营模式、业态及营业状态。5月20日，市、区统计局有关人员组成调查组，到万达广场综合体开展调研，围绕万达广场的管理模式、经营项目、业态分类等进行走访和座谈。调研结果用来分析在新常态下清河功能核心区发展走势。

【开展住户调查示范点创建活动】 为规范住户调查专业基础工作，提高业务水平，确保数据质量，清河区“三方联动”开展住户调查基础工作示范点创建活动。一是住户调查业务人员，根据《2015年江苏省住户调查基础工作示范点建设活动方案》及市相关会议要求，结合工作实际取长补短，完善制度、办法、记录等，细化住户资料分类管理，逐层落实分解创建工作；二是辅助调查员，将访户、数据反馈、数据互审等形成常态化，并做好相关记录；三是记账户，为保证源头数据的真实、完整、准确性，通过会议、短信和单独约见等方式加强与记账户的沟通，做好思想工作和业务指导工作，保证记账户记全日记账。

【开展农民工市民化进程动态监测调查工作】 从8月中旬起，清河区开展了农民工市民化动态监测调查工作。在完成调查员选调后，分三个阶段对调查员进行业务培训。调查工作从落实样本开始，通过一系列的调查环节，生成调查底册。在调查过程中，为保证质量，采取四方面措施辅助调查工作。一是制作宣传横幅，入户登记前在抽中小区悬挂宣传横幅，提高居民知晓率；二是制作调查证，消除居民顾虑，方便工作开展；三是配足物资，如调查所需PDA是全新的、调查礼品分摸底和正式调查两种情况进行了差别配备；四是充分利用社区现有资料，与调查结果相互印证。全部调查工作到11月结束。

【开展1%人口抽样调查工作】 按照省市1%人口抽样调查工作安排，清河区分阶段开展1%人口抽样调查工作。10月15日，召开2015年1%人口抽样调查动员及培训会，参会人员为全区7个街道的调查指导员、调查员共计40余人，会议对绘制调查小区图、户主姓名底册填写、PDA操作、编码等业务知识进行培训，并对调查工作提出要求。10月下旬，开展小区划分、调查摸底工作，完成调查底册编制工作。11月完成入户登记工作，并开展抽查验收工作。12月完成调查表的审核、编码、录入上报工作。

【对房地产企业进行行政指导】 为进一步强化房地产企业统计法律法规和方法制度的贯彻执行，提高数据质量，清河区统计局在11月、12月开展了对房地产企业统计行政指导工作。行政指导人员先后到淮安市金融中心、雨润中央新天地、茂华置业等15家房地产开发企业，现场查看企业统计基础建设和联网直报情况，对在指导中发现的问题提出了整改意见，并对整改情况进行督查，直到全部整改到位。

【推进5000万在建项目法人单位确认工作】 2016年开始，固定资产投资统计将实现5000万元以上投资项目联网直报，为做好准备，清河区积极采取工作措施，推进项目确认工作。一是部署落实，12月初召开会议，要求各街道、相关部门统计人员对帮办的项目进行汇总，对符合入库条件的法人单位及时入库，确保项目应统尽统。二是强化审核，根据项目法人单位申报的相关流程，对入库单位的申报材料进行细致的审核与确认，对出现的问题及时反馈企业修改，确保5000万元项目法人单位申报资料的准确、完整。

【推行统计调查制度改革】 将“固定资产投资”统计范围扩大为“非金融资产投资”，全区共640户规模企业填报了“非金融资产投资”有关报表，提高了投资统计的全面、真实、完整性；完成规模以上服务业季报改月报工作；能源统计从消费端向供应端核算的延伸工作；开展第三方电子商务交易平台调查，推进网上零售统计，着力探索大市场、综合体、商业街等新型消费业态统计；规范月度劳动力调查和人口抽样调查流程，全面采用手持电子设备采集数据；增加输入地农民工市民化进程动态监测调查。

财政税收

财　政

【概况】 2015年，面对较为复杂的经济形势，在区委的正确领导下，在区人大和区政协的监督指导下，全区财税部门认真贯彻落实区委七届六次全会精神和区八届人大四次会议各项决议，主动作为、开拓创新，各项工作有序开展，财政运行总体平稳，顺利完成了各项财政收支任务。

全区实现一般公共预算收入37.17亿元，完成预算的100.2%，比上年增加2.81亿元，增长8.2%。其中：税收收入29.47亿元，完成预算的100.2%，比上年增加0.92亿元，增长3.2%；非税收入7.7亿元，完成预算的100.2%，比上年增加1.89亿元，增长32.6%。

【强化政策扶持，财源建设取得新成效】 财政部门坚持发展为第一要务，把税源培植作为主要抓手，积极落实扶持政策，加大重点项目投入，激发企业转型升级动力，提升城市发展活力。一是严格落实减税降费政策。认真贯彻落实国家结构性减税政策，积极推进“营改增”试点，继续规范行政事业性收费行为，全年为中小企业减负4500万元，支持了中小企业发展。二是持续激发企业发展活力。通过向上争取和区级投入，全年共拨付各类企业扶持专项资金1.3亿元，积极支持旺旺食品、澳洋顺昌、清江制药等重点龙头企业加快推动装备升级和技术改造，激发内生动力，促进产业结构优化升级，全区都市型工业质效显著提升，税收贡献同比增长9.6%。三是全力促进服务业加快升级。统筹调度资金近2亿元，重点支持现代服务业集聚，着力培育了传化公路港、顺丰电子商务产业园及苏宁生活广场等为代表的新产业、新业态，成功引进了兴业银行、申万宏源证券等金融机构，“4+3”特色服务业加速形成。

【强化收入征管，财政收入实现新增长】 财政部门围绕目标任务不放松，着力健全征管体系，强化税源基础管理，挖掘增收潜力，确保收入及时足额入库。一是征管机制逐步完善。制定完善以组织收入、税源培植、税源管理全方位考核体系，层层分解收入征管责任，建立健全综合治税联席会议机制，强化协作联动，凝聚部门征管合力。二是税源管理有效提升。建立完善全区税源管理系统，按照一户一档的要求，将2.2万户纳税户信息全部录入税源管理系统，加强了重点税源和重点项目的管理，实现税源变动的实时监控和分析，为全区税源精细化管理提供了有效保障。三是专项清理成效明显。财税部门和街道、管委会齐心协力，共同配合，组织开展了房地产行业、建安企业税收专项清理，继续加大对房屋出租等税收服务与征管，堵塞了税收征管漏洞，累计增收近8000万元。

【强化支出保障，民生事业取得新发展】 立足民生优先原则，调整优化支出结构，将财力重点向民生领域倾斜，支持十大惠民工程的实施，全年民生支出占公共财政支出的比重达80%，有力保障了民生事业发展。一是加大社会保障投入。安排资金3.7亿元，提高基础医疗、养老金、重残护理、重残救助等补助标准，落实社会化养老、居家养老、为老服务等政策，做好65周岁以上老人免费乘车和80周岁以上老人高龄补助工作，支持创业型城区创建工作，加大就业创业扶持力度，重点保障困难群众生活需要，努力让人民群众更多更好分享改革发展的成果。二是支持社会事业发展。安排资金6.4亿元，全力落实教育经费保障机制，支持清江浦中学、清河实验学校建成投入使用，实施教育装备提升工程，完善家庭困难学生生活资助体系，促进教育均衡发展。安排资金1.3亿元，全面实施基本药物零差价制度，提升基本公共卫生服务均等化水平，基层医疗卫生服务体系逐步健全完善，顺利通过“十二五”省人口协调发展先进区终期评估。支持社区文化艺术节、百场演出进社区等公共文化活动，建设了一批公共体育设施，成功创成全省公共文化服务体系示范区及公共体育服务体系示范区。三是促进城市环境提升。投入资金2.8亿元，加快兴华花园、枫丹白露等安置房扫尾工程建设，对东大院、北京新村等8个小区进行环境整治，修建20余条后街背巷道路，建设了5个公共停车场，改造提升了6个农贸市场，提升基层社区综合服务设施建设，极大地改善了人居环境。

【强化改革管理，财政监管获得新提升】 积极贯彻落实中央和省市决策部署，按照科学化精细化管理要求，继续深化各项财政改革，全面加强财政监管工作。一是预算管理取得突破。预算编制体系进一步完善，将政府性基金调入一般公共预算，清理消化往来款项，盘活财政存量资金。预决算信息公开力度逐步加大，首次在网站公开了2015年区本级预算草案、“三公”经费预算，全区102个部门预决算全部向社会公开，进一步提高了政府信息透明度。二是投资评审和政府采购成效显著。进一步做好财政投资项目概（预）算评审，全年共评审项目47个，审减金额2054万元，综合审减率11.8%，促进了项目方案优化和建设成本节约。进一步规范政府采购行为，实行采管分离，全年共完成政府采购金额8680万元，节约资金1015万元，节约率11.7%，采购效率逐步提高。三是国企改革国资管理不断深化。整合全区资产资源，支持设立清河城投公司，推动城市资产公司做大做强规模实力。开展公有房屋专项清查，完善房屋产权登记信息，规范各类资产购置处置行为，积极探索推进PPP模式，支持混合所有制企业参与棚户区改造项目。另外，认真贯彻落实中央厉行节约有关规定，严格三公经费管理，积极参与公务用车改革，建立完善地方债务管理系统，严格实行新增债务审批制度，严控地方政府债务风险。

国　税

【概况】 2015年，清河国税六分局面对经济下行的严峻形势，围绕区委区政府工作目标，以科学发展观为指导，牢固树立“聚财为国、执法为民”宗旨，坚持依法治税，强化科学管理，加强队伍建设，不断开拓创新，积极发挥税收聚财和调控职能，全力做好税收收入组织工作。2015年，清河国库入库税收69755.18万元，其中：营改增入库税收4362万元；房地产行业实现税收

4696.24万元。清河区财政一般性财政收入24703万元。从入库数字比较分析，2015年各项数据比2014年略有好转，税收增加2520万元，一般性财政收入增加了910万元。

【强化税收征管】 认真落实市局深化市区税收管理改革、实施稽查职能重组的部署和要求，着重在夯实基础、规范操作、加强衔接上下功夫，保障改革平稳运行。按照《江苏省国家税务局税收检查任务管理办法》、《淮安市国税系统绩效管理实施细则》、《风险应对工作模板》以及《法律适用指引》等规范的要求，六分局通过整合规范稽查预案制作标准、实行案件检查周计划和进度通报制度、制定出台稽查案件评分办法、建立稽查案件会审制度，确保预案制定、实地检查、送审准备、预审补证各环节紧密衔接，有效提高了税务检查的工作效率。同时，分局要求全面使用市局稽查局制定的《稽查证据目录规范》，明确证据目录填报内容和要求，根据证据目录规范收集和整理书证材料，保证证据的清晰和完整，移交稽查的书证质量有了显著提高。2015年，六分局查结下发案源26户，补缴增值税1607万元，所得税475万元，调减留抵245万元，调亏1615万元，合计绩效2731万元，有2户荣获年度税务稽查优秀案例。

【推进绩效目标管理】 增强绩效目标的导向功能，优化实施办法，建立起目标指引、环环相扣、全员参与、有效激励的绩效管理体系。以绩效时间为计量尺度，在考评干部工作数量和质量的同时，把工作态度作为绩效考评的因素，并通过目标贡献度的分档分类设置，进一步强化个人绩效与组织绩效的关联，强化对干部工作成效的评价，强化以组织目标为导向的竞争激励机制。进一步完善绩效管理信息系统，为绩效目标管理提供便捷处理、过程记录、规范操作的信息化平台。通过绩效目标管理，有力地引导和推动了各项工作的开展，增强了队伍活力，激发了工作潜能，分局工作的计划性进一步增强，累积性效果也很明显。

【优化纳税服务】 做好税收分析工作，按月对各税种进行增减因素分析，详细解读经济税源变化特征、存在的问题，真实反映清河经济运行状况，加强趋势预测。强化税收政策效应分析，跟踪政策执行情况，并提出促进地方经济发展的对策建议，为区委、区政府领导决策提供可靠依据和数据支撑。建立多元化的沟通渠道，通过网上税企交互平台、国税短信服务平台、国税网站等，加强征纳互动，发送有针对性的服务信息，接受意见建议和举报投诉，帮助纳税人解决实际问题，充分保障纳税人的知情权、表达权和建议权。坚持加强税收法规政策宣传辅导、咨询服务，开展以“服务发展、服务民生、服务企业”为主题的走访活动，送政策，解难题，助发展，收到社会各界的好评。牢固树立税收服务思想，做到在工作中服务，在服务中工作。兑现各项承诺，加强税收政策宣传，举办纳税人培训班，解答重点、难点、热点税收问题。开展重点税源纳税人满意度和服务需求调查，了解税收管理、纳税服务状况，分析纳税人服务需求，为重点税源纳税人提供个性化服务。

【加强队伍建设和文化建设】 围绕“倾情带队、严管善待”的要求，以干部能力提升、活力激发、动力增强为重点，促进干部队伍综合素质提高。一是加快知识更新。组织分局全体人员参加稽查业务培训，通过开展案情研讨、业务交流，系统平台等，优化检查人员知识结构，促进知识共享、共同提高，有力提升税务干部执法能力。二是激发队伍活力。在工作中，注重干部思想政治工作，注意了解干部的工作状况和思想动态，加强谈心沟通，注重人文关怀和心理疏导，提高认识。认真落实市局选人用人激励机制，积极配合做好相关程序性工作，增添干部动力。用好团队建设载体，结合工作实际，开展形式多样的团队活动，推进和谐基层建设。三是强化评价引导。以“数字人事”管理为指引，按照市局出台的工作评价方案和绩效评价管理办法，根据本单位情况，加强任务分解，明确责任领导、责任科室，加强过程控制和督导，体现市局提出的“工作管理从注重做了什么到注重做成什么”的转变。

地方税收

【概况】 2015年，地税三分局以中共十八大精神为指导，在清河区委区政府和市局的正确领导下，紧紧围绕组织收入的这个中心，努力适应税收管理新要求,践行专业化管理新模式，助推地方经济跨越式发展，为区域经济和社会事业的发展作出了应有的贡献,实现了税收管理与纳税服务的“双赢”。分局现有人员24人，负责淮安市主城区清河区范围内的地方税收管理工作，辖区内税务登记户1.29万户,其中:企业(含行政事业单位)0.48万户，占37%;个体0.81万户，占63%。

【组织收入情况】 全年共组织入库各项税收收入28.87亿元，同比增收1.15亿元，增长4.1%。另外征收入库各项基金费3.44亿 元，同比增收0.27亿元，增长8.5%。

【税收风险应对】 建立有效的税收风险防范预警。依托税收风险管理系统和市级税收征管保障信息平台，实行税收风险分析、风险信息反馈，并采取相应对策来化解税收风险，规避税收执法风险，实现税收的有效管理。2015年，通过中等风险评估税收疑点户、注销户、股权转让核查户合计461户，排除3269条疑点，查补税收6154万元，同比增加2669万元，实施行政处罚54起，罚款50.36万元。全年累计风险应对总户数列市区各分局之首，同比增长41.3%。

【科学化区域管理，做好综合治税工作】 一是划片分科，集体挂钩。按行政区域进行划片，分派到分局的各科室，以科室为单位，集体挂钩对应清河区政府所辖的各街道办，牵头并配合做好片区的税收服务与涉税事务管理，各科力争做到辖区内重点税源底数清。二是有效开展“建筑业项目清理工作”清查。为有效配合建筑项目清理工作，按照清河区领导统一部署，会同财政、街道等部门，对各自辖区内的建筑安装项目进行台账管理。分局对清河区范围内的31个建设单位、39个建安企业、38个建装安装项目进行了台账管理，督促多家建筑企业自查补开票，全年查补入库建筑安装税收5760万元。三是开展个体定额整顿工作。为适应城市的发展和区域经济环境的变迁，借助社会协税护税力量，协同其他管理部门，实地核实、合理测算并及时调整相关税收管理指标。2015年，共调整48条路段的2000多户土地等级，共调整122户个体税收定额，共核实1258户房屋租金收入，相关的税收入库明显提高。四是私房出租税收清理工作稳步推进。分局与街道办携手开展的私房出租税收清理工作，经过宣传、催告、核定等环节稳步推进。2015年通过前期上门进行税法宣传，纳税辅导，已送达“告房屋出租人一封信（房屋租赁涉税政策）”和涉税事项告知书3350余件，已对2000余户私房业主送达核定税款通知书，全年已入库税款400余万元。

【优化服务，惠及民生】 一是结合实际，优化服务，形成税法宣传长效机制。税收宣传是纳税服务的具体而重要的内容，将税收宣传贯穿于日常工作，利用“纳税人之家”平台和各种培训辅导，将税收宣传落在实处。税收宣传月期间，分局围绕便民办税春风行动，开展“税法送万家”活动，到重点企业宣传税收政策，及时为企业提供所需的政策、信息，尽力帮助企业协调相关部门解决问题，帮助企业健康发展。大力倡导自觉纳税、文明征税，提高全民纳税意识。二是建立诉求快速响应机制。建立运用以“电子工单”为纽带的快速响应机制，将办税厅不能当场解决的事项全部纳入“电子工单”推送范围，努力培养全局的使用习惯，形成刚性制度。截至目前，已通过“电子工单”受理、解决纳税人申请事项共20项。三是构建网络化管理服务系统，助推小微企业税收优惠政策落地。为保障小微企业税收优惠政策执行到位，利用网络化管理服务系统，从网络员到社区网络组，再到企业纳税人，面对面、全方位、广泛宣传小微企业税收优惠政策，了解企业经营活动中出现的新情况、新问题，实地解决涉税难点、疑点，助力小微企业发展。

公共安全

综　述

【概况】 2015年,清河区法治建设紧扣服务发展第一要务,落实维护稳定第一责任,在应对急难险重任务中经受了考验,在营造和谐稳定发展环境中取得了成效。区平安法治工作在全市八个县区中综合排名第一。

【平安质效不断提升】 深化系列平安创建,深入推进平安街道、平安社区、平安企业、平安校园、平安医院等基层系列创建活动,夯实平安建设基础。推进治安防控体系建设,公安1200个高清探头全面投入使用,富强、西安路等五个社区技防工程通过专家验收,三位一体的技防网初步形成。深入开展社会治安重点地区排查整治行动,组织开展"双百会战"等11个专项行动,保持对违法犯罪的高压态势,重点地区治安面貌明显改善,在全市率先开展投资理财金融诈骗专项整治行动,有效避免和减少了群众损失。

【法治建设扎实有效】 全面落实依法治国方略,编制出台《关于全面推进依法治区的实施意见》,努力打造法治清河建设品牌,《淮安日报》头版头条刊登我区法治建设工作。探索推进司法改革实践路径,法院专业合议庭、检察官办案责任制等做法分别得到省高院和高检的充分肯定,涉法涉诉联合接访中心实体化运行。强化法治城市、法治县(区)创建工作,富强社区创成首家国家级民主法治示范社区,夕阳红法治文化广场被命名为"省级法治文化基地"。在全市率先成立区法学会,创新开展"三官一师进网格、服务民生法治行"活动,将法治的力量向最基层延伸。精心组织"法治文化节",深入开展"法律六进"活动。全面推进依法行政,狠抓行政首长出庭应诉,区和街道、部门两级行政负责人出庭应诉率100%。

【社会治理品牌建设】 网格化社会治理做法在全省复制推广、全国交流经验,创新城市社区治理经验在《淮安通讯》上刊发。在全省率先建成综治信息平台,实现"让数据多跑路、群众少跑腿"。七个街道在全市率先全部建成市级规范化社会管理服务中心,所有社区全部建成"十位一体"综治办,社会治理创新基础更加牢固。积极引导社会组织、志愿者、群众参与社区服务,为网格化社会治理注入了新鲜活力。大力推动社会治理微创新活动,设置个性化的网格调处室、工作室和爱心窗口等,着力打造"一社一特、一格一品"社会治理微创新品牌。向阳社区娱乐养老项目、河堤路社区志愿者积分制、清隆家园和事佬工作室等都深受群众欢迎。

撰稿人:孙卫风

公　安

【概况】 2015年,公安清河分局在市局和区委、区政府的坚强领导下,以公安部"四项建设"和省厅"一体两翼"为统领,按照"平稳发展,稳中求进"的思路,全局上下奋力拼搏，勇于担当，负重奋进，较好地完成了各项任务。特别是9月新一届党委班子上任以来，着力在打基础、压案件上下狠劲、出真招，在保平安、促发展上举实措、求实效，在抓落实、谋推进上使实劲、出实招，各项工作持续向好，质态显著提升。

【坚持以打开路，确保治安安定】 始终保持对敌斗争主动进攻态势，围绕"更快地破大案、更多地破小案、更深地挖积案、更好地控发案、更准地办好案"的目标，结合市局要求，不失时机，因地制宜地组织开展了有声势、有力度的专项打击行动。2015年，共破案596起，抓获刑事作案成员616人，其中，逮捕190，移送起诉312人。一是突出黑恶案件，12小时快速侦破"2·2"抢劫杀人抛尸案，八类案件破案率提升到85%。二是严打侵财类案件。在全局范围内组织开展为期八十天的"秋季点兵"绩效攻坚战，挖线索、破案件、抓人头，共抓获刑事作案成员193人，同比上升328.9%；刑事拘留137人，同比上升341.9%；破获各类刑事案件214起，同比上升365.2%。三是强化楼宇管控严打非法集资类犯罪。针对清河区高档写字楼多，投资理财类公司增速快、手段多、欺骗性强、隐患大的现状，迅速开展有针对性的专项打击行动，按照事前摸排预警，事中介入打击，事后消除隐患的工作模式，先期抽调20名警力成立专班，主要领导统筹部署，分管领导随队作战，专案民警加班加点，重拳出击，奔赴4省，行程8000余公里，严厉打击非法集资犯罪活动，取得了阶段性成效，一个月内连破3起案件，抓获27名犯罪嫌疑人，其中刑拘12人，网上追逃5人，1人已被依法执行逮捕。

【坚持创新驱动，确保工作质态】 "一局一品"工作开展以来，按照宫市长的指示要求，通过调研、考察、立项，印发成册，列表分解，责任到人，层层推进，集思广益，最终形成了清河特色的"警务连锁"品牌，受到宫市长、王书记批示肯定，省厅警务创新栏目转发，市局简报刊发，有了一定的品牌效应。推行社区警务"网格化"，依托清河社区网格化社会管理工程，整合资源，推进社区警务与清河区网格化管理融合，推行社区警务"1+2+N"模式，形成"1+1＞2"的合力，在夯实基础，做大做强社区警务方面形成了清河特色，拟在全市城区派出所推广。创新三级勤务指挥体系，以北京路派出所为试点，将勤务指挥室建设作为完善社会治安防控体系，提升派出所警务效能的重点来抓，搭建了三级勤务指挥室，设置指挥调度、情报研判、视频巡查、勤务管理等专职岗位，明确值班所领导、民警和辅警的岗位职责，三级勤务指挥室已成为派出所的"中枢神经"和"实战中心"，目前，各所三级勤务指挥室均已投入实体运行。进一步整合合成作战指挥中心，刑侦、图侦、网侦、情报等人员合署办公，建立集情报、侦查、审讯、技术等力量于一体的实体化作战单元，构建分局、派出所二级"视频侦查＋便衣打击"工作模式，为各项公安工作提供视频支持，推动实现警务工作由"事后调查"到"事先控制"的转变。大力推进警务前置，努力实现防范严密、打击有力、应对有效的主动型警务。

【坚持规范执法，确保公开公正】 投入200多万元专项建设资金，改造办案场所面积近900平方米，办案中心和涉案财物管理中心高标准建设完成。投入48万余元购买了标准信息化讯问设备24套,保障执法办案网上"单轨制"顺利运行。狠抓住执法监督管理,全力推进执法办案中心、涉案财物管理中心和案件管理中心"三位一体"建设。制定出台《行政(治安)案件办理延期报备工作规定》,降低了信访投诉。出台《执法业务月考办法》,组织6批240人次进行了法律业务知识考试,开展最好、最差卷宗评比,民警的执法素养和执法能力明显提升。

【坚持服务发展,确保融入大局】 按照101%满意服务要求,创新推行"一窗式受理、一次性告知、一站式服务"模式,出台《淮安市清河区市民服务中心公安户政窗口工作规范》等工作措施,延伸服务时间、缩短发证周期、下放审批权限,提升服务质量和水平。办理身份证件13239人次,户口申报迁移7663人次,主项变更1218人次,实现"零差错",户政办理窗口被江苏省公安厅和省妇联授予全省公安系统"巾国文明岗"称号。首创移动警务车服务群众"零距离"。投资40万元购置淮安市首辆"移动警务车",投放市区繁华商业中心,承担接处群众报警、受理群众求助、路面巡逻等多重任务,零距离为辖区群众服务。有效打通服务群众"最后一公里"。 此举先后被人民网、新浪网、中国江苏网、江苏文明网、淮安各大主流媒体报道转载,市委姚书记、宫市长视察点赞。

【坚持严管厚爱,确保队伍廉洁高效】 把打造实战化职业警队作为重要目标,严格执行省厅、市局的部署要求,坚持严管警、优待警、学强警,德育警,一是扎实开展"三严三实"专题教育,全警要坚决做到"讲政治、懂规矩、听招呼、守纪律";二是认真组织"学习恩来精神、争创模范警队"活动,打造对党忠诚、个人干净、敢于担当的清河公安队伍;三是全面推动基本任职资格考试和干部管理"双考制",树立"以数字论英雄、凭实绩用干部、用考核定奖惩"的鲜明导向;四是严优并举通过用科学的标准建设队伍,规范的制度管理队伍,严明的纪律约束队伍,确保民警坚守红线、底线、防线,不碰高压线。全年有8个集体,58名个人受到各级表彰。对"为警乱为、为警不为"专项整治和"小金库"和立案突出问题专项治理采取清单式、销号式措施,一件一件清。主动查处民警违纪案件2起2人,对2名执法过错民警进行了追责。

检　察

【概况】 2015年,在区委和市检察院的领导下,在区人大及其常委会的监督下,在区政府、区政协和社会各界的支持下,认真贯彻落实中共十八大,十八届三中、四中、五中全会精神和习近平总书记系列讲话精神,切实履行法律监督职责,各项检察工作实现新的发展。首次被评为"全省先进基层检察院",被省检察院记集体二等功,被评为"江苏省廉政文化建设示范点"。多名干警被评为"全省检察专门人才"、"全省未检办案能手"、"全省民事行政虚假诉讼监督专项活动先进个人"等。

【服务发展大局】 围绕服务项目建设、招商引资，审慎办理涉及的相关案件，注意办案方式，准确把握办案时机，严格区分工作失误和渎职犯罪的界限，依法惩治犯罪者，支持创业者，保护改革者，并在重大项目工程建设中，同步开展预防监督，提供行贿档案查询；围绕服务房屋征收工作，组织召开全区拆迁系统职务犯罪案例剖析会，参与化解房屋征收过程中矛盾纠纷，引导群众依法合理表达诉求；围绕规范市场经济秩序，依法打击制假售假、非法经营、非法集资、合同诈骗、组织领导传销等犯罪；围绕服务企业发展，对涉及企业案件，慎重采取查封、扣押、冻结等强制措施，最大限度地避免和减少对企业带来的负面影响。

【维护社会稳定】 共受理提请批准逮捕案件160件212人，受理移送审查起诉案件333件464人，批准逮捕119件154人，提起公诉281件362人。起诉故意杀人、故意伤害致人重伤或死亡、绑架等严重暴力犯罪、“两抢一盗”等多发性侵财犯罪75人。对重特大案件适时介入，引导侦查，依法快捕快诉。注重把化解矛盾贯穿司法办案全过程，对于因邻里纠纷、家庭琐事等引起的轻伤害犯罪，初犯、偶犯、过失犯等轻微刑事案件，依法决定不批捕65人，依法决定不起诉19人，切实减少社会对立。拓宽群众诉求表达渠道，完善检察长接待日制度，积极开展预约接访、带案下访等工作，深化涉法涉诉信访改革，实行诉访分离。开展司法办案风险评估预警、释法说理，强化社会风险化解稳控。深化未成年人刑事检察工作，建立“捕、诉、监、防”四位一体专业化办案机制，认真执行合适成年人参与、法律援助、社会调查、羁押必要性审查、犯罪记录封存等制度。依托未成年人法制教育中心，在辖区13所中小学挂牌成立“蓝天校园”工作室，开展普法宣传活动，最大限度地预防和减少青少年犯罪，最大限度地保护和挽救青少年。未成年刑事检察工作被评为淮安市巾帼文明岗。

【保障合法权益】 开展打击危害食品药品安全犯罪专项行动，起诉销售假药犯罪10人；开展打击生态环境领域犯罪专项行动、打击涉农惠民领域犯罪专项行动；强化对困难群众、弱势群体的司法保护，救助特困刑事案件被害人3人。开展“三官一师”进网格、服务民生法治行活动，针对以老年群众为集资诈骗对象的犯罪活动，依法快捕快诉，并深入社区开展预防集资诈骗法律宣传活动。推进“网上”、“线下”检察为民服务中心建设，发挥集“接待受理、视频接访、案件查询、法律咨询、情绪疏导、阅卷预约”等功能为一体的窗口作用，提供便捷的检察服务。

【查办预防职务犯罪】 严肃查处各类职务犯罪。立案查处职务犯罪15人，其中贪污贿赂犯罪12人、渎职侵权犯罪3人，查办科级干部8人。深化社会化预防工作，推动职务犯罪预防进机关、进企业、进社区、进项目工地。完善落实惩治与预防职务犯罪年度报告制度，加强对国企、国资、教育、工程建设等行业领域职务犯罪发案特点、趋势分析，组织预防调查、典型案例分析，向发案单位及其主管部门提出检察建议，有关单位部门均完善了管理制度，区廉政警示教育基地接待党员干部接受廉政教育。

【强化刑事诉讼监督】 加强立案监督和侦查监督，监督立案9人，纠正漏诉1人，书面纠正侦查违法活动6件。适应以“审判为中心”诉讼制度改革，强化检察机关在庭前程序中的主导地位，对重大疑难复杂案件，提前介入，引导侦查取证；加强审查逮捕阶段讯问犯罪嫌疑人和听取律师意见工作，落实非法证据排除等制度。加强刑事审判监督，综合运用抗诉、检察建议、纠正违法通知书等手段，实现过程监督、动态监督、全程监督。提请抗诉2件，均获市院支持。深入开展社区矫正检察监督，发现并纠正社区矫正人员脱管、漏管5人，监督收监1人。

【强化民事行政检察监督】 综合运用多种方式，构建多元化监督格局。共办理案件27件，支持起诉1件，提请抗诉2件，发出再审检察建议、诉讼活动违法监督检察建议各1件。加大对民事虚假诉讼的监督力度。以修改后行政诉讼法为依据，准确把握行政诉讼监督在监督范围、监督方式和案件来源等方面的重要变化，不断提高监督能力和水平。针对履职中发现的行政不作为，发出监督履行行政职责检察建议5份，均被采纳并纠正。坚持监督与支持并重，对法院裁判正确的民事行政申诉案件，有针对性地做好释法说理、心理疏导等工作，促进息诉罢访，维护司法权威。

【强化自身监督】 扎实开展规范司法行为专项整治活动，召开人大代表、政协委员座谈会，开展“律师评检察”活动；坚持以问题为导向，以案件质量评查为抓手，对2000余件案件逐案排查，纠正办案中瑕疵和不规范问题，取得较好效果。被评为全市规范司法行为示范点。大力实施“阳光检察”工程，做好“互联网＋检察”，以公开“倒逼”规范，以公开促公正。

【推进改革试点】 作为省委确定司法体制改革试点单位，清河区检察院认真组织，精心实施。认真研究制定改革试点实施方案，严格按照省市明确的各项要求和时间节点，报经省委政法委审核批准，研究制定《司法体制改革试点实施方案》，并一项一项抓好落实。把思想政治工作贯穿改革始终。召开多层次检察干警座谈会，释疑解惑，采取院领导一对一、人盯人的方式，进行有针对性的教育疏导，凝聚检察改革共识，保证改革试点期间思想不乱、队伍不散、工作不断。建立检察官办案责任制。通过省检察院遴选确认，从43名检察官中选出18名员额制检察官，初步建立独任检察官和检察官办案组，制定检察官权力清单、岗位职责、监督制约，考核考评等制度。

【加强队伍建设】 深入开展专题教育活动。开展“三严三实”专题教育活动和“为官不为、为官乱为”专项整治活动。落实党风廉政建设“两个责任”，对干警从严教育、从严监督、从严管理。充分发挥班子整体合力，做到“四个带头”，即带头讲纪律、带头讲团结、带头讲学习、带头讲办案，使守纪律、讲规矩、作表率成为班子成员行动自觉。强力实施“三项工程”。在“能力提升”工程中，实行“一人双岗”、以案代训、岗位练兵。在“文化育检工程”中，建设健康向上精神文化、庄重和谐环境文化、健康活泼行为文化。在“管理优化工程”中，把握好人本管理与制度管理关系。建立谈心谈话制度，正确疏导怨气、坚决打压邪气、大力弘扬正气。制定政务、事务、业务管理等制度28项；把握好从优待检与从严治检关系。帮助干警解决实际困难，把抓“小”作为一种常态，从会风会纪、上下班等细枝末节抓起，及时对存在不良倾向、小毛病干警进行提醒谈话、诫勉谈话。

【接受人大及社会监督】 向区人大常委会专题报告检务公开等工作。邀请人大代表、政协委员视察检察工作、观摩庭审，参与案件评查，定期走访人大代表、政协委员，听取意见建议。开展“代表回选区见选民”、“检察开放月”等活动，接受群众监督。

撰稿人：邹山中

人 防

【信息化建设逐步完善】 有线通信“五级网”逐步推开,为了提升指挥网络覆盖范围，丰富至基层的通信手段，第一季度完善了向阳社区和重要经济目标单位（电信公司）的有线通信网络建设，与市级基本指挥所实现了互联互通。

【实战能力不断提高】 以战斗力为标准，锤炼“能打仗，打胜仗”的民防队伍。指挥机构编实建强，实名率100%；人防专业队整训有力，全区完成整组300人，5月利用民兵跨区联训完成集中训练的35%，保证两支能随时拉得出的10人专业队以便点验。各支专业队伍圆满完成机动指挥所展示、跨区支援等演习任务，并在“淮防—2015”“9·18”防空疏散演练中表现出较高的业务水准。

【突出训练演练】 制定机动指挥所、地面指挥所训练计划，利用每周五下午开展业务培训，周三与街道、社区保持互联互通。清河人防成功保障各项大型会议及接待调研工作，“9·18”警报试鸣日当天，清河人防制动指挥车开赴演练地点，在部署展开后，完成了警报发放，采集现场情况，协助组织疏散等任务，并通过卫星系统向全省直播演练过程。

【完善通信警报体系】 注重加强指挥手段建设，不断完善人防通信警报体系建设。年初与各警报设点单位负责人签订警报器管理责任状，明确责任、奖惩制度，并与淮海地下空间资产管理有限公司签订防空警报设施维护管理委托协议，对人民防空警报设施实行正规化统一维护管理，确保人防警报及时、高效发放。8月，组织召开了警报维护人员会议，进行业务培训，现场操作演示，提高了维护人员的自身素质。9月，按照市局的统一要求，组织了防空警报常规性试鸣，完好率和鸣响率达100%。本年度，清河人防还在辖区内新建多媒体警报终端15台，多建于人口密集的居民小区内，提高了警报覆盖密度。

【健全预案方案体系】 清河人防严格按照市局的要求，集中力量，全年内在全区范围内开展各种数据的采集，进行细致的调查摸底工作，在掌握第一手资料的基础上，不断完善区本级、街道和社区防空预案，为战时组织人员把战争潜力化作战争动力，组织战争支前和开展防空防灾工作提供了保障。

【工程标识标注】 根据工程分布情况，将所有标识牌管理划分到各街道、社区，街道人防办主任掌握辖区内范围所有工程情况，并指定专人负责，向群众讲授人防标识牌相关知识，介绍人防工程的使用方法。发现标识牌损坏立即上报。根据街道、社区提供的信息，集中维修各类标识牌12处，确保各类标识牌完好无损。

【平战结合】 根据市人防要求，清河人防办定期开展全区人防工程拉网式普查，认真筛选，仔细检查，坚决执行市局关于工程安全生产的要求，每月不定期抽查方式对各人防工程进行例行检查，坚持以防火、防汛、防盗为基本要求，力求人防工程主体结构、内部设施设备及消防配套设施完好，坚决杜绝任何安全隐患，力争所有人防工程平时开发利用无事故。

【民防工作进社区】 围绕制度化、经常化、长效化，着力深化社区民防工作，通过抓好宣传、安排培训、组织演练、提供保障，进一步巩固和扩大民防工作在社区的成果。通过2011—2012年的创建工作，实现区内42个社区全覆盖。2013—2014年向阳、上海路、健康路、工农兵和杭州路五个社区被评为民防示范社区。2015年，长东街道三门社区开展民防示范社区创建活动，清河区将继续以“内容全、亮点多、要素齐”为目标打造民防示范社区，进一步巩固和深化社区人防工作全覆盖的建设成果。

【人防宣传周】 结合“5·12”民防宣传周、“9·18”防空防灾疏散演练活动，在基层全面宣传人民防空平战结合方针，宣传加强人民防空工程保护和维护，进一步强化全社会民防法律意识和法制观念，特别是带动了很大一部分住宅小区群众的爱国热情和主人翁意识，让其积极参与民防建设中来。9月18日上午，清河区人防在东方丽景社区香格里拉小区进行“淮防2015”防空疏散演练。该次演练以空袭为背景，在全市防空警报鸣响后，小区居民有序的从各个楼梯道疏散到人防工程，并开展紧急救助。民防工作人员以及民防志愿者们更加熟练地掌握了应对灾难时各种救援单位的协调以及各种救援器材的使用。

5月12日下午，淮安市清淮路社区联合人防办，在郦城国际广场举办“民防之夏”社区文化节暨民防进社区宣传教育活动。5月13日下午，清河区水渡口街道沈阳路社区居家养老服务站门前观众如潮，热闹非凡。由清河区文广新局和清河区人防办联合举办“幸福清河”暨人防进社区文艺演出在这里隆重举行。两次精彩的文艺表演给观众送上了一场别样的文化大餐，同时也宣传了民防知识，观众们对这种寓教于乐的宣传形式非常的认同。

为配合民防法制宣传周活动，全区每个社区都更新了橱窗内容，专题宣传人防法；印制了1000份《江苏省物业管理条例》摘要发放到人防工程使用管理单位，宣传人防工程平时使用特别是人防停车位使用管理的相关要求。5月14日，清河区人防办在几个人口比较密集的小区摆放展板，发放宣传手册，并开展防灾相关知识以及工程使用上的问题咨询。区人防办还在夕阳红广场等人群集中地摆放民防宣传展板供居民宣读，做到宣传阵地全覆盖，宣传对象全覆盖。

5月16日，白鹭湖中学的部分学生在老师的带领下到清河区人防办，参观五楼的爱国主义教育基地。学生们参观了战争体验馆、模拟射击和模拟飞机驾驶等先进的场馆，结合此类场馆开展战时应急、防灾减灾等知识的培训可以起到相辅相成的作用。通过参观学习，清河区人防办也将继续做好民防知识在学生中的普及。

2015年共计印发《江苏省实施〈中华人民共和国人民防空法〉办法》、《清河区民防应急手册》、各类民防知识宣传单5000余份，发放家庭应急包、人防宣传扇、个人应急盒2000多个，并通过做人防知识竞赛试题，使机关、企业等工作人员对人防基本常识及人防设施的用途等有了初步的了解和掌握，加深了对人防重要性的认识，取到了较好的效果。按要求完成本年度民防知识教材订阅工作的同时，在45个教学班2000余名中学生中开展了人防知识教育，免费发放《民防知识》课本，授课率达100%。清河实验中学高标准完成“民防教育示范学校”创建工作。

积极向省、市、国家杂志投稿，在《中国人民防空》、《江苏民防》、江苏民防网站、《淮海晚报》、《清河之窗》等见稿32篇，信息58条。

【民防法制建设】 组织人员开展学法用法活动。4月开始组织全办进行人民防空法律法规学习，每月抽出一定时间学习一项和民防相关法律法规，并就现实中遇到的问题进行探讨。抓好业务技能学习。每周五下午开展人防工程建设、人防通信警报、人防财务等业务知识的培训和学习，采取走出去、请进来相结合手段，不断提高队伍的业务技能、工作能力和综合素质。严格执行战备值班制度，强化日常管理。继续推行服务承诺、首接负责等制度。

【行政执法】 2018年，清河人防办联合市人防执法支队将淮安华龙医药有限公司欠缴的易地建设费15万元依法追缴并上缴财政；根据市人防要求，对淮安清河新区投资发展有限公司所开发的新区安置房项目依法介入调查并处理，目前该公司已按照市人防文件要求缴纳罚金合计32.5万元，后续工作有待进一步完善。

双　拥

【概况】 2015年，清河区“双拥”工作紧紧围绕淮安市创建全国双拥模范城“四连冠”目标任务，高标准、高质量做好各项双拥创建工作，取得了较好的成效。

11月12日，清河区作为全市县区代表通过省考核验收。

【驻清河区部队开展“爱心助残”春节慰问活动】 2月6日下午，清河区“军营助残”春节慰问活动在区人武部进行，来自驻军73821部队、联勤部淮阴干休所、解放军八二医院、淮安军分区干休所和清河区人武部等部队首长代表驻区部队官兵向清河区20名残疾家庭捐赠了1万元春节慰问金。区委常委人武部长俞新昌、区政府副区长祁素娟等地方领导参加了捐赠仪式。

【开展春节慰问子弟兵活动】 为发扬清河区拥军优属的优良传统，巩固和发展军政军民“同呼吸、共命运、心连心”的良好局面，在春节来临之际，2月13日，淮安市清河区委副书记朱维佳，区委常委、区人武部部长俞新昌，副区长祁素娟，区政协副主席张增元等区四套班子领导走访慰问了驻区某部、清河消防大队、干休所等部队官兵，向部队官兵送上了新春的问候和祝福，并为他们送去了慰问金和慰问品，受到了部队官兵的欢迎。朱维佳代表区四套班子领导和全区30万人民感谢驻区部队为清河跨越发展、和谐发展所作出的贡献。驻区部队官兵纷纷表示，新的一年，将继续推进部队全面建设，发扬拥政爱民的优良传统，维护社会稳定、保障人民安居乐业，为推动清河，乃至淮安跨越发展作出应有的贡献。

【区领导赴驻淮部队慰问】 2月13日，区委领导走访慰问淮安军分区和淮安消防支队，向部队官兵致以节日问候，并畅叙军地情谊，共谋发展大计。向驻区部队首长介绍了清河经济社会发展情况，他说，尽管2014年全社会经济形势下行压力大，但清河经济社会发展依然保持了良好的发展势头，各项工作排名稳居全市前列。对驻淮部队对清河经济社会发展的关心和支持表示感谢!希望驻淮部队一如既往地关心和支持清河发展，祝愿部队发展取得更大成绩。

驻淮部队首长对清河区经济社会发展取得的成绩表示热烈的祝贺，感谢区委区政府对部队建设和国防后备力量的关心支持。驻淮部队首长对清河的未来充满信心，他们认为，清河多年来一直是全市经济社会发展的排头兵、领头雁，相信通过不断的努力，清河群众的生活水平必将节节高，清河的明天会更美好。他们表示，将努力加强自身建设，为清河经济社会发展做出更大贡献。

【淮安军分区干休所送医送药进社区】 在毛主席亲笔题词，号召大家“向雷锋同志学习”纪念日之际，淮安军分区干休所积极开展学雷锋送医送药进社区义诊活动。3月5日上午，淮安军分区干休所医学专家来到清河区柳树湾街道富强社区为辖区残疾人义诊，为他们提供病症诊断、测量血压等医疗服务，对于病症较复杂的，则提出治疗建议，嘱咐注意事项，在近2个小时的义诊活动中接待了近30位残疾人，并现场发放治疗炎症、感冒、心脑血管等疾病的常用药品价值6000多元，受到残疾人一致好评。

【区全力做好优抚对象春节慰问工作】 为确保优抚对象过一个欢乐祥和的春节，让他们感受到党和政府的温暖，清河区民政局全面开展优抚对象春节慰问工作。一是及时为优抚对象发放各类优抚金377万多元；二是向455名优抚安置对象发放节日补助费11.2万元；三是向全区7个街道办事处下拨临时防寒救济专款2万元；四是全面开展走访慰问优抚对象活动，对家庭生活困难的优抚对象、军队离休干部、无军籍退休职工、入伍新兵、清河籍立功受奖现役军人和驻区部队，送钱送物上门，慰问款物折币15万元；五是积极组织全区7个街道办事处召开优抚对象座谈会，加强沟通交流，进一步促进优抚工作的开展。

【驻区部队开展便民义诊活动】 在为进一步弘扬雷锋精神，4月17日，驻区南京军区联勤部淮阴干休所组织医务人员来到清河区清隆家园社区开展了便民义诊活动。社区居民在家门口就能享受到病症诊断、测量血压、测血糖、做心电图等医疗服务。对于病症较轻的群众，医务人员现场发放药品对症治疗；对于病症较复杂的，则提出治疗建议，嘱咐注意事项，现场发放了治疗炎症、感冒、心血管等疾病的常用药品，义诊人数500多人。

社区居民纷纷表示，这种学雷锋活动实在，是送服务、送温暖、送真情，以后要经常性的开展，加深了与驻地群众"军爱民，民拥军，军民团结一家亲"的军民鱼水情关系。

【召开双拥工作领导小组成员单位（扩大）会议】 今年是淮安市争创全国双拥模范城"四连冠"检查验收之年。4月21日上午，清河区召开双拥工作领导小组成员单位（扩大）会议，动员全区上下迅速投身到争创全国双拥模范城"四连冠"工作之中，奋力推动全区双拥工作再上新的台阶。区委副书记、区双拥工作领导小组常务副组长朱维佳，区政府副区长、区双拥工作领导小组副组长祁素娟，区人武部政委、区双拥工作领导小组副组长王文为；区双拥工作领导小组成员单位分管负责人；区法院、检察院分管负责人；区市民服务中心、区属卫生

服务中心、区属中小学分管负责人；部分社区(村)书记和驻区部队相关领导等60多人出席了会议。副区长祁素娟作工作报告，区人武部政委王文为对驻区部队进一步做好拥政爱民工作提出了要求。

【全市双拥办主任会议在清河区召开】 为全面了解各地双拥工作情况，加强相互交流，进一步做好全国双拥模范城创建工作，5月15日，市双拥办组织各县区双拥办主任、淮安经济技术开发区双拥办主任、生态新城管委会双拥工作具体负责人、驻淮各部队群工干事在清河区召开全市双拥办主任会议。与会人员集中观看了清河区双拥工作汇报片，各县区、驻淮各部队汇报了双拥工作开展情况，并讨论《全国双拥模范城(县)考评标准》的相关问题。

【军地老干部中国牌比赛】 为进一步丰富军地老干部文化生活，5月20日，清河区委老干部局与驻区共建部队联勤部淮阴干休所共同举办了军地老干部中国牌比赛活动，军地老干部共有20多人参加了比赛。通过比赛，进一步加强了军地老干部的相互了解，增进了他们之间的友谊。

【“朝晖爱心基金”成立暨捐资仪式】 5月27日，“朝晖爱心基金”成立暨捐资仪式在清河实验学校(前身为淮安市第十中学)举行。此基金由校友、军事纪录片编导、武警总部电视宣传艺术中心编辑、二等功臣刘朝晖上校发起成立，清河区副区长高山、祁素娟参加捐赠仪式。

活动现场，刘朝晖和他的战友、同学及社会各界爱心人共同为他的母校捐赠了2万元助学金及1万元的教学设备，并现场与清河实验中学的300余名师生互动交流，普及国防知识，分享了自己在学校、部队的学习和成长经历，鼓励大家刻苦学习，报效祖国。

高山代表区政府对刘朝晖及爱心捐助人士的善举表示感谢，并希望受助同学能够把爱心人士的关爱化作勤奋学习、成人成才的动力，努力克服困难、刻苦学习科学文化知识，成为社会栋梁之材。同时，将爱心接力棒传递下去，将扶贫济困、团结互助的传统美德不断发扬光大。

【柳树湾街道富强社区举办第五届端午文化节暨军民联欢会】 6月16日下午，在清河区柳树湾街道富强社区中天花园小区广场，淮海晚报社、清河区双拥办、清河区柳树湾街道富强社区、清河区文化馆在这里联合举办第五届社区端午文化节暨军民联欢会。来自部队、社区等500多人参加了本次活动。

2015年，淮安市开展了争创全国双拥模范城“四连冠”。富强社区奋力推动双拥工作再上新台阶。立足高标准、创一流、与时俱进，推进军民融合深度发展，发扬“军爱民、民拥军”的优良传统，坚持军民共建、文化共享、情感互融、共同发展，打造了双拥工作的新亮点。

【区领导慰问驻区部队】 在中国人民解放军第88个建军节即将到来之际，7月29日下午，清河区委副书记朱维佳，区人大常委会副主任孙勤，区政协副主席张增元，区人武部政委王文为等区领导走访慰问了解放军驻淮某分部、联勤部淮阴干休所、军分区干休所、清河消防大队等驻区部队官兵，为他们送去了慰问品及慰问金，受到部队官兵的欢迎。驻区部队官兵表示，一定把对清河人民的感激之情化作努力工作的动力，化为拥政爱民的热情，统一思想、认清形势、狠抓落实，切实把争创全国双拥模范城“四连冠”迎检工作摆上重要议事日程，全力以赴，高标准、高质量做好迎检各项准备工作，为淮安市顺利实现全国双拥模范城“四连冠”创建目标做出应有的贡献。

【清河区召开庆“八一”军政座谈会】 为庆祝建军88周年，共商军地建设大事，共叙军民鱼水深情，7月29日，清河区召开庆“八一”军政座谈会，区委副书记朱维佳，区人大常委会副主任孙勤，区政协副主席张增元，区人武部政委王文为及驻区部队首长参加了座谈会。会议总结了2015年以来全区双拥工作开展情况，部署了创建国家双拥模范城“四连冠”工作任务，驻区部队与会领导讨论了下半年的拥政爱民工作以及开展“助残、助学”爱心捐资等活动有关事项。最后区委朱维佳副书记代表区委区政府对长期以来关心、支持清河发展，为我区双拥共建工作作出积极贡献的驻区部队各位领导和广大官兵，表示崇高的敬意和衷心的感谢，并对如何做好双拥共建工作特别是对做好全市创建全国双拥模范城"四连冠"迎检工作提出了指导意见。

【纪念抗战胜利70周年和建军88周年送书画进军营活动】 为纪念抗日战争胜利70周年，在即将迎来中国人民解放军建军88周年之际，7月30日下午，淮安市清河区邀请多名国家、省市级美协、书协的书画家来到驻区联勤部淮阴干休所，开展庆"八一"送书画进军营活动。在活动中，书画家现场挥毫，精心创作了一幅幅作品，与干休所参加过抗日战争的离退休老干部共话军民鱼水情。作品内容吉祥、高雅，各种书体形式丰富，深受广大老干部喜爱。活动持续了近2个小时，书画家们为老干部们创作了数幅书画作品，并合影留念，让在场的每位老干部深受感动。离退休老干部纷纷表示："书画家们来为我们现场传授技艺，留下墨宝，给军营送来文化和精神食粮，进一步丰富了军营文化生活，体现了民拥军、军民鱼水的深厚情谊。"

【驻区部队开展爱心助残助学活动】 8月26日上午，清河区军营助残助学活动在区教育局进行，来自驻区联勤部淮阴干休所、解放军八二医院、淮安军分区干休所和清河区人武部等部队首长代表驻区部队官兵向我区20名残疾大学生、中学生捐赠了1万元助学金。区委常委、区人武部政委王为文，区政府副区长祁素娟以及区双拥办、残联等地方领导参加了捐赠仪式。

【清河区举行欢送新兵大会】 9月9日，清河区隆重举行欢送2015年入伍新兵大会，区委常委、区人武部政委王为文，区委常委、常务副区长王建军，区人武部部长李斌，区双拥办主任张华，区民政局副局长兰建平等出席了欢送仪式。

王建军副区长在欢送仪式上充分肯定了新兵们应征从戎、报效祖国的崇高选择，要求新兵们牢记老区的优良传统，充分展现总理家乡人民的崭新风貌，胸怀大志，刻苦锻炼，努力学习政治、军事和现代科技知识，做一名素质过硬、作风优良、各方面成绩突出的好战士、好军人。王建军还要求区相关部门进一步加大优抚工作力度，采取各种有效措施，及时帮助新兵家庭解决生产、生活中遇到的实际困难，为他们安心服役创造良好的环境。

会上，区双拥办向每一位入伍新兵赠送了书籍、学习用品和行李箱等。

【驻清河区部队开展爱心捐赠活动】 9月22日下午，驻清河区解放军第八二医院副院长孙杨一行到清河“与光同行”自闭症儿童康复中心，开展爱心捐赠活动，现场捐赠三星多功能一体打印机一台，表达驻区部队官兵对清河区残障儿童一片浓浓的爱心。与光同行康复中心朱雪萍代表中心全体师生向八二医院全体官兵对中心的关爱和支持表示感谢并向在场的领导介绍了特殊孩子在中心的成长过程和康复情况。

清河区委常委、人武部政委王文为，区双拥办主任张华，区残联理事长葛亮参加了捐赠仪式。

【驻清河区部队开展捐资助学活动】 10月10日下午，清河区人武部以及驻区73682部队在淮海路小学举行捐资助学仪式，现场向该校捐资5000元成立助学爱心基金，并向15名贫困学生赠送了价值近3000元的学习用品。区委常委、区人武部政委王文为，73682部队、区双拥办、区教育局及淮海路小学领导参加了本次活动。

【退伍军人安置政策宣讲会议】 为使退役军人充分了解安置政策和劳动就业形势，帮助退役士兵顺利转变身份，更快融入社会，10月21日下午，清河区人武部组织2015年全体退伍军人在区人武部开展政策宣讲活动。区委常委、区人武部政委王文为，区人武部部长李斌以及区双拥办、民政局、人社局有关领导参加活动。

【驻区部队关爱留守儿童暨第八届“双拥奖学金”颁奖仪式】 12月1日，清河区驻区部队关爱留守儿童暨第八届“双拥奖学金”颁奖仪式在清河区清江浦中学举行，何浩天等20名区属中小学留守学生获得资助，何佳美等64名同学获得了“双拥奖学金”，区委常委、人武部政委王文为，副区长祁素娟，区双拥办、区教育局及驻区部队领导参加了颁奖仪式。

（摄影、撰稿：李宓）

教育·科技

教　育

【综述】 2015年,全区教育系统深入贯彻中央、省、市、区教育改革发展的部署要求,以立德树人为根本,以促进公平、提高质量为重点,深化教育综合改革,推进教育跨越发展,不断提升教育现代化水平。

(一)以创建工作为抓手,不断实现跨越发展。

2015年,通过创建"学前教育改革发展示范区",改善了全区幼儿园的办学条件,提高了队伍素质、管理水平和教育质量;通过"全国义务教育发展基本均衡县(市、区)"实地复查,进一步推动了全区义务教育优质均衡发展。教育投入实现了"三增长"。区财政性教育经费投入达6.2亿元,增长比例12.41%。生均预算内教育事业费拨款逐步增长,小学和初中增长比例分别为17.26%、10.76%。生均公用经费拨款标准持续增长,生均公用经费标准按幼儿园400元/生每年、小学700元/生每年、初中1000元/生每年执行。学校改造步伐不断加快。基本完成清河实验中、小学校及清江浦中学二期工程建设,积极实施师院附小新校区建设工程。累计投入近千万元,相继完成白鹭湖中学、繁荣小学、承德路小学等十一所学校教育装备提升工程,全区义务教育阶段学校已全部达到省定现代化办学标准。落实国家的惠民政策,确保流动就业人口随迁子女、留守儿童、残疾儿童平等享有接受优质教育的基本权利,凸显教育的公平与均衡。2015年发放普通高中国家助学金44.85万元,资助学生299人,办理在校大学生贷款420人,发放贷款332.9万元。孤儿及贫困学生资助金242.725万元,资助贫困生2091人。

(二)以提高质量为核心,不断彰显教育品牌

德育工作成效显著。一是开展理想信念教育。在师生中大力倡导、践行社会主义核心价值观,深入开展"践行中国梦"等专题教育活动,举办专题讲座40余场,300余名师生在市未成年人文明礼仪系列大赛中获奖,全区8所中小学被评为省级文明礼仪养成教育示范校。二是优化班集体建设。继续开展区优秀班集体、"周恩来班"创建工作。评选出区级优秀班集体88个;区级"周恩来班"38个,市级"周恩来班"11个,北京路中学、师院附小等5个学校被评为市级"周恩来班"创建先进单位,区教育局被授予市级"周恩来班"创建先进单位。三是注重班主任素质提升。成立"清河区德育工作专家委员会",印发《清河区名班主任工作室建设与管理办法》,评选出12个区"名班主任工作室"。开展各级各类"班主任工作"项目研究、培训工作20余项。组织400余名德育工作者参加全国、省、市级各类培训,整体提升了德育工作能力。四是健全家校合作共建体制。组织我区第十一届家长学校现场会;成功举办了"2015年清河区家庭教育工作研讨会"。以学校为主导,以家庭为基础,以社会教育为支撑"三结合"协作教育机制进一步健全。

教学质量稳中有升。小学教育表现优异。在省学生学业水平测试中,所抽测的三年级语文、数学在全市的领先优势明显,其中,语文优秀率达66%、数学优秀率达84%,高于全市、全省的平均水平。在区学

业水平测试中，师院附小、淮小学生成绩呈高位相互赶超态势；清河实小教学质量进步明显。初中质量不断攀高。中考继续保持全市领先地位，全区总均分比第二名的县区高24分。清河开明中学中考700分以上的高分人数达137人，北京路中学连续两年高分人数及学科均分等多项指标超越市直两所学校，清江浦中学、清河实验中学在中考中都取得明显进步，白鹭湖中学第一次参加中考便取得优异成绩。清河中学高考在中考优质生源仅有51人的情况下，文化二本正式录取150人，体艺达线194人，在全市“新四星”高中中提升幅度最快。规范课题研究工作，扎实开展教育科研，一年来，组织课题专项培训活动4次，组织开、结题活动7次，省级课题开题9个、结题3个；市级课题开题14个，结题11个；省教科院主任彭钢、省教研室主任鞠文灿等到现场指导课题研究工作。

（三）以培养人才为重点，持续强化队伍建设

一是加强师德师风建设。通过领导示范、典型感召、制度约束、评优表彰等措施，进一步增强教师的责任感和使命感，让教师不仅有出色的技能，更有高尚的人格。二是高度重视教师培训工作。组织9名教干赴国外培训，邀请4名外籍教师来清河对全区100名英语教师开展“引智培训”。国培计划3人，省级名师送培150多人次，网络培训350多人，市级培训200多人，区级校本培训在千人之上。举办2014年新聘的70名中小学、幼儿园教师入职培训。制定了名师名校长培养方案，排出培养梯队。三是严格教师准入制度，严把教师入口关。2015年新招聘中小学教师37名，同工同酬的人事代理幼儿教师20名。四是积极推行义务教育学校教师交流。全年共交流82人，占应交流教师总数20.97%。

（四）以服务群众为根本，不断释放教育正能量

一是党风廉政和政风行风建设持续加强。积极推进学习型机关建设，扎实开展读书交流活动；严格执行党风廉政建设责任制，严格规范学校办学行为。二是党的群众路线教育实践活动效果显著。深入开展党的群众路线教育实践活动，坚决纠正“四风”问题。通过调研、座谈等方式广泛征求意见，围绕教育乱收费、学校食品安全等事项进行了专项治理。三是安全维稳工作扎实推进。新创建省级平安校园3所、市级平安校园8所；新创建3所A级食堂，全区A级食堂总数达17所。利用“5·12防震减灾日”、“11·9消防宣传日”等，开展应急疏散演练，全区各校中小学生全年参加演练达到8次，园幼儿达到4次。着力维护信访稳定，严格落实信访领导责任制，努力把矛盾化解在基层，解决在基层。

【全区关工委年度考评会议在第六中学召开】 1月8日，全区2014年度关工委工作考评会议在第六中学召开。全区各单位关工委负责人参加了会议，并分别作了各单位年度工作汇报。

【区委宣传部调研教育系统践行社会主义核心价值观】 1月21日，区委宣传部副部长王建明等在教育局办公室主任陈天兴、政教科长华丽红陪同下到第六中学，就第六中学践行社会主义核心价值观情况，与学校领导班子成员、教师代表进行专题座

谈，调研第六中学践行社会主义核心价值观相关情况。

【淮海路小学党支部开展实境党课学习活动】 1月17日，淮海路小学党总支全体党员到盱眙县黄花塘新四军军部纪念馆开展“励志践行黄花塘，为党为国增新辉”的实境党课学习活动。全体党员观看纪念馆陈列的图像文字和历史文物，了解了新四军建军过程，瞻仰了新四军将士的风采，缅怀了新四军的无畏精神，重温了抗战时期的艰苦岁月。参观结束后，各支部党小组组织召开学习收获座谈会，还举行了预备党员转正、党旗下宣誓等仪式活动。

【全区职工趣味运动会在白鹭湖小学举行】 2月8日，全区2015年职工运动会在白鹭湖小学举行。副区长祁素娟致开幕词，号召大家发扬积极进取的奥林匹克精神，注重日常体育锻炼。全区各单位派员参加了运动会，运动会为期一天，当日下午圆满结束。

【白鹭湖小学成立职工代表大会】 2月8日，白鹭湖小学在四楼报告厅召开了工会成立大会。区教育工会主席李贵洲宣读了工会成立和工会领导选举章程，副校长钱峰当选为校工会第一届主席，吴明恩当选校工会副主席。

【高山调研清江浦中学建设工程】 3月4日，清河区政府副区长高山到清江浦中学调研工程建设情况，教育局办公室主任陈天兴、计财科科长刘立峰等陪同调研。

【白鹭湖小学举行“2015年全区小学数学苏教版教材培训会”】 3月12日，清河区教研室小学数学教研员韩梅在白鹭湖小学主持“2015年清河区小学数学苏教版教材培训会”活动。学校全体数学老师参加了培训学习活动。

【繁荣小学被评为江苏省“优秀家长学校”】 3月20日，江苏省教育系统关心下一代工作委员会组织的“优秀家长学校”评选结果揭晓，淮安市繁荣小学获江苏省“优秀家长学校”光荣称号。

【全区“社会主义核心价值观”主题大调研动员会在师院附小学举行】 3月20日，清河区“社会主义核心价值观”主题大调研动员会在淮阴师范学院附属小学举行，会议由区宣传部副部长王建明主持。师院附小校长刘庆怀、第六中学校长张明芳作表态发言。教育局长施玉明就目前教育的现状指出：学校的工作要突显育人功能；要搞活课堂内外，让核心价值观作为学生树立人生的航标。最后，区宣传部长漆宾做了总结发言，强调在教育工作中要体现社会主义核心价值观。区民政局、团区委、妇联、关工委、各街道办、各中小学等相关单位领导出席了会议。

【清河实验小学教干参加涟水县“幸福课堂”教学研讨】 3月26日，清河实验小学校长王介锁带领校骨干教师到涟水县幸福里实验小学参加“幸福课堂”教学研讨活动。清河实验小学的教师胡怀珠、杨惠仙和涟水县幸福里实验小学的教师陈艳、俞磊为大家展示了课堂教学，各学科教师一起座谈，深度解读教材，开展议课、研讨。

【张继春到老坝口小学开设专题讲座】 3月26日，江苏省书法家协会张继春老师到老坝口小学开展书法知识讲座。张继春从汉字与书法的关系，书法的起源讲起，并向教师讲解王羲之、颜真卿等书法家的作品，讲了硬笔字的写字技巧，并传授书法口诀，全校100余名教职工参加了听课活动。

【繁荣小学学生参加“爱心速递员 大手牵小手”活动】 3月29日，繁荣小学二到五年级的部分学生参加了淮阴工学院计算机工程学院党委、清河团区委联合组办的“爱心速递员 大手牵小手”综合实践活动。

【清河实验中学承办市后备特级教师高级研修活动】 4月16日，淮安市教育局组织全市后备特级教师高级研修班第三次集中培训，暨“名师进校园、多校联动教研活动”在清河实验中学举行。进修班学员洪泽县实验中学教师徐成祥，淮安外国语学校教师赵树青分别开设了数学课和物理课，江苏省初中化学特级教师缪徐，江苏省初中数学特级教师、无锡市甘露中学校长章晓东作了点评。淮安市苏嘴教育总校校长谷继光，金湖塔集中学张正华分别作了“如何成为一名优秀老师”及“如何提升教学的有效性和打造高效课堂”的专题讲座。

【全区家庭教育工作研讨会在白鹭湖小学举行】 4月17日，全区家庭教育工作研讨会在白鹭湖小学报告厅举行。教育局长施玉明作了《生命如水》的专题讲座，北京路中学副校长张元、淮海路小学校长张亚兰、白鹭湖小学校长张元国等分别作了家长学校的工作汇报，教育局各科室、全区中小学校长、班主任代表近300人出席了会议。

【淮海路小学承办第二届“苏派教育·艺术”展示活动】 4月16—17日，由《江苏教育》编辑部主办的第二届“苏派教育·艺术”高层论坛，在淮海路小学石塔湖校区举行。教育局长施玉明、《江苏教育》编辑部主编姚亮以及淮海路小学校长张亚兰在会上分别作发言，苏派名校联盟70余所学校200余名音乐、美术教师参与论坛活动，淮小约1600名学生展示了韵律操“弟子规”、武术操“精忠报国”、健美操“兔子舞”、特色乒乓操、空竹操、跳绳等阳光体育大课间特色活动项目。

【第六中学获得市诗词吟诵比赛第一名】 4月22日，第六中学师生参加市诗词协会、市教育局主办的“4·23世界读书日，暨清江浦开埠六百周年诗词吟诵会”，学校参赛节目“印象清口”以叙事的方式，讲述清江浦、大闸口文化对淮安人的深远影响，其间穿插吟诵了元朝张羽的诗《清口》、今人张志玉的古体诗《清江浦随想》、今人李瑞河的词《蝶恋花·清江浦今昔》，吟诵获得市第一名。

【繁荣小学承办全区经典诵读观摩研讨活动】 4月23日，清河区语委、教育局在繁荣小学举办了“弘扬经典文化，传承华夏文明”经典诵读观摩研讨活动。副区长高山致欢迎词，市教育局副局长程永清发表讲话，并对各县区开展经典诵读活动提出四点要求。盱眙五墩小学、涟水南门小学、开发区深圳路小学、金湖县实验小学、淮安市繁荣小学、淮阴师院语委主任陈旻教授等进行交流发言。市教育局职社处处长朱士玉对活动作了总结。市、区有关部门领导、全市中小学分管校长、老师及家长代表近300人参加了会议。

【韩国国立安东大学代表团赴江苏省清河中学交流访问】 4月23日，韩国教育部的重点综合性国立大学——国立安东大学代表团一行6人赴江苏省清河中学交流访问，宾主双方举行了座谈活动，韩国客人介绍了韩国国立安东大学的办学规模、学科专业设置、办学特色等基本情况，表达了与清河中学开展深入交流与合作、推动共同发展的愿望。清河中学校长颜廷发表示，4月23日正好是淮安与首尔航线直航的首航日，希望双方借此“空中桥梁”，在原有合作的基础上开展更广泛的交流与合作。韩国客人还参观了学校的校史陈列馆、心理中心以及总理雕塑广场，观摩了学生跑操，与学生代表进行了座谈。

【白鹭湖小学举行《学会感恩，与爱同行》报告会】 4月24日，“中国感恩励志教育校园万里行”讲师团走进白鹭湖小学，为学校师生和家长做了一场题为《学会感恩，与爱同行》大型演讲报告会，学校近1600余人参加了报告会。

【淮海路小学教育集团开展五年发展规划论证会】 5月5日，淮海路小学教育集团五年发展规划论证会在石塔湖校区和润楼四楼会议室举行。教育部长江学者特聘教授、华东师范大学博士生导师、新基础教育与研究中心主任李政涛，江苏省特级教师、淮阴师范学院第一附属小学校长唐玉辉，江苏省特级教师、淮安市城南中心小学校长黄艳梅等就淮小发展规划的方向性、发展性、适切性和可行性等方面提出了指导性意见。教育局副局长戚桂荣、初教科长李贵洲等参加论证会。

【江苏省教育专家到清河开明中学调研指导课改工作】 5月7—8日，江苏省教育学会会长杨九俊、江苏省教研室副主任董洪亮、江苏省教育科学规划领导小组办公室主任彭钢、项目办主任周英俊等到清河开明中学指导学校课改工作。校长魏清介绍了学校“生本课堂”教学改革实验情况。在听取汇报后，杨九俊、董洪亮先后讲话。杨九俊指出“对学校的改革是持积极的、支持态度的”，他总结提炼了学校课改的“三学环节”和“三次反馈”。

【淮阴师范学院附属小学挂牌“新基础教育研究基地学校”】 5月18日，著名教育家、全国“新基础教育”研究中心名誉主任叶澜老师到淮阴师范学院附属小学，向学校授予“新基础教育研究基地学校”匾牌。淮阴师范学院教育学院院长伍红林、教育局副局长戚桂荣等参加挂牌仪式。

【“廉政文化进校园”启动仪式在繁荣小学举行】 5月28日，由中共清河区纪委、清河区委宣传部、清河区教育局共同主办的“敬怀伟人 我向五德看齐”清河区“廉洁文化进校园”启动仪式在繁荣小学举行，区领导向少先队员代表和教师代表赠送了一批廉洁书籍，希望学生从现在做起，种下廉洁之花的种子，希望老师能够进一步自律自警，加强对自身的要求，做一个崇廉尚洁的人。教师代表张晞、少先队员代表赵乐先后发言，参加活动的领导、师生共有400余人。

【区委领导调研区学校建设工作】 5月29日，区领导王建军、高山及区财政局、发改委等相关部门领导，到淮阴师范学院附属小学、清江浦中学调研指导两校新校区建设工作并实地察看了校安工程施工现场，听取了教育局长施玉明的汇报，并询问了工程相关情况。

【清河区通过“义务教育发展基本均衡区”国家实地复查】 6月3日，国家教育督导检查组一行四人对清河区推进义务教育发展基本均衡工作进行了督导检查。督导重点是清河区2014年通过全国义务教育发展基本均衡区以后，政府持续推进义务教育均衡发展工作情况。督导检查组通过听取工作汇报、现场查看学校、开展问卷调查等形式进行督查。副市长王红红、市教育局长朱亚文接待了督导检查组。 市政府督导室主任于建斌主持汇报会，区长张冲林出席了汇报会并致欢迎辞，副区长高山作重点工作汇报，市教育局督导处处长蒋福凯，区教育局局长施玉明、副局长戚桂荣以及人社局、财政局、编办负责人出席会议。督导组随机抽查了6所学校，发放210份满意度调查问卷，并采取随机访谈等形式征求了公众意见。结果显示，清河区义务教育学校办学基本条件达到了评估标准，小学初中差异系数、公众满意度达到了国家标准。

【淮海路小学通过全国义务教育发展均衡达标工作复查验收】 6月3日，由国家督学、吉林省政协文教委主任卢连大、教育部督导办督学管理处胡冠南组成的教育部“全国义务教育发展基本均衡县（市、区）”复查小组，在江苏省教育厅师资处处长崔春霞、淮安市政府教育督导室主任于建斌及副区长高山的陪同下，对淮海路小学义务教育发展均衡达标工作进行复查。学校成功通过该项复查验收。

【江苏省科技教育特色学校验收组考察白鹭湖小学】 6月9日，江苏省中小学教研室科学教研员卢新祁、科学大众杂志社副社长蔡峰等江苏省科技教育特色学校验收组专家，到白鹭湖小学评估学校科技教育特色学校创建情况。

【高山视察中考考点准备】 6月15日，副区长高山、教育局局长施玉明等到六中、北京路中学等中考考点，切实了解全区中考工作准备与进展相关情况。

【韩国延世大学代表团赴江苏省清河中学交流访问】 6月26日，以全球化人才学部部长、哈佛大学博士韩淳九为团长的韩国延世大学代表团一行赴清河中学交流访问，韩国客人参观了清河中学校园，代表团团长韩淳九介绍了延世大学的相关情况，并表达了与去中学深化交流合作的愿望。交流结束后，双方互赠了礼物。

【白鹭湖小学获“江苏省科学教育特色学校”称号】 7月8日，江苏省科学技术协会、教育厅授予白鹭湖小学“十二五第四批省科学教育特色学校”荣誉称号。

【刘孟轲被评为江苏省少年科学院“十佳小院士”】 7月25日，在江苏省团委、江苏省科协、江苏省少工委共同主办的首届江苏省少年科学院红领巾科学建议奖评选暨第三届江苏省少年科学院“小院士”评聘活动中，淮阴师范学院附属小学学生刘孟轲被聘为江苏省少年科学院“十佳小院士”。他提出的《关于禁止在食品中使用生石灰干燥剂的建议》获得“十佳科学建议奖”、“红领巾科学建议一等奖”。

【全区教育工作会议在清江浦中学召开】 8月25日，全区教育工作会议在清江浦中学召开，会议由清河教育局书记王加金主持。副局长傅根生首先宣读了关于2014年清河教育系统表彰的决定，接着，清河开明中学校长魏清做了题为《追求教育理想，建设新型学校》的报告，最后，局长施玉明以“让成长因教育更精彩”为主题对2014至2015学年的教育工作进行了总结，并对下一学年工作进行部署。 教师进修学校及中小学中层以上干部、幼儿园园长、级部主任、教研组长、备课组长约420人参加会议。

【繁荣小学竹笛社团获得江苏省竹笛大赛组合组金奖】 8月26日，繁荣小学竹笛社团参加了江苏省竹笛学会主办的“江苏省第二届青少年竹笛大赛”，演奏的曲目《清河在我心中流》获得了大赛组合组的金奖，并应邀参加了颁奖音乐晚会的演出。

【清江浦中学迁入新校区】 9月1日，淮安市清江浦中学正式搬迁到原第三中学所在地的新校区。

【张彤慰问清河开明中学教师】 9月9日，在第31个教师节到来之际，淮安市委常委、组织部部长张彤、市政协副主席朱友冬一行到清河开明看望慰问优秀教师代表，并代表市委、市政府向全校教职员工致以节日的问候和崇高的敬意。校长魏清汇报了学校课改和学生素质发展等相关情况。张彤希望学校再接再厉，为提升淮安义务教育水平、推动教育均衡化发展继续贡献力量，并向学校和优秀教师代表送上慰问金。

【仲凤笔到学校调研慰问】 9月9日，清河区委书记仲凤笔到清河中学、清河开明、北京路中学、清河实验小学等调研学校办学情况，并向广大教职工致以节日的问候，对广大教师的辛勤劳动和无私奉献表示衷心的感谢。常务副区长王建军，副区长陈志勇，教育局长施玉明等陪同调研。

【清河中学承办市教育局经典诵读骨干教师培训活动】 为迎接全国第十八届推普周，9月19日，市教育局举办中小学、中职学校经典诵读骨干教师培训活动，本次活动由区教育局暨清河中学承办。培训内容为发声知识、朗读技巧、经典作品诵读赏析。全区有9位区属中学老师参加了培训学习活动。

【白鹭湖小学承办“德育践行创新暨全国名班主任经验交流会”活动】 9月28日，“2015年清河区德育践行创新暨全国名班主任经验交流会”在白鹭湖小学报告厅举行。全国优秀班主任王家文老师做了长达三小时的“利用素材开启学生心智”的报告，对德育工作的现状进行了深刻的剖析，对德育工作的创新提出了更高的期待。

【陈志勇检查安全工作】 为落实好学校消防安全工作，9月29日，区政府副区长陈志勇在区委教育工委书记王加金及区消防大队相关人员陪同下，到繁荣小学检查校园安全工作，实地了解学校门卫管理、安全制度、安全教育、技防设施和校园周边综合治理情况。

【市教育局检查调研清河特殊教育工作】 10月13日，淮安市教育局来清河区检查、调研特殊教育工作开展情况。检查调研组一行四人实地察看了承德路小学省级资助项目特殊资源教室建设使用情况，查阅了台账资料，并听取了教育局的情况汇报。区教育局出台了《清河区残疾儿童少年依法接受学前教育、义务教育和高中教育工作实施方案》、《清河区残疾儿童少年随班就读工作实施办法》、《清河区义务教育阶段适龄重度残疾儿童少年"送教上门"服务工作实施方案》，落实"送教上门"和"一人一案"工作，确保义务教育全覆盖、零拒绝。

【张元贵到清河区调研】 10月13日，淮安市教育局局长张元贵、副局长薛祝其等到清江浦中学调研、白鹭湖中学、白鹭湖小学等调研办学情况，清江浦中学校长张明芳、白鹭湖中学校长曹锐汇报学校办学情况，清河区副区长王建军、副区长陈志勇、市教育局副局长薛祝其、清河区教育局局长施玉明、副局长傅根生、戚桂荣等有关部门负责人一起陪同调研。

【镇江京口区领导考察繁荣小学经典诵读工作】 10月15日，镇江市京口区政协和教育局的领导及部分学校的校长，在区政协副主席高寿江和教育局办公室主任陈天兴陪同下，来到繁荣小学考察经典诵读特色工作。

【新疆教育专家到清江浦中学访问】 10月19日，新疆建设兵团第七师推进教育信息化专题培训班一行30多人到清江浦中学参观、研讨。

【著名作家沙克、杨海林到清江浦中学讲学】 10月21日，全国著名作家沙克、杨海林在淮安市文联副主席刘跃进的陪同下到清江浦中学，他们和张明芳校长为首的学校领导班子就文学与学校文化建设等大家关心的话题进行了深入而广泛的交流，两位作家以"文学欣赏与作文写作"为题为清江浦的学子们开了一场专题讲座。

【北京路中学承办四地六校教学观摩研讨活动】 11月6日，北京路中学组织了"南京、苏州、南通、淮安四地六校'同题多课、同课异构'教学观摩研讨暨淮安市北京路中学课堂教学开放活动"。共有来自四地六校的32位老师开设观摩课，涉及语文、数学、英语、物理、化学、政治、历史、体育、美术、音乐、计算机等11门学科。北中邀请到淮安市及各县区各学科教研员和一些资深老师、专家进行现场点评，来自市内外近700名老师参加了该项活动。

【淮安"水上交通安全知识进校园"活动在繁荣小学举行】 11月13日，由淮安市地方海事局团委、清河区团委、府前街道繁荣社区关工委共同组织的"水上交通安全知识进校园"活动在繁荣小学举行。海事工作人员结合实际，为学校师生讲解乘坐船舶的安全知识以及落水的应急措施、水上急救常识、防溺水知识及逃生技巧等。教会学生救生衣、灭火器、救生圈的使用方法，通过讲解和演示，让师生进一步了解了水上交通安全知识，增强了师生们守法保安全的意识。

【北京路中学被评为淮安市“义务教育教学先进单位”】 11月17—18日召开的淮安市义务教育工作会议上，北京路中学被评为淮安市“义务教育教学先进单位”。

【清江浦中学承办全市义务教育工作现场会】 11月18日，淮安市义务教育工作会议在清江浦中学举行现场活动，淮安市教育局及各县区教育局领导、初中学校校长计200多人参加了会议。

【师院附小合唱团在市大合唱总决赛中夺冠】 11月18日，由淮安市委宣传部、淮安市文广新局等部门主办的纪念抗日战争暨两淮战役胜利70周年大合唱总决赛在淮安市长荣大剧院举行。淮阴师范学院附属小学太阳花合唱团以《歌唱二小放牛郎》和《欢乐的那达慕》两支歌曲参加角逐，最终在14支小学参赛团体中以最高分9.82分获得少儿组冠军。

【南京大学科学教育研究所许玲到坝小作报告】 11月19日，南京大学科学教育研究所许玲教授走进老坝口小学，为学校300多名家长开设了《家庭教育与亲子沟通—如何做一名成功的家长》的专题报告会。许玲教授结合自己多年的研究与实践和家长们交流了如何做成功的父母，培育优秀的孩子的话题。

【清河开明中学和台湾嘉义县立大浦国民中学结为友好学校】 11月25日—27日，首届苏台基础教育发展论坛在苏州举办。在本届论坛上，江苏有23所中小学经省港澳台教育交流中心牵线，与台湾的15所学校结为友好学校。清河开明中学和台湾嘉义县立大浦国民中学成功结对，清河开明校长魏清和大浦国中校长洪文祥分别代表各自学校在《友好学校合作意向书》签字。

【清河区召开首届中小学德育精品项目推进会】12月2日，清河区首届中小学德育精品项目推进会在清江浦中学隆重举行。中国教育学会班集体委员会名誉顾问唐云增先生等教育专家，淮安市、区教育局领导，各中小学校长、大队辅导员、优秀班主任以及街道社区代表、家长代表计400余人参加了这次盛会。

【清河实验中学承办少年法庭进校园活动】 12月4日，清河实验中学和区人民法院联合开展了一场“三官一师进网格，服务民生法制行”——少年法庭进校园活动，区人民法院的审判长、人民陪审员、公诉人在清河实验中学报告厅当庭审理了梁某某盗窃一案。随后，法院的工作人员结合该案例又为同学们上了一堂法制教育课。

【市教育局对江苏省清河中学开展视导】 12月4—7日，淮安市教育局视导组一行赴江苏省清河中学，对清河中学进行了为期三天的四星级高中教育教学视导工作，视导组专家采取了听取汇报、查阅资料、深入课堂听课、师生问卷调查等形式全面细致地检查了学校教育教学工作的各个环节。在视导反馈会上，视导组专家对清河中学“自主对话”课堂教学模式给予了高度的评价，认为“对话课堂”能够充分调动学生的学习积极性，大大提高了课堂教学效率。

【承德路小学通过省“快乐文化”特色建设评估验收】 12月10日，江苏省“特色文化建设”督导组到承德路小学进行“快乐文化”特色建设评估验收。督导组听取了学校“快乐文化”特色建设的工作汇报，查看相关资料，观看学校特色社团和校本课程纪实视频，了解了学校个性教育特色社团活动的丰硕成果。督导组还实地参观了学校舞蹈类、美术类、书法类、乐器类、综合实践活动类等26支社团的汇报展示。

【马斌到清江浦中学讲学】 12月11日，江苏省教育厅基础教育处处长马斌、副处长谈效艳一行来到清江浦中学讲学。马斌处长通过一系列的客观数据和中外教育对比，引出“物型课程”的重要意义，他围绕“由来”、“内容”、“推进”三个纬度，讲述了“物之何来”、“型在何处”、“课程何解”，充分地挖掘校园文化建设中的“地表文化”、“墙道文化”、“空间文化”和“学科文化”，并分享了他所关注的，未来教育发展过程中所面临的几项工程，即“强富美高”、“义务教育改薄”、“小学文化”等建构。

【老坝口小学腰鼓特色节目获市舞蹈大赛一等奖】 12月12日，淮安市第二届中小学生体艺文化节闭幕式暨汇报演出在市广播电视台演播大厅举行，市人大常委会副主任李冰，市政府副市长王红红，市政协副主席朱毅民，市政府副秘书长王立华，市委教育工委书记、市教育局局长张元贵，市委宣传部副部长、市广播电视台台长陆志群，市教育局副局长席文武等领导出席闭幕式。老坝口小学腰鼓特色节目《鼓韵》受邀参加艺体节闭幕式晚会演出的开场表演，并获得淮安市第二届中小学生体艺文化节舞蹈大赛一等奖和闭幕式晚会的最佳表演奖。

【师院附小参与江苏教育频道节目录制】 12月14日，江苏卫视教育频道《未来科学家》栏目组来到淮阴师范学院附属小学，为江苏卫视教育频道《未来科学家》栏目进行《如何去掉衣服上的口香糖》专题节目录制。

【长东街道通过市语言文字示范街区验收】 12月18日，以淮安市语言文字工作委员会主任王丽娟为组长的验收组对长东街道的语言文字示范街区的创建进行考核验收，检查组一行实地考察了街道语言文字培训场所，街道辖区内的主要街道、建筑物、市政公用设施中的各类标牌用字规范情况，汉字、汉语拼音以及外文使用，户外广告、招牌中的语言文字使用规范情况等，查阅了创建工作台账，听取了工作汇报，长东街道顺利通过市语言文字示范街区验收。

【清江浦中学接受市义务教育管理标准示范校评估】 12月24日，淮安市义务教育管理标准实验工作专家组一行五人到清江浦中学，对学校执行义务教育管理标准情况进行评估。这次评估遵照全国义务教育学校管理标准的6个方面管理职责、22项管理任务，将92条管理要求细化为具体的评估标准作为评估依据。评估只设定合格要求(或一票否决),不设上限,留有空间,鼓励创新。

【教育系统举办第十四届“迎元旦”乒乓球比赛】 12月26日,清河区教育系统第十四届“迎元旦”教职工乒乓球比赛在清江浦中学举行。本次比赛的团体赛在全区14支中、小学代表队间展开,淮海路小学、清江浦中学、繁荣小学夺得前三名;单打比赛则在23名选手间进行,韦波、王飞夺得冠亚军。

【区第十二届家长学校现场会在清河实验小学举行】 12月28日,区第十二届家长学校现场会观摩活动在清河实验小学报告厅举行。区关工委主任李相如、区教育局关工委主任冯士杰、社区关工委领导、各校关工委代表、分管德育副校长、德育主任、骨干班主任及部分家长代表出席了此次活动。淮阴师范学院教授王聿泼开设专题讲座,清河实验小学副校长李春燕作《合适的,就是最好的》报告,整场会议由冯士杰主持。

【白鹭湖中学通过市“节水型学校”验收】 12月28日,淮安市节水办主任安礼忠、科长宫晨涛、区节水办主任费丽丽等领导参与验收工作。验收组首先检查了该校雨水收集系统和节水设施,接着查阅了申报材料。最终,白鹭湖中学通过“2015年度淮安市节水型学校”验收。

【江苏省清河中学高考成绩取得新的突破】 2015年,江苏省清河中学高考二本以上达线344人,其中文化类二本以上达线150人。连续8年荣获“淮安市高中教育工作先进单位”荣誉称号,连续8年被评为“淮安市高中学生综合素质提升单位”。区委、区政府以贺信形式祝贺清河中学2015年高考取得新的突破。

【班集体建设】 6月,区教育局对92个申报区级优秀班集体的班级进行了验收,差额评选出区级优秀班集体88个。积极推进“周恩来班”创建工作,评选出90个校级、38个区级“周恩来班”,创成11个市级“周恩来班”。9月28日,组织全区德育管理人员、骨干班主任参加“2015年清河区德育践行创新暨全国名班主任经验交流会”。8月4—5日,组织清河区第三届中小学班主任基本功大赛,择优选派6位选手参加市班主任基本功大赛,成绩优异。清河实验中学李雨柏老师代表淮安市参加江苏省基本功大赛荣获二等奖。10月,组织40名骨干班主任参加“中国教育学会班主任委员会第3次学术年会”,12月,组织部分大队辅导员参加省班队集体年会第6届年会。

【主题教育】 根据全省、全市统一安排,深入开展“中国梦”“三爱一践行”、“八礼四仪”主题教育活动,开展读书征文活动和网络知识大赛。为增强教育的实效性,将主题教育活动与“学在淮安”、“学习雷锋”、“周恩来班”创建等活动深度融合,在“纪念抗战胜利70周年”系列活动中,北京路中学学生作为唯一代表参加省赛,30多名学生在“红读”征文中荣获省、市一二等奖。在“学恩来、习礼仪、育美德”文明礼仪教育实践活动中,我区北京路中学、第六中学、师院附小、淮海路小学等8所学校被评为省文明礼仪示范校。加强遵纪守法教育,在全区中小学开展“法治文化进校园”活动，营造了浓厚的法制宣传氛围，增强了师生法律意识、法制观念和依法办事水平，有力地推进了依法治校工作进程。师院附小承办“清河区核心价值观进校园活动大调研启动仪式”，成功举办清河区首届德育精品项目推进会。

【法制教育】 区教育局把预防和减少青少年学生违法犯罪工作作为重要目标任务列入学校年度目标考评，在全区中小学开展“零犯罪学校”创建活动，明确要求各校全年开展4次法制教育，确保不发生有较大影响的在校生暴力犯罪案件。4月初，区教育局联系区委政法委对各校的法制副校长进行了轮换、调整和充实。全区中小学于4月份、11月份开展了集中法制教育活动。全区中小学法制教育实效明显，义务教育阶段在校生继续保持零犯罪。在全市“不让毒品进校园”活动中，清河中学、清河实验中学荣获“市禁毒教育示范校”称号，全区有10余名校长、教师被评为“毒品预防教育”先进个人，区局被授予市“毒品预防教育”先进集体。5月28日，在繁荣小学成功组织“清河区廉洁文化进校园启动仪式”。

【平安创建】 区教育局将平安校园创建作为年度目标任务下发到各中小学，组织开展了多次全区中小学安全工作检查和周边环境整治活动，在区委政法委的牵头组织下，为各中小学和幼儿园配备专职安保人员，全区多家单位对中小学周连环境进行了联合整治。全系统全年未发生有较大影响的安全责任事故，平安校园建设工作在省、市验收中受到高度评价，清河区被表彰为市级平安校园示范区。

【关工委工作】 区教育局成立由一把手局长施玉明任主任、分管局长为副主任，3名离退休老同志为副主任、局机关相关科室为委员单位的关工委工作机构。全区各中小学都成立关工委，实现关工委组织全覆盖。区教育局安排8万元作为关工委工作专项经费，对局关工委办公地点进行了调整，配备了常务副主任办公室、秘书长办公室、会议室、活动室，配置了办公设备、娱乐和运动器材。各中小学及时根据人事变动情况对关工委组成人员进行调整，设立了专门办公地点，配备相关办公设备，基本做到有牌子、有人员、有经费、有办公场地。区教育局被表彰为市关心下一代工作先进集体。4月14日在白鹭湖小学举办“清河区家庭教育工作研讨会”，主题报告“生命其实如水”广受赞誉。

【家长学校】 区教育局对各校家长学校建设提出了新的要求，以开展新一轮区级优秀家长学校创建活动为抓手，各中小学家长学校、网上家长学校办学率均达100%。各学校加强家长学校建设，提高家长学校办学水平和家庭教育水平，形成了家校共同促进青少年健康成长的完善体系和预防青少年违法犯罪的牢固防线。12月18日，在清河实小举行全区第十二届家长学校观摩研讨活动。清江浦中学荣获江苏省优秀家长学校。

【各类创建活动】 北京路中学创成“省心理健康特色学校”，清河实验小学创成省级“绿色学校”，全区市级以上绿色学校创建率达

100%，提前两年实现生态区创建要求。创成市级优秀社团7个，市级优秀德育校本教材8本(套)。在全国文明城市提名创建中，作为牵头科室，完成大量创建工作。

学 前 教 育

【概况】 2015年，全区有幼儿园17所，省级优质幼儿园占比88.89%，区属公办幼儿园14所均为江苏省优质幼儿园，区属民名办幼儿园3所均为淮安市优质幼儿园。区域内在园幼儿5073人，有教职工606人，有专任教师363人。

2015年4月，白鹭湖幼儿园、淮海花园幼儿园成功申报江苏省课程游戏化项目，派2名选手参加淮安市“雏燕奋飞计划”市优课评比，分获一、二等奖；开展区优课评比活动，共17名选手参加比赛，后推选1名选手参加市优课评比获一等奖。开展区幼儿园教师基本功大赛，共有38名优秀幼儿教师参加比赛，后推荐1名选手参加市幼儿教师基本功比赛，获一等奖。11月19日，清河区创成“江苏省学前教育改革发展示范区”。12月，开展清河区幼儿园教师才艺展示，全区有15所园226名幼儿教师参加展示活动。任命，推进了全区学前教育的快速发展。12月29日，市教育局幼儿园质量视导工作在淮安市电大学前教育系刘俊英主任带队下对清河区繁荣幼儿园进行了为期一天的保教质量视导工作。2015年，为落实《幼儿园教育指导纲要》《3—6岁儿童学习与发展指南》，区幼教办邀请淮阴师范学院学前教育系夏如波主任及其团队，市级机关园等市直园园长、骨干教师到凤凰新村幼儿园、深圳幼儿园、淮海路新区实验幼儿园、清河新区幼儿园指导幼儿特色创建活动。2015年，全区幼儿园有 6个省市级课题开题，2个省市级课题结题，正在研究有1个国家级课题、7个省级课题、17个市级课题。研究成果显著，省级获奖论文150余篇、市级获奖论文66篇。

各园幼儿数统计表(2015年9月)

表1　　单位:人

序号	幼儿园名称	大班幼儿数	中班幼儿数	小班幼儿数	在园幼儿数
1	清河幼儿园	183	139	119	441
2	淮海路幼儿园	200	175	150	525
3	繁荣小学幼儿园	160	142	121	423
4	老坝口小学幼儿园	85	114	96	311
5	承德路小学幼儿园	123	141	105	369
6	清河区机关幼儿园	116	62	89	267
7	石塔湖小学幼儿园	80	70	60	210
8	淮海路小学凤凰新村幼儿园	80	69	61	210

续表1

序号	幼儿园名称	大班幼儿数	中班幼儿数	小班幼儿数	在园幼儿数
9	淮海花园幼儿园	80	104	90	298
10	深圳幼儿园	109	95	88	292
11	清河幼儿园分园清河新区幼儿园	78	104	89	271
12	淮海路小学新区实验幼儿园	119	102	120	341
13	清河区金太阳幼儿园	47	67	74	188
14	清河区和达雅苑幼儿园	91	122	103	351
15	清河区艾倍科幼儿园	25	68	85	212
16	白鹭湖小学幼儿园	166	82	116	364
17	清河实验幼儿园	108	93	84	285
总数		1850	1749	1650	5073

小 学 教 育

【概况】 2015年，全区有7所公办小学，小学生为13457人，306个班级，平均班额为44人，符合小学班额不超过45人标准，85%以上小学生在优质学校就读；小学毕业生2032人，当年入学为1997了人，毛巩固率为101.8%，消除了义务教育辍学现象；2015年小学招生2379人数，比2014年多招生219 人，毛入学率为105.5%；残疾儿童26人，入 学 率为100%；留守儿童301人，入学率为100%；择校生162人，择校率为6.8 %；外来务工人员子女3542人，进入公办学校就读率约为98%。

2015年，全面开展义务教育学校管理标准实验研究，制定实验研究方案，选定清河实验小学、白鹭小学为实验样本学校，全面开展研究，进行阶段性评价，外请专家做好第三方评估工作。为开展好义务教育学校管理标准实验研究工作，积极组织实验课题申报，全区申报了6个课题，淮海路小学、师院附小和繁荣小学被评为学校管理实验示范校。大力开展学校特色，附小的足球、篮球，繁荣小学的剪纸、竹笛，坝小的腰鼓，实小的跳绳等特色活动都对全区进行了展示。承小的快乐星期三特色文化顺利通过了省教育厅过程性现场评估。开展职工之家建设，各校工会组织健全，活动有效，做到了有组织、有小家、有制度、有活动。2015年，教育系统成立了培训机构联合工会，教育局工会获得了“市模范职工之家”称号。淮海路小学、清河开明中学和清江浦中学召开了教职工代表大会，师院附小被评为市校务公开先进校。开展红十字会活动，繁荣小学通过省红会的示范校复检，老坝口小学创成省红十字会示范校。开展奖学助困活动，2015年，举行第八届双拥奖学金评选活动，为64名优秀学生了发放了26500元奖学金，为20名留守儿童发放了10000元助学金。为爱心人氏帮办了2名特困生资助，每人资助800元。2015年，全区建立了义务教育学籍管理系统，入学、转学、休学进行网上办理，实行无纸化办理。

小学在校生统计表（2015年9月）

表2

学校	学生数			一年级			二年级			三年级			四年级			五年级			六年级		
	学生数（人）	班级数（个）	平均班额（人）	学生数（人）	班级数（个）	平均班额（人）	学生数（人）	班级数（个）	平均班额（人）	学生数（人）	班级数（个）	平均班额（人）	学生数（人）	班级数（个）	平均班额（人）	学生数（人）	班级数（个）	平均班额（人）	学生数（人）	班级数（个）	平均班额（人）
淮阴师范学院附属小学	2784	61	45.6	491	10	49.1	385	9	42.8	412	9	45.8	457	10	45.7	482	11	43.8	557	12	46.4
淮海路小学	1578	34	46.4	215	5	43.0	243	5	48.6	269	6	44.8	257	6	42.8	274	6	45.7	320	6	53.3
繁荣小学	1573	36	43.7	266	6	44.3	259	6	43.2	266	6	44.3	261	6	43.5	266	6	44.3	255	6	42.5
清河小学	1166	27	43.2	290	6	48.3	194	5	38.8	182	4	45.5	176	4	44.0	177	4	44.2	146	4	36.5
老坝口小学	974	24	40.6	124	4	31.0	137	4	34.2	162	4	40.5	131	4	32.8	222	4	55.5	191	4	47.8
清河实验小学	1539	34	45.3	266	6	44.3	276	6	46.0	258	6	43.0	279	6	46.5	290	6	48.3	168	4	42.0
承德路小学	957	24	39.9	161	4	40.2	159	4	39.8	148	4	37.0	176	4	44.0	191	5	38.2	121	3	40.3
石塔湖小学	1569	34	46.1	200	5	40.0	244	5	48.8	227	5	45.4	275	6	45.8	290	6	48.3	333	7	47.6
白鹭湖小学	1131	27	41.9	366	8	45.8	301	7	43.0	267	6	44.5	197	6	32.8	0	0	/	0	0	/
翔宇中学（小学部）	186	5	37.2	0	0	/	0	0	/	0	0	/	0	0	/	62	2	31.0	124	3	41.3
淮安市体育小学	0	0	/	0	0	/	0	0	/	0	0	/	0	0	/	0	0	/	0	0	/
总计	13457	306	44.0	2379	54	44.1	2198	51	43.1	2191	50	43.8	2209	52	42.5	2254	50	45.1	2215	49	45.2

中学教育

【概况】 2015年，全区有中学7所，其中公办高中1所，公办初中5所，民办初中1所，初高中在校生共7135人。初中教学班156个，在校生合计6405人，初一2096人，初二2091人，初三2218人；高中教学班42个，在校生2112人，高一730人，高二674人，高三708人。全区公办教师（初中和高中）中，研究生学历45人，大学本科772人，大专9人，中专4人。正高级职称3人，高级232人，中级313人，初级210人，未定级72人。

4月10日，清河实验小学、白鹭湖小学、清河开明中学及清江浦中学通过淮安市义务教育学校管理标准（试行）实验工作样本学校验收，被确定为淮安市第一批义务教育学校管理标准实验工作样本学校。6—7月，组织“小升初”派位审核工作，参加小升初派位的学生为3569人，涉及区属7所小学、4所市直小学和外县区10余所小学，发放派位证2100张；接受电话、来人咨询上千人次，协调处理上学问题102件。8月12日，在江苏省教育厅发布的“2014年度清河区教育现代化建设评估监测通告”中，全区现代化建设评估的各项指标数据达标，平均总分为90.20分，位列全市第一、全省十三名。12月11日，淮安市教育局副局长席文武带队对清河区申报的《淮安市教育现代化先进学校、先进乡镇(街道)》开展评估验收,清河中学等10所学校,淮海街道和长东街道2个街道先后通过市级评估验收工作。

初、高中在校生统计表(2015年9月)

表3

初中学校	一年级		二年级		三年级		总计人数(人)
	班级(个)	生数(人)	班级(个)	生数(人)	班级(个)	生数(人)	
清江浦中学	10	337	12	389	13	433	1159
清河实验中学	6	174	6	170	6	209	553
北京路中学	14	712	14	659	14	750	2121
白鹭湖中学	6	246	6	237	6	245	728
清河开明中学	10	444	10	451	10	390	1285
翔宇中学	4	183	4	185	5	191	559
初中合计	50	2096	52	2091	54	2218	6405
江苏省清河中学	14	730	14	674	14	708	2112
高中合计	14	730	14	674	14	708	2112

2014—2015年区教育经费统计表

表4

项目		序号	2014年	2015年	备注
财政收支情况(万元)	财政一般预算收入		343583	371696	
	财政经常性收入	A1		252171	
	财政总支出(一般预算支出)	A2	211128	269516	
教育经费收入情况(万元)	教育经费总收入	A3	66014	67915	
	1.财政预算内教育拨款	A4	59924	64129	
	2.各级支付征收用于教育的税费	A5	3050	5383	
教育经费收入情况(万元)	其中:教育费附加	A6	2050	5383	
	地方教育附加	A7	1000		
	地方基金				
	土地出让收益中计提教育资金				
	3.事业收入	A8	2921	3649	

续表4

项目			序号	2014年	2015年	备注
	其中:学杂费收入		A9	2620	3200	
	4.社会捐资收入		A10			
	5.其他收入		A11			
教育经费支出情况	教育经费总支出(万元)		A12	66014	67915	
	其中:教育事业费支出		A13	33636	39584	
	基建支出		A14	32378		
教育经费支出情况	年生均教育事业费支出(万元)	小学	A15			
		初中	A16			
	年生均财政预算内教育事业费支出(元)	小学	A17	12603	13800	
		初中	A18	17771	21153	
	年生均财政预算内公用经费支出(元)	小学	A19	700	700	
		初中	A20	1000	1000	
	年生均预算内日常公用经费支出(元)		A19			
			A20			
财政预算内教育经费(含教育费附加)占财政一般预算支出比例(%)			A21	16.14	23.79	
财政性教育经费占教育经费总收入(%)			A22	93.88	94.43	
义务教育阶段公用经费收支情况(万元)	收取总数(万元)		A23			
	学校预算内公用经费收入数(万元)					
	学校预算内公用经费支出数(万元)		A24			
	用于设备购置或调拨他用数(万元)					
教师工资	教师人均月工资收入数(元)		A26			
各级政府征收用于教育的税费	财政实际收入数(万元)		A27			
	其中:用于人员经费支出		A28			
各级政府征收用于教育的税费	用于改善办学条件支出		A29	2050		
	用于其他支出		A30			
	实际用于义务教育支出		A31			
	实际用于非义务教育支出		A32			
	其他支出		A33			

2015年清河区资助各类学生情况统计表

表5 （单位：人、万元）

序号	资助项目	学校	学生总数	资助人数	低保家庭数	资助金额	资助标准
一	学前教育家庭经济困难儿童资助	师院附小幼儿园	447	51		5.1	资助标准1000元/生.年，比例为在园儿童总数12%。（苏财教〔2011〕44号）
		淮海花园幼儿园	300	20		2	
		清河机关幼儿园	265	21		2.1	
		深圳幼儿园	290	26		2.6	
		附小新区幼儿园	271	17		1.7	
		淮海路小学幼儿园	532	41		4.1	
		凤凰新村幼儿园	211	28		2.8	
		石塔湖小学幼儿园	210	16		1.6	
		淮小新区实验幼儿园	315	20		2	
		繁荣小学幼儿园	468	45		4.5	
	学前教育家庭经济困难儿童资助	老坝口小学幼儿园	312	34		3.4	
		承德路小学幼儿园	400	44		4.4	
		实验小学幼儿园	305	22		2.2	
		白鹭湖小学幼儿园	484	27		2.7	
		金太阳幼儿园	186	9		0.9	
		艾倍科幼儿园	228	15		1.5	
	小计（学前教育）		5224	436		43.6	

2015年清河区资助各类学生情况统计表

表6 （单位：人、万元）

序号	资助项目	学校	学生总数	资助人数	低保家庭数	资助金额	资助标准
二	义务教育学校家庭经济困难学生生活补助	师院附小	2770	164	3	16.55	资助标准：小学1000元/生.年，比例为在校学生总数10%。(苏财教〔2012〕10号)
		师院附小新区分校	1028	35	3	3.65	

续表6

序号	资助项目	学校	学生总数	资助人数	低保家庭数	资助金额	资助标准
		淮海路小学	1559	22	2	2.3	受资助学生3%低保家庭小学提高到1500/生.年
		石塔湖小学	1571	35	0	3.5	苏财教〔2014〕54号 淮财教〔2014〕14号
		繁荣小学	1589	115	4	11.7	
		老坝口小学	968	101	4	10.3	
		承德路小学	944	95	7	9.85	
		清河实验小学	1532	150	4	15.2	
		白鹭湖小学	1174	111	3	11.25	
	小计		13135	828	30	84.3	
							资助标准：中学1250元/生.年，比例为在校学生总数10%。(苏财教〔2012〕10号)
		清江浦中学	1222	120	4	15.3	
		清河实验中学	609	62	2	7.9	受资助学生3%低保家庭中学提高到2000/生.年
		北京路中学	2152	213	7	27.15	苏财教〔2014〕54号 淮财教〔2014〕14号
		清河开明中学	1283	55	2	7.025	
		白鹭湖中学	730	58	2	7.4	
	小计		5996	508	17	64.775	
	合计(义务教育)		19131	1336	47	149.075	

2015年清河区资助各类学生情况统计表

表7 （单位：人、万元）

序号	资助项目	学校	学生总数	资助人数	低保家庭数	资助金额	资助标准
三	普通高中助学金	江苏省清河中学	2067	299		44.85	资助标准：1500元/生.年，比例为在校学生总数15%。(苏财教〔2011〕6号)
	资助合计		24355	2071		237.525	

续表7

序号	资助项目	学校	学生总数	资助人数	低保家庭数	资助金额	资助标准
四	家庭经济困难考取公办大学一次性资助			20		5.2	标准:本科4000元/生;专科2000 元/生 。(淮办发〔2009〕15号)
五	考取高校家庭经济困难学生助学贷款			420		332.90	贷款标准人均不超过8000元。

科　技

【概况】 2015年来,清河区科技工作全面贯彻落实省委、省政府关于实施创新驱动战略、推进科技创新工程以及市委、市政府关于加快国家创新型城市建设的总体要求,立足区委中心工作和区情实际,以人才工作为支撑,政产学研合作为纽带,平台载体为抓手,加大高新技术产业发展,加快推进“双创双化”,全面提升科技综合指标水平、增强科技服务经济工作的能力,推进清河区经济社会又好又快发展。

2015年,纳入市考核的这19项小指标均全面、超额完成全年任务,无一项未达序时,获得了市科技目标考核第一名。全区新培育市级以上企业工程技术研究中心等研发机构10个,获省认定1个,46.5%以上的列统工业企业建有市级以上企业研发机构;与四川大学、西华大学等高校开展政产学研合作,来淮设立研发机构;获市首批认定众创空间4个,占全市的40%,清城创意谷创业吧成为全市唯一获省级认定众创空间,并由省科技厅向科技部推荐认定国家级众创空间;新认定国家高新技术企业3家,有32%的列统工业企业已被认定为国家高新技术企业;实现高新技术产业产值47亿元,占规模以上工业总产值比达58%;实现科技服务业总收入约1亿元;开展了正版正货示范街区创建和省知识产权区域示范工作,2015年专利申请量1519件,其中发明申请442件,专利授权量718件,企业专利申请占比提升至35.3%,累计培育国家、省级专知识产权标准化示范企业8家;全社会研发投入占GDP比重1.48%;设立3500万元人才创业投资资金,积极实施“苏科贷”、“人才贷”等科技金融服务,累计成立2个科技小贷公司;新引进博士以上创新创业人才近30名,其中有2人获省“双创人才”、5人获省“双创博士”、7人获市“淮上英才”人才计划资助,1个团队申报市“淮上英才”团队认定。

【加快推动“双创”资源要素集聚】 深入实施创新驱动战略,以强化实施招才引智、高新技术企业梯队培育、高端科技成果转化、科技创新服务体系建设等“四大行动计划”,加快推进科技创新,加速集聚创新资源、集聚创新要素,推动清河发展由要素投入驱动向科技创新驱动转型。财政科技投入连年有实质性增长,全面落实省高企税收减免和科技创新项目加计扣除,当年为4户企业办理高新企业企业所得税减免2478

万元，把科技惠企政策落到了实处。

【加大高科技成果转化项目招引】 引进了纳米熔覆堆焊、阵列激光器芯片、3D生物打印等高科技成果转化项目，深化与淮阴工学院、大连理工等高校院所的对接，合作共建淮阴工学院技术转移中心。以技术改造、科技项目和研发平台体系建设为抓手，推动优势产业和主导产业实现品牌化、高端化、高新化。

【科技创新创业载体建设】 以创新载体为特色，提升项目孵化能力，“四园一区”、“三大特色产业园区”等创新创业平台基本建成，着力将园区打造成集聚创新要素、吸纳高科技人才、转化科技成果的重要载体。淮安大学科技园(北园)成为苏北第二家国家大学科技园，成功引进恒盛科技园并开工建设。突出企业研发体系建设，大中型企业和高新技术企业100%建有研发机构。

【拓宽科技人才投融资渠道】 积极探索政府股权投资高科技企业的新模式，对激光熔覆堆焊、阵列激光器芯片等项目投入政府股权。金象传动、安洁医疗在新三板上市、翰缘科技等公司在Q板上市。积极实施“苏科贷”、“人才贷”等科技金融服务，多家企业获得科技金融扶持。创新科技担保方式，目前清河已成立2家科技小额贷款公司，面向中小型科技公司和高新技术创业团队提供支撑。引进了红杉资本、复星资本、楚江发展、省高投等风投公司来清河对接投资项目。

【发挥人才在科技创新中的支撑作用】 打造“六大”服务平台、提供保姆式服务，吸引高层次人才来清河创新创业。拓展人才工作视野，创新人才引进机制。实施了“五链联动、共创未来”等为主体的双创周系列活动，提出了“三会联动”工作机制，打通了驻淮高校政产学研合作的新通道，推出高端人才下午茶搭建高端人才合作交流的新平台。强化“项目+人才”的引才模式，实现引进项目与引进人才的同步。2015年，已引进高层次人才30名，先后有多名人才获省、市人才计划资助，这一批创新创业人才的引进和培育，将为全区经济社会的持续跨越发展注入源源不断的活力。

【高新技术产业发展势头良好】 2015年全年实现高新技术产业产值47亿元，占工业总产值的58%，连续五年超全省平均水平。累计有12家企业获国家高新技术企业认定，培育了3家省民营科技型企业，获得省、市科技计划项目 10项，获得省、市级以上科技进步奖3项。重大科技项目上取得突破，江苏正大清江制药有限公司等两户企业承担了省科技成果转化计划项目。

【企业研发投入及科技创新步伐加快】 围绕企业科技创新，加大创新扶持，鼓励企业加大研发投入，2015年全社会研发投入占GDP达1.48%。累计建成市级以上“两站三中心”等企业科技研发机构50多个，其中省级以上企业研发平台6个，80%的企业建有科技研发机构。

【2家企业获省科技成果转化项目及资金】 2015年10月，省财政厅、省科技厅日公布了2015年江苏省科技成果转化专项资金项目，清河区江苏正大清江制药有限公司实施的“基于创新晶型的法罗培南钠及其注射剂的研发

与产业化”、“高产抗逆淮麦29、30、31新品种研发及产业化”等2个项目等2个项目喜获立项，共获省财政资金1800万元资助，其中1400万元无偿资助、400万元贷款贴息，推动了企业和清河经济的快速发展。

【4家“众创空间”获淮安市首批认定】 2015年10月26日，市科技局发文认定了全市共10家单位为淮安市第一批众创空间，我区清城创意谷“创业吧”、泊埕众创咖啡馆、智汇坞、83众创等4个创业创新平台喜获认定，认定总数位居各县区第一。

【清城创意谷获批我市首家省级众创空间】 2015年12月10日，省科技厅下发了《关于确认第二批省级众创空间备案和首批省级众创集聚区试点单位的通知》，清城创意谷成功入选省级众创空间，成为清河区首家省级众创空间，也是全市唯一一家，并获80万元众创空间建设补助专项资金。

【构建社会化科普网络】 认真履行科普工作职责，加大科普宣传力度，切实加强全民科学素质建设，辖区7个街道、39个社区实现科协组织全覆盖，科普画廊、科普电子阅览室、科普活动室等基础科普设施建设不断完善，并发展了一批以专兼职为主体、志愿者为补充的科普人才队伍。以市“五城同创”活动为契机，携手社会义工组织和科普志愿者在社区开展科普讲座、宣传等活动20余场，发放各类科普宣传材料6000多份。

【开展各类科普活动】 8月，与淮扬菜集团合作举办第一届“囡趣”儿童文化产业博览会，其中流动科技馆、乐高机器人、航模表演、化石寻宝等科普版块亮点纷呈，活动3天吸引观众1万多人。与江苏化石文化传播公司共同举办6期“科普微讲堂”，分别围绕玉石鉴赏科普、科学饮水、牙齿保健等主题。结合区文艺演出进社区活动，开展科普演出进社区，组编预防电信、网络等新型诈骗等系列科普节目，国庆期间在社区巡演15场，好评如潮。联合区教育局在白鹭湖小学举办首届校园科技文化节，主打航模表演、机器人，催生了学校航模社团、机器人班的设立。与市科协、区委组织部联手策划了科普中国——科技前沿大师淮安行暨高层次创新创业人才下午茶活动，吸引了区内外科技型企业代表、大学生创业代表、科普爱好者等多人参加，取得了广泛的社会影响。

【着力加强科普品牌创建】 以创建国家及省市科普教育基地、社区科普益民计划、科普示范社区等为契机，宣传科普典型，加强科普阵地建设。2014年12月26日，江苏化石文化传播有限公司（古生物科普展览馆）被命名为省级科普教育基地。健康路社区、立新社区分别于6月9日、12月11日获评“江苏省科普示范社区”，11月25日，白鹭湖小学获批“江苏省科学教育特色学校”称号。12月9日，清河区长东街道获评省级科普示范街道。

撰稿人：吴雯慧

文化体育卫生

文　化

【概况】 2015年,清河区文化工作以巩固省级公共文化服务体系示范区创建成果为抓手,狠抓各项工作的落实,有力推进了全区文化事业和文化产业健康发展。区文广新局"'幸福清河 精彩生活'文化馆(站)志愿服务活动"被文化部表彰为2014年"文化志愿服务推进年"示范项目;区图书馆被中宣部、文化部表彰为第六届全国服务农民、服务基层文化建设工作先进集体。区文广新局被省全民阅读活动领导小组表彰为2014年度省全民阅读工作先进集体,被市委、市政府表彰为2012年—2014年度市级文明单位。全年共争取各类文化发展资金194.6万元。

【春节系列文化活动】 春节前夕,区文广新局制定并下发了《关于做好2015年春节期间文化活动的通知》,重点开展了基层文化巡演、春节群众文化集中展示、民间民俗大拜年等活动。元旦期间,认真组织5场送文化进社区演出(夕阳红文化广场、清隆家园社区、清新花园社区、残疾人康复中心、富强社区)。春节期间,分别在主城区苏宁电器门前广场和新区小马影城门前广场同时搭建舞台,以街道为单位,以PK的方式,举办了7场民间文艺大比拼。各街道在辖区广泛开展丰富多彩、群众喜闻乐见的春节系列文化活动,其中共举办广场文艺演出55场、掼蛋比赛15场、猜灯谜活动10场、乒乓球羽毛球比赛8场,受众2万多人次。

【"幸福清河"社区文化艺术节】 "幸福清河"社区文化艺术节于2015年4月22日上午在苏宁电器门前广场隆重开幕。开幕式期间,集中开展了"唱响清河"歌曲演唱会、"舞动清河"展示展演和"法治清河"新创节目汇演。来自全区7个街道60多个群众文艺团队或个人参与了展示展演活动,共展示了舞蹈、小品、相声、歌曲、戏曲、情景剧、健身操等群众新创节目100多个。社区文化艺术节从1月持续到11月,精心安排了"幸福清河"系列文艺演出、社区特色文艺展示、文化阵地活动、法治文化艺术节等多个板块的群众文化活动。

【"悦读清河"全民阅读节】 "悦读清河"全民阅读节开幕式于2015年4月22日上午在苏宁电器门前广场举办,市、区两级领导参加了开幕式活动。开幕式上,与会领导为清河区电子读报机揭牌,向区全民阅读服务队授旗,向区全民阅读推广人颁发了聘书并赠送了图书,现场宣读了《清河区全民阅读倡议书》。活动现场同时还举办了优惠图书展销、万人承诺阅读签名、现场招募志愿者、清河区全民阅读图片展等一系列活动,营造了浓烈的阅读氛围。全民阅读节精心组织策划了阅读文化培育、阅读阵地提升、阅读精品引领、阅读分众服务、阅读推广参与和阅读宣传展示活动六大板块28项内容,形式多样、内容丰富。涉及宣传部、文广新局、工会、团委、妇联、教育、街道等多个部门,覆盖了机关、企业、部队、学校、社区、家庭等多个群体。

【农家(社区)书屋读书月】 各街道、社区纷纷以农家书屋或社区图书室为平台,重点利用暑假这一时段开展读书活动，主要包括主题征文、演讲比赛、读者园地等。水渡口街道东方丽景社区农家书屋开展的青少年征文活动，共征集辖区青少年读书征文近百篇。柳树湾街道朝阳社区举办了“书香社区 喜迎世界读书日”活动，包括“多读书 读好书 好读书”签名活动暨捐书活动和公益亲子阅读会两项内容。柳树湾街道富强社区以社区网格为单位开展了丰富多彩的阅读活动。长东街道在全街道开展“我读书、我提高、我快乐”社区居民阅读节活动，通过举办邻里好书交换读、与书为友征文、书香家庭评比等活动，激发了广大居民读书的兴趣；该街道还以社区书屋为平台，开展了“王金全连环画展”，深得社区百姓喜爱。白鹭湖街道成立了白鹭湖书香阅读书会，以清隆家园农家（社区）书屋为平台，开展社区大讲堂、市民学校，邀请专家举办科普讲座、法律讲堂、卫生知识讲座、消防知识讲座，推动新知识、新文化的传播，提高广大群众的思想文化素质和业务技能；还利用暑假期间针对辖区中小学生开展一年一度的“快乐暑假”有奖征文活动，效果显著。

【全民阅读大讲堂】 5月14日晚，清河区文广新局、区教育局在清河中学联合举办了题为《长河掠影——淮安历史文化漫谈》的讲座，拉开了清河区全民阅读大讲堂淮安历史文化系列讲座的序幕。清河区文广新局积极策应区委深化“五德”教育和2015年“悦读清河”全民阅读活动的总体要求，积极构建现代公共阅读服务体系，普及、宣传和推广淮安地方历史文化知识，弘扬社会主义核心价值观和中华优秀传统文化，采用政府购买服务方式，向淮安市传统文化协会购买阅读推广服务。共开展了《少年周恩来》、《徐则臣——想象淮安的一种方式》、《淮安民间工艺讲座》、《淮安市非物质文化遗产技能培训》、《吴承恩与西游记》、《儒家五德、淮安文化特征与周恩来五德教育》等讲座。

【机关部门开展阅读活动】 区图书馆组织开展了“亲子阅读”系列活动，邀请专家针对亲子阅读开展了4期专题讲座，举办“古往今来读论语”系列图片展、利用暑期开展阅读推广活动，受到了广大读者的欢迎。区图书馆还在全区范围内举办了“红领巾读书征文”活动，共收到征文稿件近200篇。区委宣传部举办了专家学者文艺欣赏讲座；区新闻中心面向全区举办了“我的读书故事”市民读书征文竞赛；区总工会积极组织辖区企业开展“书香伴我行”职工读书月活动；区教育局在全区中小学组织开展“美文伴我成长”中小学生经典诵读大赛；区残联联合区图书馆举办了“我是你的眼”盲人悦读活动；区诗词协会举办了社会主义核心价值观教育暨“梦回唐宋”诗词普及系列讲座。另外，区委组织部、宣传部、团区委、妇联、文广新局均组织开展了一系列丰富多彩的阅读活动，氛围浓厚，效果显著。

【建立“悦读清河”公共数字文化综合服务平台】 在区政府、市民服务中心、社会事业大厦、社管大厦、图书馆、新区管委会、相关街道、社区等公共场所布点安装10台电子读报机，融50种报纸、200种期刊和政府网、数字图书馆、文化馆、共享工程支中心、公共文化服务网等于一体。在引河社区机关一号大院新建24小时自助图书驿站，更加方便百姓阅读需求。

【图书馆分馆、农家（社区）书屋建设提升工程】 与各街道签订责任状，所有社区分馆年内自行更新图书100册。将社区书屋提升工程纳入了2015年十大惠民工程中，由区文广新局牵头，采取集中采购和向上争取的方式，为社区书屋更新图书近4000册。

【稳步推进全国可移动文物普查工作】 先后6次参加全省各类可移动文物普查培训活动，积极与区辖2个国有可移动收藏单位周恩来童年读书处旧址纪念馆及淮阴师范学院协调，督促他们开展可移动文物登记、录入、上传、审核等工作。周恩来童年读书处旧址纪念馆、淮阴师范学院历史学院、淮阴师范学院图书馆于6月底全面完成文物信息登记、录入及审核工作。

【非遗项目生产性传承保护】 “骨康关节炎外敷药酒炮制技艺”成功列入省级非物质文化遗产名录，成为我区首个进入省级名录的项目；区文化馆仿生线编工作室、骨康养生保健服务公司成功获批市级非物质文化遗产传承基地；徐迎成、詹天祥成功获批市级非物质文化遗产传承人。为非遗项目代表性传承人提供必要的传承经费和活动场所，积极搭建展示交流平台，提升83文创园非遗中心展陈水平。深入开展非遗进社区、进机关、进校园、进企业活动，加大非遗宣传、推广、普及、传承力度。扶持市级非遗项目“仿生线编”进机关、进社区开展系统培训，4—7月面向机关、社区开展了三期“仿生线编”技艺培训班，6月举办了非物质文化遗产展示展销活动，组织3个项目参加全市非遗展示展销活动。组织部分传承人观摩苏州文博会，拓展视野；积极组织辖区非物质文化遗产传承人、民间手工艺爱好者参加全市非物质文化遗产产品设计创作竞赛，共上报11人共20件作品。其中季云华瓷雕作品《繁荣富强和平幸福》荣获一等奖，徐迎成烙铁画作品《天鹅湖》荣获二等奖，另外7件作品分别获三等奖和优秀奖。邀请市民间文艺家协会副主席、市非遗项目瓷刻传承人季云华举办了《淮安民间工艺》专题讲座，并与淮阴师院文学院初步达成“非遗进高校”合作意向。“善芳线艺”成功注册商标；骨康外敷药酒炮制技艺项目成功打响“淮顺堂”品牌，并在扶持残疾人创业就业方面进行有益尝试。顺应“互联网+”要求，探索线上、线下市场营销模式，在清河区旅游访客中心设立非遗产品展示销售区实体店，探索非遗旅游产品产、供、销新路径，推动非遗项目与现代创意设计相结合，拓展非物质文化遗产传承利用途径，促进文化遗产在与产业和市场的结合中实现传承和可持续发展。

【文艺精品创作成果斐然】 今年以来，我局发动广大创作人员，围绕时代主题积极开展创作。围绕“五德”建设新创了歌曲《旗帜》、《幸福何处找》，小品《三个女人一台戏》，围绕全民阅读新创了歌曲《阅读的天空》，围绕法治建设新创的小品《中奖》，另外，发动群众业余文艺团队新创了小品、歌舞等文艺节目30个人。其中小品《三个女人一台戏》、少儿舞蹈《运河绳童》、歌舞《阅读的天空》被选送参加全市群文新作调演，分别荣获表演类一等奖、创作类一等奖和创作类二等奖。美术作品《清秋季节》、《竹韵清歌》入选省文化厅主办的“首届江苏省青年美术作品展”;《刘少奇》、《珍爱和平》参加市文联举办的“纪念抗日战争胜利70周年书画摄影展览”;《归巢》获民建中央书画院优秀奖;论文《写意画的色彩应用》在国家级刊物《艺术鉴赏》发表。全区“五德”书画、摄影作品展正在积极筹备。区文化馆和图书馆分别举办了清河区2015年迎新春美术作品展、“古往今来读论语”特色展览和清河区全民阅读工作图片展等7场展览。

【文化市场监管】 开展了网吧集中执法检查专项行动、暑期文化市场专项整治,以打击网吧违规接纳未成年人、未按规定核对、登记上网人员身份证件等违法经活动为重点,实施错时检查、交叉检查,制定违法处罚量化标准及场所检查标准,实行分类管理、分片挂钩、日查日报等措施,加强对重点行业、重点时段、重点区域和重点场所的监管。共检查网吧460余家次,出动执法人员930余人次,立案查处违规经营网吧12家。加大对娱乐场所的监管,组织执法人员对辖区内的28家歌舞娱乐场所、3家游戏娱乐场所进行巡查,重点检查违禁歌曲、接纳未成年人等违规行为,责令整改违规经营单位10家。

【“扫黄打非”专项整治】 召开了2015年“扫黄打非”工作会议,制定下发了《清河区2015 年“扫黄打非”行动方案》,明确了2015年“扫黄打非”工作目标、专项工作和重点任务,并对各成员单位开展“清源”、“净网”、“护苗”“秋风”等专项行动进行了分工和部署。区文广新局联合区公安分局、区市场监督管理局、区城管局等部门,统一开展行动,强化对重点领域、重点环节、重点部位的监管,加强对非法出版物生产、存储、运输环节的检查打击力度,加大对车站周边、互联网经营场所、报刊亭、图书报刊音像批发零售场所等重点区域和部位的巡查力度,及时清理游商地摊,收缴各类盗版和非法出版物。共检查音像店40余家次,书店110余家次,印刷企业160余家次,共收缴各类非法出版物140余册,对2家违规经营的音像店进行了立案查处。

【广电市场管理】 根据创建“无小耳朵社区”工作实施方案要求,区文广新局联合区市场监督管理局、区公安分局,对清中电子市场、家电维修店、老旧小区进行了检查,重点查处非法销售、安装卫星电视接收器的行为。执法人员在检查同时还向经营户、小区住户宣传相关法律法规,对经营户违规销售卫星电视广播地面接收设施的行为进行了批评教育。在涉外宾馆检查中,没有发现存在非法接收境外节目情况。通过专项行动的开展,有效遏制了违规非法销售、安装、使用卫星电视地面接收设施等行为。

【文物保护】 对重点文物保护单位,特别是建筑物的安全保卫、消防达标工作非常重视。区文广新局于夏、冬两季分别进行一次文物安全、消防安全大检查,并开展了对辖区内文保单位的日常监测,及时整改安全隐患,强化责任意识。多年来,清河区文保单位未发生过一起安全责任事故。

【文化市场安全】 年初,区文广新局与辖区内的文化娱乐经营场所主要负责人签订了《清河区文化经营单位安全生产责任状》。6月9日，再次召开安全生产工作会议，制定下发《清河区文广新局2015年安全生产月活动方案》，对全区网吧、娱乐场所统一制作《清河区娱乐场所消防安全十项制度》，并悬挂在显著位置，要求各公共娱乐场所业主认真履行消防安全的主体责任；9月1日和11月3日，又组织召开了文化经营业主消防安全培训会议。此外，还联合安监、消防等部门开展安全生产隐患排查整治活动，对全区网吧、娱乐场所、印刷企业、出版物发行单位进行拉网式检查，要求各文化经营单位对疏散通道、安全出口、电器安装使用以及消防设施等重点部位和环节进行安全隐患排查，对存在安全隐患的下达了整改意见书，要求立即整改，把安全隐患消灭在萌芽状态。全年共排查上报192处安全隐患，整改190处。

【版权保护】 全年共完成著作权作品登记2843件，占全市登记数的29.46%，位居全市第一。

体　育

【概况】 2015年，全区体育工作以满足广大人民群众日益增长的体育健身需求为出发点，以构建完善全民健身体系为核心，以增强人民体质为目的，以备战省十九届运动会为抓手，推进清河体育事业的发展。成功创建江苏省公共体育服务示范区，创成江苏省健康促进金牌、银牌学校各1所，全国足球特色学校1所。2015年，体育局获淮安市第31届小学生田径运动会优秀组织奖，淮安市首届中学生阳光体育联赛优秀组织奖，淮安市第二届中小学生体艺文化节优秀组织奖，淮安市"市长杯"校园足球总决赛（小学组）组织奖，获教体结合创新创优项目获市一等奖。

【全市校园足球特色现场会在师院附小举行】 4月15日，淮安市校园足球特色现场会在淮阴师范学院附属小学新区实验学校举行。江苏省体卫艺网主编曹卫民、淮安市体育局竞赛处副处长孟凡运、淮安市教育局科长徐丰昌、局长助理于建群，以及全市各学校领导和一线足球骨干教师共300多人观看足球大课间展示活动。最后，淮安市体育局竞赛处副处长孟凡运、淮安市教育局体卫艺处处长徐丰昌先后就进一步开展好校园足球和与会人员进行交流。

【淮海路小学开展第四届体育节系列活动】 4月30日，淮海路小学教育集团第四届"和美少年强"体育节之第二十六届春季田径运动会在石塔湖校区塑胶操场举行，两个校区三至六年级49个班级2000余名学生参与了本届运动会，以"小小奥运会"为主题的入场式成为本届运动会的最大看点，也受到家长和学生的欢迎。

【全区中小学生田径运动会在师院附小举行】 5月16日，全区中小学生田径运动会在淮阴师院附小新区实验学校举行。全区中小学11支代表队参加了比赛，进过一天的激烈角逐，清江浦中学、淮阴师院附小最终分获初中组、小学组团体总分第一名。

【小学开设游泳课程】 2015年，清河区教育局下发了《清河区小学游泳课程实施意见》。将游泳运动作为一门常规课程纳入日常教学，形成课内、课外一体化的良好模式。

【师院附小承办“市长杯”校园足球联赛开赛仪式】 6月10日，全市校园足球“市长杯”联赛开赛仪式在淮阴师范学院附属小学新区实验校举行。市体育局局长卞玉主持活动仪式，副市长王红红为联赛开球。各县区教育局体育局领导、淮安市足球布点校校长、淮安市及县区学校的30支代表队参加了开赛仪式。

【国家体育总局调研附小足球特色工作】 7月9日，国家体育总局青少司司长郭建军一行来到淮阴师范学院附属小学新区实验学校调研足球特色工作。淮安市体育局局长卞玉、副区长高山等陪同，调研组一行观看了淮安市“市长杯”足球联赛现场，听取了学校有关足球特色建设有关情况的介绍，并参观了学校的足球文化环境布置，对学校足球特色工作表示了肯定，并提出了指导意见。

【师院附小足球队夺得省足球赛淮安赛区冠军】 7月21日，淮阴师范学院附属小学足球队参加了《扬子晚报》社举办的“江苏省首届‘金色少年’足球赛”淮安赛区比赛，与来自江苏省的8支参赛队伍角逐，获得冠军，并代表淮安市参加了在南京举行的江苏省总决赛。

【清江浦中学参加“市长杯”校园篮球决赛】 7月，清江浦中学组织学生参加“市长杯”校园篮球决赛，获初中女子组第七名与初中男子组组织奖。

【师院附小跳水队在省锦标赛再创佳绩】 8月20日～25日，江苏省少年儿童跳水锦标赛在常熟跳水馆举行。淮阴师范学院附属小学跳水队代表淮安市参加比赛，获得4枚金牌、3枚银牌、1枚铜牌的佳绩，其中，跳水小将黄秦淮、胡谷安清两人共获金牌、银奖牌7枚。

【清河区承办全民健身日展示活动】 为庆祝全国第七个“全民健身日”活动，8月14日，2015淮安市“舞动淮安　健康生活”夏夜大舞台清河区分会场专场演出在市体育馆广场举行，清河区体育局承办此次活动。淮安市体育局局长卞玉、副区长高山到现场观看演出活动。

【清河区承办省青少年游泳锦标赛】 8月24日，“同济医院杯”江苏省青少年游泳锦标赛在淮安体育中心游泳馆举行，此次比赛由江苏省体育局、江苏省教育厅等主办，清河区人民政府承办。来自全省13个市的473名运动员将参加为期四天的6个大项，88个小项的角逐。

【清河区在全市第三届全民健身运动会荣获佳绩】 11月15日，市第三届全民健身运动会“中国移动4G”杯广场舞比赛在市区揭开序幕，比赛活动由淮安市体育局主办，淮安市健身舞协会承办，来自全市的30支代表队400多人参加比赛。经过激烈角逐，清河区代表队咏春艺术团、星梦舞团、舞动青春舞蹈队等六支队伍获得全市一等奖。

【积极开展社会体育指导员培训】 2015

年，清河区积极开展社会体育指导员培训工作，新增二、三级社会体育指导员300余名。共组织6期社会体育指导员培训班，累计达600人次，同时推荐组织100多人参加近20期国家级、国家一级社会指导员培训。

【“十分钟体育健身圈”提档升级】 2015年，清河区对全区老旧小区破损严重的健身路径进行全面维修和更换，对老百姓迫切需要健身路径的地点进行安装。通过对各街道、社区健身路径缺损情况进行统计的30多个地点进行实地勘查，确认22个地点进行更换安装。在清河新区古淮河风光带建成包括适合老年人、中青年、儿童三个群体均能锻炼的健身路径、一个5人制小型笼式足球场、10公里具有体育健身知识宣传等丰富体育元素的健身步道。

【师院附小承办全市校园足球北片精英赛】 10月17日～19日，淮安市教体结合校园足球分片(北片)精英赛在淮阴师范学院附属小学新区实验学校举行。活动由淮安市教育局、淮安市体育局主办，区教育局承办，淮安市教育局局长张元贵、淮安市体育局局长卞玉任组委会主任。来自清河区、淮阴区、淮安区、开发区和涟水县的8支队伍在这里进行为期3天的角逐，最终清河区代表队获得第二名好成绩。

【繁荣小学获得淮安市健美操比赛一等奖】 11月8日，“中国银行”淮安市第三届全民健身运动会暨2015年淮安市教体结合布点学校中小学生健美操比赛(小学组)在清河区繁荣小学举行。来自全市的19支小学代表队参加了比赛，进过激烈的角逐，最后，繁荣小学代表队获得一等奖第一名。

【国家体能测试组到清江浦中学开展抽检工作】 11月9日，国家体能测试组专家到清江浦中学对学生体能状况进行抽检。检测的内容包括身高、体重、肺活量、耐力、柔韧力以及速度灵巧类项目，从抽检结果来看，清河学生身高、体重、肺活量基本符合要求，速度灵巧类项目较好，柔韧力量类项目较弱。

【淮海路小学乒乓球队获市团体一等奖】 11月22日，全市教体结合布点学校中小学生乒乓球小学组比赛在涟水县郑梁梅小学隆重举行，淮海路小学乒乓球队获得团体一等奖。

卫　生

【概况】 清河区地处淮安市主城区，下辖7个街道，38个社区，户籍人口23.79万元，总人口33.2万元。全区现有专业公共卫生服务机构3个，社区卫生服务中心7个，社区卫生服务站15个，计生指导站1个。2015年，清河区卫生计生委全力推进医药卫生计生体制改革，努力打造清河卫生计生事业在全市卫生计生工作中的升级版。

【社区卫生服务】 2015年5月22日，清河区卫生计生委沈士扬被评为“533英才工程”骨干人才培养对象。

【孕前优生检查】 计生指导站全年为1521对符合生育条件计划怀孕夫妇提供孕前优

生健康检查，目标人群覆盖率为108.64%。

【女性生殖健康保健】 免费为下岗失业、低保户及边缘户女性开展生殖健康检查5100人次；宫颈癌早期筛查3920人次，发现异常病例136例，其中CinⅢ级4例，宫颈原位癌2例，已建议手术治疗，并且均建立了个人健康档案。

【独生子女奖励金提标】 全区登记确认19190户、27765人（含市直机关2591户、2666人），确认完成率101.91%，发放奖励金100.396万元，购买保险50.198万元，按照政府采购程序，公开招标确定家庭综合保险承保公司。圆满的完成了提标工作。

【完成“十二五”期间省人口协调发展先进区评估】 按“十二五”目标管理责任制和创建指标体系，严格按照自查方案要求和创建目标，组织自查，全面摸清底数，准确评估“十二五”期间出生人口基本情况。根据省、市对自查上报材料的要求，对各项上报和调查材料认真整理汇编。完成数据自评报告。顺利通过市级复审和省级评估工作。

【疫情报告管理】 报告传染病乙、丙类16种972例，发病率290.15/10万，同比2014年下降26.59%。乙类11种430例，发病率130.74/10万，同比2014年增加14.67%，前五顺位为梅毒、乙肝、肺结核、丙肝、淋病，发病数分别为150、84、69、40、24例；丙类5种542例，发病率164.79/10万，同比2014年下降462.89%，其中手足口病456例，同比2014年下降47.53%。

【疾病预防控制】 全区共登记肠道病人528人，送检数为355人，送检率为67.23%，总人口检索率达1.07‰。5月底采集外环境水体10份监测，7月采集食品10份，水产品30份，均未检测出霍乱弧菌。

网络直报和转诊可疑肺结核87例。登记活动性肺结核48例，均纳入正规治疗管理。医疗机构疑似肺结核报告率、转诊率、系统管理率均为100%，结防机构追踪到位率98.44%（63/64）。

共发现辖区内HIV存活病人81例，其中，感染者49例，病人32例。开展HIV扩大检测工作，共检测1.1万人次。开展哨点监测工作，共监测47家娱乐场所，调查娱乐场所女性服务人员400例，采血检测400例。完成艾滋病防治宣传、娱乐场所高危干预、男男性行为高危干预等工作。自愿咨询检测865人。

居民健康档案数248878人，建档率83.71%；65岁以上老人建档数30726人。全区现登记高血压患者44601人，登记率61.06%；管理高血压病人36577人，健康管理率50.08%；规范管理29308人，规范管理率80.13%；最近一次随访血压达标患者数22141，血压控制率60.53%。全区现登记糖尿病患者8837人，登记率60.50%；管理糖尿病病人7335人，健康管理率50.21%；规范管理5886人，规范管理率80.25%；最近一次随访血糖达标患者数4497人，血糖控制率61.31%。

【免疫规划】 通过对辖区内预防接种单位适龄儿童接种率的调查显示，清河区建卡率100%，接种证与信息系统信息相符率100%，脊灰疫苗基础免疫及时接种率95%，乙肝疫苗首针及时接种率100%，麻疹疫苗基础免疫及时接种率91.43%，12月龄五苗覆盖率100%。

开展查验接种证工作。全区共计查验6910人，查验率100%，其中有预防接种证6908人，有证率99.97%。应补种人数1246人，实补种人数1212人，补种率97.27%。漏种疫苗种类按照漏种率由高到低依次为A+C流脑疫苗、白破疫苗、脊灰疫苗。

【血地寄防】 2015年，驻区9家医疗机构开展疟原虫镜检工作，全区共完成发热病人血检3756人，发现1例阳性病例。随机抽取300份居民户食用加碘盐，进行定量、半定量监测，经监测盐碘合格率100%。开展肠道寄生虫病监测，调查淮海街道北新村社区和水渡口街道洪福社区居民1000人，未发现肠道寄生虫卵，200条野生淡水鱼及保虫宿主中均未发现肝吸虫阳性样本。7月14日通过市地方病工作领导小组对清河区"十二五"规划完成情况终期考评。

【健康教育与健康促进】 5月6日—5月9日，疾控中心和市交巡警一大队在辖区内4个监测点路段开展酒后驾驶干预项目路测基线调查工作，共完成290人/车。

为掌握清河区居民健康素养水平，按照2015年度清河区城乡居民健康素养干预及效果评估工作方案，11月12日起，调查工作人员相继在府前、淮海、长东三个街道开展调查工作，至11月底共对450户居民进行入户调查，高质量的完成了健康素养监测工作任务。

【检测能力建设和公共卫生监(检)测】 协助相关科室开展检测及健康体检工作；完成省级、市级、内部质量控制考核共计6次；完成14台仪器的检定/校准工作；2015年为检验科购置了原子荧光光度计、纯水机、微波消解仪、培养箱、恒温水槽、生物安全柜、水中微生物膜过滤系统、化学需氧量(COD)自动消解回流仪、散射浊度仪、pH计、超声波清洗机等仪器。10月14日—15日顺利通过省级实验室资质认定复评审。

按时完成采集监测食品68种食品样品193份。根据省市食品安全风险监测实施方案的安排和要求，清河区淮西社区卫生服务中心作为省食源性疾病病例监测点，经过中心和社区服务中心的共同努力，共上报食源性疾病病例54例，完成全年目标50例的要求，阳性检出率居全市第一。全年共登记体检食品、公共场所等从业人员15869人，合格15863人。

【简化审批流程】 区卫生监督所按照淮安市深化行政审批制度改革宗旨，着力落实"减、转、放、免"，优化审批流程，实行"一站式"服务机制。在推进行政审批制度改革的同时，建立科学规范的日常监管制度和常态化监管机制，如实行首问负责制、一次性告知制、服务承诺制、容缺审批制、信用承诺、信用审查制度，强化事中事后监管。并全面向社会公开行政审批事项的设定依据、受理部门、提交材料清单、审批环节、审批时限、审核标准等，使申请人在办理审批事项时有据可依、有章可循。

【严格监督执法】 以国家卫生城市复审为契机，创新公共场所卫生监督管理。全面推行网格化管理落实责任到人。根据工作量和工作区域，全区共分30个网格，实行分片负责制，科长总负责，每个网格责任到人。实行问题清单制度反复督办。对网格内公共场所存在的问题进行分类整理,列出问题清单,联合卫生监督协管员共同督促存在问题的单位进行整改落实。对于无营业执照的经营户及时通报至市场监督管理局。充分利用短信平台友情提醒。网格负责人根据每个网格的问题清单整理成短信提醒核准表,通过网络短信平台连续发送3次,友情督促提醒其整改。回访工作多措并举提高效能。在开展网格检查的同时,对已完成的网格内存在问题的公共场所,由监督员和协管员同时进行电话、现场、短信催办。规范服务有序推进标准统一。印发了《国家卫生城市复审公共场所要求》、《公共场所卫生管理制度》、《公共场所从业人员"五病"调离制度》、消毒设施、头皮癣专用工具、公共场所禁烟等,协助经营户建立健全各项制度。

1月,卫生监督所在全区范围内开展了二次供水专项监督检查工作。共出动二次供水检查执法人员240人次,出动车辆60台次,检查二次供水使用单位38家 ,均为无负压供水设备。

3月卫生监督所卫生监督员对辖区内医疗机构进行了调查摸底。5月开展了放射卫生专项监督检查,发现部分医疗机构×线机房窗户无防护,机房内无警示标识等。针对问题,下达了卫生监督意见书。

6月开展了控烟专项检查,共检查沐浴、住宿、饭馆、游泳、美容美发等场所62家,开展控烟问卷调查270人。7月开展了对辖区内游泳场所经营单位监督检查工作。11月开展了公共浴室专项检查,共检查公共浴室业共90家。同时对18家公共场所经营单位进行抽检,经检验抽检结果全部合格。

对全区87家社区卫生服务中心、个体诊所、服务站和村卫生室进行了监督检查,对照医疗机构监督量化评分表打分,根据评分结果对各医疗机构进行了卫生监督公示,其中笑脸12家,平脸68家,苦脸1家,6家单位因歇业、搬迁、新改建扩建等原因未公示。同时对照医疗机构不良执业行为督查表现场打分,对各单位分别进行记分。

对全区46家学校做到拉网式检查,建立、健全辖区区学校一户一档资料。有11 家中、小学校设立保健室,有4家大专院校设立医务室,按照要求配备卫生专业技术人员或专兼职保健教师,有学生晨检、健康档案、突发事件应急资料齐全,传染病防控制度健全;生宿舍均符合卫生要求;学校饮用水均由市政供水,为学生提供的饮用水有纯净水和学校自烧开水,纯净水有生产厂家卫生许可证和卫生检验合格证,提供开水的学校有专人负责供、管水人员,有健康证明和卫生知识合格证明。

【打击无证行医】 每月均对辖区内非法诊所进行集中打击,共出动卫生监督员252余人次,执法车辆84余次,共检查疑似非法行医点21家,对3家非法行医点予以取缔,给予行政处罚,并没收药品、医疗器械。

【妇女保健】 2015年,为2745名孕产妇免费建立孕产妇保健手册同时进行孕产期健康管理,建册率100%;早孕建卡2745人,建卡率98.63%;产前健康管理2745人,健康管理率98.63%;筛查高危孕产妇1097人,专案管理1097人,管理率100%;剖宫产活产数1367,剖宫产率49.10%;低出生体重69人,发生率2.48%;住院分娩活产数2784,住院分娩率100%;产后访视2745人,访视率98.63%。

【儿童保健】 认真实施0—6岁儿童健康管理，全年共为17017名0—6岁儿童免费建立健康档案，建档率95.89%；其中0—3岁儿童健康管理8207人，管理率96.62%；4—6岁儿童健康管理12553人，管理率100%；体弱儿297人，专案管理297人，管理率100%；新生儿访视2778人，访视率99.82%；儿童DDST智力筛查3945人；0—3岁儿童中医药健康管理6332人。

【预防艾滋病、梅毒和乙肝母婴传播】 2015年辖区助产机构、社区卫生服务中心为553名建卡孕妇进行HIV、梅毒和乙肝检测，检测率100%，未发现艾滋病、梅毒阳性孕妇；检测乙肝表抗阳性孕妇7人。为487名住院分娩产妇进行HIV、梅毒和乙肝检测，检测梅毒阳性产妇2人，按实施方案要求进行母婴阻断及随访服务；未发现艾滋病阳性产妇；检测乙肝表抗阳性产妇15人，所生活产数15人，免费注射乙肝免疫球蛋白新生儿15人，无超时接种现象发生。

2015年接受辖区外助产机构转来梅毒感染孕妇5人；梅毒感染产妇所生儿童10人，经随访管理结案3人，其余7人正在随访中。接受确诊艾滋病感染孕妇1人，因错过最佳母婴阻断时机，经与孕妇本人沟通知情选择终止妊娠。

【一站式免费婚检】 全年为4276对结婚登记青年免费提供婚前医学检查，婚检率85.42%；同时进行艾滋病、梅毒和乙肝检测，检测确诊艾滋病感染阳性男性1人，已转介至区疾控中心管理；检测梅毒感染阳性女性2人，已建议到上级医院干预治疗。

【“出生医学证明”签发】 全年辖区助产机构为513名出生儿童首次签发“出生医学证明”，其中年内出生签发486人，非年内出生签发27人；换发6人，补发7人，废证7人。

【托幼机构卫生保健】 按照国家卫生部、教育部《托儿所幼儿园卫生保健管理办法》及《江苏省托幼机构卫生保健合格评估细则》要求，切实加强托幼机构卫生保健管理工作。2015年全区已注册幼儿园23所，其中，市直幼儿园9所，区直幼儿园14所，在园儿童12553人，在园儿童“六一”体检12553人，体检率100%；2015年区直幼儿园新入园儿童1842人，新生入园体检1842人，体检率100%；2015年 4所区直幼儿园顺利通过每3年淮安市托幼机构卫生保健合格单位复评审。2015年保健所开展托幼机构卫生保健工作督导5次；同时组织园长、保教人员、食堂炊事员参加市、区级岗前培训及复训，不断提高托幼机构卫生保健管理水平，保障在园儿童身心健康。全区托幼机构卫生保健合格率100%。

【爱国卫生】 迎接卫生城市复审工作有效落实。创卫迎复工作是淮安市政府今年的重要工作内容，作为清河区国家卫生城市复审迎检的牵头部门，按照市委、市政府关于《淮安市巩固国家卫生城市成果迎接复审工作方案》的通知要求，清河区卫生计生委在落实责任、加强培训、强化督查上下功夫，紧紧围绕区迎接全国卫生城市复审工作的要求，全力做好迎检的各项工作。2015年10月下旬，清河区顺利迎接了国家卫生城市迎复审检查组暗访。

社会生活

人力资源和社会保障

【概况】 2015年，清河区人力资源和社会保障工作在区委区政府的坚强领导下，以科学发展观为统领，牢牢把握民生为本、人才优先工作主线，强化职责担当，全力服务大局，着力保障和改善民生，全面完成"十二五"期间各项目标任务，为全区经济社会跨越发展作出了积极贡献，各项社会保障工作取得了显著的成绩。区人力资源和社会保障局被授予"省级劳动保障监察两网化管理示范区""淮安市巾帼文明岗""区先进集体""全区统战工作先进集体"等称号。

就业创业工程强力推进。2015年，全区城镇新增就业8136人，完成目标任务的101.7%，安置下岗失业人员就业再就业3029人，其中帮扶"4050"人员、"双失双下"等困难群体再就业488人，分别完成目标任务的100.9%和162.6%。城镇登记失业率控制在2.08%。人力资源服务业从业人员国内培训137人，完成目标的152.2%。离校未就业高校毕业生实名制登记率为100%。新增创业基地2个，新增创业户3205户，分别完成全年任务的100%、106.8%，创业带动就业10958人，完成年任务的109.5%；创业培训616人，完成年任务的102.6%；新编制创业项目73个，新培育创业典型52个，分别完成目标的121.6%和104%；引领大学生创业102人，扶持农村劳动力自主创业63人，分别完成年任务的102%、126%。小额贷款发放540万元，完成目标的180%。

社会保障水平不断提升。"十二五"期末，全区企业职工养老、城镇职工医疗、失业、工伤、生育五项保险参保人数分别达5.15万人、3.3万人、2.2万人、2.3万人、2.3万人，比"十一五"期末分别增长112%、106%、172%、188%、229%。在全市率先将辖区内领取城乡居民基础养老金和被征地基本生活保障养老年龄段的3716名老年居民，全部纳入两年一轮的免费体检范围，并列入区政府十大惠民工程——尊老敬老工程。全区企业退休人员月人均基本养老金提高到 1750元，比"十一五"期末增长80%;城乡居保基础养老金标准提高到105元，比"十一五"期末增长75%；新区二、三、四年龄段被征地农民基本生活保障待遇由每人每月420元、400元、500元提高到460元、440元和540元；城镇居民医保财政补助标准提高到380元/人，比"十一五"末期增长171%。扩大职工补充医疗保险基金使用范围，建立居民大病医保机制，全区职工、居民医保政策范围内报销比例分别达到81.6%和71%，贫困精神残疾人享受门诊基本用药免费。

人才人事改革稳步实施。把引进高层次人才作为工作重点，引进创业创新领军人才7人，新增留学归国人才3人，外国智力人员1人，硕士(副高)以上人才50人，分别完成全年目标的140%、100%、100%和167%。江苏正大清江制药股份有限公司、江苏省金象传动设备股份有限公司两家企业获批设立博士后科研工作站，实现清河零的突破。实施专业技术人员更新工程。全区新增专业技术人才885人，专业技术人员知识更新工程培训1700人。

和谐劳动关系稳步推进。开展"劳动保障监察效能建设年"活动，重点提升劳动合同签订和履行质量。全区主动采集用人单位信息1750户，监察用人单位1035户，劳动保障年度书面审查1436户，分别完成全年目标的107%、345%和106%，责令用人单位与职工补签劳动合同 430余份。全区规模以上企业合同签订率98%，已建工会企业集体合同签订率95%。全年受理劳动争议案件270件，立案案件结案率达98%，按期结案率达100%。各类调解组织调解比例占争议总量的50%以上。在全市率先对水渡口街道劳动关系调解中心开展基层调解组织规范化建设试点工作。开展了农民工工资支付情况等专项检查，为农民工追讨工资1400万元。

建成省级劳动保障监察两网化管理示范区。2015年，清河区人力资源和社会保障局劳动监察大队在全市率先建成首个“省级劳动保障监察两网化管理示范区”，清河区劳动争议调处质量和效率不断提升。

创业惠民政策取得新进展。出台了《关于印发〈清河区创业引导资金申报使用监管职责和操作办法〉的通知》，制定了“六扶持、十补贴、一奖励”创业扶持政策。2015年清河区共落实区级初次创业补贴、营业房租金补贴、社会保险补贴补贴155.1516万元，市级初次创业补贴、营业房租金补贴239.7万元。

民　政

【概况】 2015年，清河区民政局围绕区委区政府中心工作为重点，以“打基础、上规范、保住底”为要求，认真践行“以民为本，为民解困，为民服务”的工作宗旨，着力打造现代民政工作体系，全力推进民政事业转型升级、协调发展，民政工作取得较好成绩。被市民政局表彰为“2015年度先进单位”，指导社区创成2个国家级“综合减灾示范社区”，1个省级“和谐建设示范街道”，5个省级“和谐示范社区”，3个市级“综合减灾示范社区”。

【社会救助体系】 最低生活保障水平逐年提高。在全市率先实现城乡居民最低生活保障标准一体化，建立最低生活保障标准逐年递增机制，加大低保对象挂钩帮扶力度，设立低保信息比对中心，完善低保户信息核查机制，实现“应保尽保，应出尽出”的动态化管理。7月按时完成低保提标工作，保障标准提至490元/月。全区共有低保2358户、4519人。2015年新增低保95户、225人，退保611户、1576人，累计发放低保金约1775.3万元。特困群体救助工作扎实开展。完善出台困难群体救助政策，建立社会救助联席会议制度，实行社会救助“一门受理、协同办理”工作机制，探索对救急难进行事前救助的途径，切实解决突发性的群众生产、生活的实际困难。2015年，累计救助1488人次，约78万元。特殊供养人员保障政策全面到位。加强未成年人保护工作，成立未成年人保护中心，实施患重大疾病孤儿住院享受医疗费用全额救助政策。逐年提高特殊供养人员保障水平，孤儿基本生活保障标准为1080元/人/月，城市“三无”老人供养标准调整为1296元/人/月。医疗救助水平逐步提升。规范运行医疗救助同步结算，制定出台医疗救助实施细则和家庭困难的重度精神病患者医疗救助实施办法，提高特困群体医疗救助水平。医疗救助对象住院年救助最高限额为我区城镇居民医保报销封顶标准的50%，救助标准调整至医保范围个人自付医疗费用70%。低保边缘户家庭中患有10种大病或重症慢性病的成员，享受低保户同等住院医疗救助政策。目前，累计医疗救助4030人次，230万元。

【社区治理服务水平】 基础设施建设不断改善。全区38个社区均设有办公活动用房，其中，社区办公活动用房面积基本达到400平方米以上。按照“一委一居一中心（下设一站一办）”管理服务模式，社区服务设施功能不断完善，水渡口街道东方丽景社区、合肥路社区和柳树湾街道西郊社区事务服务站均已改造到位并投入使用。干部队伍建设不断加强。通过依法选举、公开选聘相结合，不断配齐配强社区干部队伍，全区共有各类社区工作人员约400多人（包含各类协管人员）。不断加强社区干部能力建设，不定期举办各类培训活动，鼓励社区工作者参加全国社会工作职业水平考试，提升社区工作人员的专业素质。经费保障力度不断加大。社区建设经费纳入区级财政预算，社区办公经费4万元/年；在编社区专职工作者、大学生社区干部工资参照全额拨款事业单位人员执行绩效工资，并为其交纳社会保险。和谐社区创建成效显著。2015年创成5个省级和谐示范社区，截至本年度末，累计有31个社区创成省和谐示范社区，创成率达82%。社区规范管理不断加强。建立社区干部“到龄即退”管理机制，实施“带薪年休假”制度，全面实行合同制管理。建立科学考评机制，实施“星级”社区考核办法，引入第三方机构开展居民满意度调查，促进社区评价结果的客观、公正。社区治理服务内涵不断创新。着力推进“三社联动”工作机制，深入开展“政社互动”、“社区减负增效”工作，积极参与全省现代社区治理创新实验区试点工作，依托网格化社会管理服务模式，探索“三网融合、多元参与”现代社区治理服务模式，全面推广网格化居民自治小组，充分发挥各类主体在社区建设中的积极作用。

【老年人权益保障】 全区现有60周岁及以上老年人口为4.4029万人，老龄化率约为15.48%。在区委区政府的高度重视下，清河区民政局积极履行职能，不断加强以居家为基础、社区为依托、机构为支撑、信息为辅助，功能完善、服务优良、覆盖全区的养老服务体系建设，全面落实老年人权益保障政策。高标准落实老年优待政策。为全区符合条件的老年人提供免费公交卡、优待证办理业务。建立尊老金普惠制度，每月为80、90、100周岁以上老人分别发放100元、200元、500元尊老金。2015年累计发放尊老金约600余万元，惠及4500余位高龄老人。加大对机构养老的扶持力度。在全市率先制定出台民办养老机构运营补贴暂行办法、养老服务业发展实施意见等政策文件，对民间资本兴办、参与养老体系建设给予扶持。积极探索医养融合，推进民办医院兴办护理型养老院。全区共有民办养老机构8家，床位数约736张，每千人拥有机构养老床位数30.05张。全力提升居家养老服务水平。建立区信息化养老服务中心为平台，全面开通“9688980”为老服务热线，实施政府购买为老服务，创新启用为老服务卡，由第三方服务机构为全区416位特定困难老人提供生活照料、精神慰藉等多项服务。全面推进社区居家养老服务中心（站）建设，建有22家社区居家养老服务中心，其中标准化居家养老服务中心12个。积极引进社会组织参与社区居家养老中心运行管理，提高社区居家养老中心使用效益。

【优抚安置工作】　认真落实优抚安置政策。实行重点优抚对象抚恤金标准自然增长机制，做到优抚对象优抚金100%按时足额发放、义务兵家庭优待金、大学生应征入伍奖励金100%及时足额发放。切实做好优抚对象数据信息采集工作，做好退役士兵安置培训工作，以货币化安置为主，岗位安置为辅，实行阳光操作，积分选岗，创设岗位适应期一年，妥善完成安置任务。积极组织退役士兵职业技能培训，参训率达到自愿参训人数的100%。着力提高优抚对象医疗保障水平。为重点优抚对象集中办理城镇居民基本医疗保险，对重点优抚对象按不同类别标准发放医疗门诊补助经费，全面落实重点优抚对象医疗救助政策，每年组织重点优抚对象、参战涉核退役人员、无军籍退休职工参加健康检查。组织开展“优抚关爱行动”，为重点优抚对象、无军籍退休职工购买意外伤害保险。组织开展拥军优属活动。在重大纪念节日，对家庭生活困难的优抚对象、军队离休干部、入伍新兵、本区户籍立功受奖现役军人和驻区部队等群体开展走访、座谈等形式多样的慰问活动。在烈士纪念日，组织开展烈士公祭活动，祭奠在革命战争中为国捐躯的烈士，慰问烈士遗属及部分残疾军人、复员军人代表。积极做好军休干部和无军籍退休职工的管理服务工作。积极稳妥做好复退军人信访稳定工作。加大财政投入力度，切实帮助下岗失业志愿兵解决实际生活困难。对有就业愿望的，一律安排公益性岗位保障其就业。对55岁以上无就业愿望、无就业能力，生活困难无力缴纳养老金，给予救助。对于符合低保、廉住房的，一律纳入基本保障范畴。对于无政策的诉求，配合街道做好宣传解释工作，积极引导涉军群体理性、依法诉求，切实维护信访秩序和社会稳定。

【专项社会事务】　社会组织管理工作。制定出台社会组织改革发展意见，实施登记制度改革，全面落实“四类”社会组织直接登记制度，适度降低社会组织登记门槛，放宽“一行一会”的登记限制。促进社会组织培育扶持力度，在全市率先建成社会组织培育发展中心，通过购买服务方式委托本土专业社会工作机构运行管理，指导社会组织积极参与各级公益创投活动，2015年，全区社会组织获得市级以上公益创投项目9个，获得扶持资金20万元。启动区级公益创投项目，安排60万元，重点资助为老助残、青少年关爱、矛盾调解、特殊群体心理关爱等23个公益服务项目。加大监督管理力度，对拒不服从管理的社会组织依法启动行政撤销程序，本年度依法撤销3家社会组织。婚姻登记管理。规范婚姻登记管理制度，提升服务水平，优化婚姻登记服务流程，创新服务内容，引入专业心理咨询服务社会组织进驻，为离婚对象免费提供婚姻调解，登记处“温馨虹桥”项目被民政部表彰为全国民政系统窗口单位为民服务创先争优活动“优质服务品牌”。 全年共办理婚姻登记7067对,其中,结婚登记5379对;离婚登记1688对。区划地名服务。为居民、开发商提供门牌编号专项事务服务;加强界线界桩的日常维护管理,全面完成12个界桩更换工作;认真开展平安边界创建工作,顺利完成与清浦区、淮阴区边界联检工作。殡葬惠民服务。加大殡葬惠民政策的宣传,落实殡葬补助政策。出台党政党员干部带头推进殡葬改革的实施办法,加强生态殡葬、文明殡葬宣传引导,进一步规范殡葬管理工作。

残疾人工作

【概况】 2015年区残联紧紧秉承区委、区政府提出的“改善民生就是最大政绩,发展民生就是发展经济”的理念,以市政府“十件实事”、区政府“惠民工程”为抓手,着力推进残疾人各项工作稳步向前。

【残疾人人口】 截至2015年12月底,清河区有持证残疾人3963人,其中视力548人,听力315人,言语17人,肢体2294人,智力388人,精神385人,多重16人。

【残疾人康复】 一是康复服务网络得到加强。依托“区级—街道—社区—家庭”四级康复服务网络,残疾人20分钟康复服务圈已基本建立,使残疾人普遍得到就近、就地康复服务。二是康复“四进”家庭工作全面开展。对有康复需求的残疾人家庭进行器材配发,为 466户残疾人家庭发放器材1262件。三是自闭症儿童康复中心不断发展壮大。自闭症儿童康复中心自运行以来,在社会各界关心下,特别是市残联大力关心和支持下,解决教学用房问题,现已逐步走上发展正轨,中心按照孩子们的实际能力进行班级整合,同时设置 “结构化教学”的班级,利用图片教学让孩子们可以很好的离开家长独立进入课堂,这也为孩子们以后进入正常小学奠定了坚实的基础。中心开办了内部模拟超市,用于孩子们日常生活行为能力及规范的训练,这种实用性的教学方式得到了家长们的肯定。截至2015年年底,接收儿童85名,目前正在兴办的职业园将极大解决大龄自闭症儿童就业问题。四是为两名残疾人进行假肢装配;白内障免费手术完成31人;0—6岁儿童免费康复训练198人。

【残疾人培训就业】 安排8名盲人按摩师参加了市残联举办的盲人医疗按摩继续教育培训班,3名盲人参加了市残联举办的盲人计算机培训班,开展残疾人技能培训7期,培训残疾人109名。实现残疾人就业85人,其中灵活就业29人,按比例就业15人,自主就业17人,庇护性就业21人,公益性岗位3人。

【残疾人社会救助】 残疾人各项补贴及时足额发放到位。为259名重度残疾人发放护理补贴49.136万元,为636名重度残疾人发放重残救助金357.758万元,为299名低保中重度残疾人发放重残补贴40.33万元,为 85名驾驶机动轮椅车的肢体残疾人发放燃油补贴22100元,为24名残疾学生发放教育补贴2.9万元。为全区3762名持证残疾人赠送意外伤害保险；为全区196名贫困精神病人办理免费基本用药手续，办理免费基本用药的残疾人可以通过医保、医疗救助、残联补贴等三种形式享受每年3000元的用药费用。对7—14岁大龄自闭症儿童定点康复训练给予补助；为204名低保外智力、精神二级残疾人每人每月发放160元护理补贴。

【托养机构建设】 全区托养机构初步形成了区、街道、社区三级网络。目前，清河区共建有9家残疾人托养机构，其中一所区级托养中心，托养服务残疾人共31人，8所街道、社区残疾人托养机构托养残疾人近200人。区残疾人托养中心师生鼓乐表演《黄种人》在2015年成功登上了淮安电视台举办的羊年网络春晚的舞台。通过"我能我行"实践活动提升托养人员融入社会的能力。全区7个街道均建成残疾人托养站。

【残疾人基本服务状况和需求专项调查】 严格按照省、市残联的调查要求步骤，高标准地开展"前期准备、现场入户、推磨互查、数据录入四个阶段"环节，保质保量的顺利完成全国残疾人专项调查工作。此次调查全区应完成调查3589人，实际完成调查3514人，死亡64人，失联11人，完成率97.91%。柳树湾街道被省残工委表彰为先进调查队。

【建立清河区盲人精神文化家园】 在全省率先建立一所盲人精神文化家园，文化家园设有黑暗体验室、视障阅读室、娱乐休闲室、教育培训室、电脑技能室、影像视听室等功能区。它的建成将为全区广大盲人及低视力残疾人提供良好的汲取知识的场所。

（熊　颖）

地方组织机构

中共淮安市清河区委员会

组织工作

【党组织基本概况】

1、区委直属党（工）委（17个）：其中街道党工委7个，其中系统党（工）委10个，分别是：教育局、经信委、住建局、公安分局、汇通市场、流通公司、机关工委、新区管委会党工委、盐河生态城管委会党工委、区委企业工委。

2、二级党委（51个）：其中社区党委38个，机关党委1个（法院）、学校党委1个（北京路中学），非公企业党委3个(顺泰包装、百隆色纺、利安科技),7个街道非公企业综合党委、1个新区管委非公企业综合党委

3、党总支（13个）：其中机关党总支12个，分别为：财政局党总支、城管局党总支、工商联党总支、机关工委检察院总支部、机关工委清河法院总支部、经信委改制企业管理办党总支、民政局党总支、农委党总支、文广新局党总支、人社局党总支、卫生局党总支、西安路工业园区党总支。非公企业党总支1个，白鹭湖街道雨田投资集团有限公司党总支。

4、党支部（463个）:其中，机关支部63个，国有经济控制支部5个，事业单位支部38个，社区网格党支部272个，非公企业单独党支部47个，非公企业综合党支部38个，

5、党组（23个）：政府办、发改委、财政局、城管局、司法局、民政局、卫生局、计生委、审计局、统计局、法院、环保局、文广新局、人大、政协、商务局、工商联、农委、检察院、人社局、安监局、科技局、食品药品监督管理局。

【党员基本概况】 党员总数：8696名；2、性别比例：女党员2724名，占31.3%；年龄结构：35岁以下1770人，占20.4%，60岁以上的3659人，占42.1%；文化程度：本科以上的1864人，占21.4%，初中及以下的2391人，占27.5%；

【党员分布情况】 公有制单位共有党员2033名，占23.4%，其中，党政机关在职党员1034名，占11.2%，事业单位管理人员、专业技术人员816名，占9.3%，企业人员183人，占2.1%。非公有制单位共有党员437名，占5%。农村党员142名，占1.6%。离退休党员3924名，占45.1%。其他党员（个体私营户、新社会组织、部分社区党员等）2160名，占24.8%。

【街道、社区党员情况】 清河区下设7个街道，下辖38个社区，共有党员5686名，其中，街道机关党员891名，占10.2%；社区党员4795人，占55.1%，其中，年龄结构，35岁以下1055人，占12.1%，60岁以上2880人，占31.1.8%；文化程度，大专及以上1770人，占20.4%，初中及以下2065人，23.7%。

【非公企业党组织基本情况】 全区非公企业总数333个，单独成立党组织47个，其中规模以上企业党组织36个，片区综合党支部37个，覆盖301个非公企业，覆盖率90.1%；在“双支持”活动中，广济医药荣获全市十佳双支持企业称号，麦德森、仁和工

贸荣获全市优秀双支持企业称号。

宣传工作

【概况】 2015年,清河区宣传思想文化战线紧紧围绕贯彻落实中共十八大以及十八届三中、四中、五中全会精神,把握“两个巩固”的根本任务,紧扣全国、省、市宣传思想文化工作会议精神,充分发挥宣传思想文化战线“主战线、主阵地、主力军”作用,为全区新常态下新跨越提供精神动力和文化支撑。

【思想理论建设主动有力】 以区委中心组为龙头,制定专题学习计划,编发《理论学习参考》,每季度向中心组成员荐书,扎实开展党员冬训活动,打造“书记开讲”品牌,健全“1+3”学习型党组织模式。有效整合清河发展论坛、社区大讲堂等宣讲阵地功能,组织“五员”理论宣讲团开展常态化、分众式主题宣讲活动。冬训期间,开展了“五个一百”活动(百名书记上讲台、百堂党课进支部、百名典型传经验、百场演出送理论、百件实事惠民生),走访困难群众240户,发放慰问金280万元。服务农民工200多人,清欠工资约800万元,《循环教育打造家门口的冬训课堂》被评为全省党员冬训创新创优项目。

【价值观培育深入人心】 开展“最美身边人”评选颁奖、家风家训征集等活动,活动图片被《人民日报》刊发;健全完善学校、家庭、社会“三位一体”未成年人教育网络,完善志愿登记、注册和嘉许等制度,“文明驿站”实现38个社区全覆盖,在全市首创盲人阅读志愿服务活动。沈阳路社区入选全国“100个优秀志愿服务社区”,“幸福清河精彩生活”文化馆(站)志愿服务活动被中央文明委表彰为“文化志愿服务推进年”示范项目,厉翠兰等5人荣登“淮安好人榜”,魏青等7人荣获2014年度淮安市优秀志愿者称号。

【文明创建成效显著】 深入实施宣传引导、环境整治等“六大行动”,开展拉网式排查,共梳理解决318条问题,投入1000万元对全区的15个农贸市场进行集中整治,投入3000万元对8个老旧小区进行升级改造,发挥好任务分解清单制作用,推动由“应试创建”向“素质创建”转变。我区被市委、市政府表彰为“创建全国文明城市工作文明城区”。

【壮大主流声音】 围绕中共十八届三中、四中、五中全会精神和习近平总书记重要讲话精神,紧扣项目建设、招商引资等工作,在人民日报、新华社、新华日报等省级以上媒体发稿100余篇,有效扩大了清河的知名度和美誉度。建立党政机关信息发布制度,及时回应群众关心的热点问题,打通政府和广大群众之间的“最后一公里”。

【注重网络引导】 充分利用官方微博“筑梦清河”、官方微信“青轩微语”等新媒体平台,编辑发布阅读性强的理论文章;充分发挥“清言清语”网评员队伍作用,开展网络主题互动活动,做好“指尖上的引导”,取得了良好的宣传引导效果。紧紧围绕区委区政府中心工作,与全市最大的民间网站淮水安澜网合作,开设“幸福清河”版块,主动设置议题，开展重大主题、重要活动和先进典型宣传，讲好清河故事，传好清河声音，为全区经济社会健康有序发展营造了良好的舆论环境。

【强化舆情管控】 作为全省唯一县区，全面启动重大事项网络舆论风险评估试点，建立健全网络舆情预警、研判、处置机制，完善社情网情互通、线上线下联动的“大舆论”网格化治理模式。强化“属地责任”意识，明确“一把手”亲自抓、亲自管、负总责，对出现重大网络舆情处置不力的单位和个人实行“一票否决”，实现主流媒体和网络媒体零负面报道。

【公共文化服务成果丰硕】 建成了14个面积达500平方米的社区文体活动中心，全区人均拥有公共文化设施面积居全市之首；推进数字电子阅读服务工程，建成18个图书馆社区分馆和4个军营图书流通服务点，并在公共场所设置10台电子读报机；完善政府公共文化服务“五个购买”新模式，通过举办“百场演出进社区”、社区文化艺术节等品牌活动，健全星级评比、以奖代补激励机制，培育扶持70支民间文艺团队，举办各类演出活动120余场，吸引群众10万人次。扶持本土文化名家打造文艺精品，本土作家严苏的长篇小说《古槐》研讨会4月16日在北京举行；清河书法家协会主席陈书国今年获中国书法最高奖“兰亭奖”。区图书馆入选第六届全国服务农民服务基层文化建设先进集体。

【文化体制改革深入推进】 研究制定《清河区国有文化资产监督管理暂行办法》等制度办法，以改革破解发展难题。围绕做大做强清河文创公司，通过政府购买服务，市场化运作，承接新闻采编业务文字稿件340余篇，制作《直播县区》电视节目29期；承接“最美身边人颁奖仪式”、御码头美食街开街庆典等活动;充分发挥国资平台引导作用，积极探索混合所有制模式，相继成立青轩传媒等5家子公司，混合所有制企业协议吸纳社会资本金额743.7万元，泊埗众创咖啡馆投入运营。清河文创获得省级文化产业引导资金160万元、市级引导资金100万元，全年实现收入402.16万元，实现社会效益和经济效益相统一。加快“四园一区”(83文创园、清城创意谷、两岸创意产业园、世界之窗广告产业园、新华印刷厂文化创意街区）文化产业基地建设，强化文化创意产业引领功能，促进文化与科技、金融等融合。聘请台湾长城基金会董事长耿荣水、台湾动漫协会会长邓有立等5人为清河“文化智库”，为全区文化改革发展提供智力支持。全年新增“三上”文化产业17个，文化产业增加值增量、增加值增幅和占GDP比重保持全市领先。

老干部工作

【概况】 至2015年末，清河区实有离休干部为59人（包括因原区工商局体制改革新增加的3人），其中抗日战争时期参加革命工作的为11人，解放战争时期参加革命工作的为48人，全区离休干部平均年龄为86岁。2015年全区老干部工作以抓好政治、生活待遇落实为重点，切实加强老干部两项建设，全区老干部服务管理工作整体水平不断提高。

【落实老干部政治待遇】

（一）坚持走访慰问制度。2月16日，区四套班子领导走访慰问老干部，各单位也积极开展集中走访慰问活动，我局精心组织、统筹协调，协助区领导完成了全区老干部春节慰问工作，整个慰问活动共发放慰问金 13万元，慰问近120名离退休干部。为了纪念抗日战争胜利70周年，区委书记仲凤笔走访慰问区离休干部代表，并对全区15名在抗日期间参加革命工作的离休干部和部分遗属代表，每人发放了5000元慰问金。

（二）坚持情况通报会制度。1月，区委领导向老干部通报2014年全区经济社会发展情况和2015年工作目标任务；2月，清河区召开2015年度目标工作大会，10名离退休干部代表应邀参加会议。

（三）坚持重要会议和重大活动邀请老干部参加制度。除了每年的区人大会、政协会议都会邀请老干部代表参加以外。今年区召开纪念中国人民抗日战争胜利70周年座谈会，邀请了区抗战老干部代表参加；重阳节前夕，清河区组织了50余名离退休干部参观清江浦中学和顺丰电子商务产业园，对全区具有代表性的经济和社会事业的发展项目进行现场观摩检查。

【落实老干部生活待遇】

（一）巩固离休干部离休费、医药费保障机制和财政支持机制。在先后接到《转发中组部、财政部〈关于为抗战时期及以前参加革命工作的离休干部发放一次性慰问金的通知〉的通知》（淮组通〔2015〕44号），和市委组织部等四部门联合下发《关于转发省委组织部、省委老干局、省财政厅、省人力资源和社会保障厅〈离休干部护理费标准的通知〉的通知》，（淮委委老干〔2015〕29号）文件后，我局在第一时间和有关部门进行了协调，及时转发了文件，确保该文件的各项补贴政策全部到位，补贴发放一个不漏。

（二）完善离休干部帮扶机制。对于有特殊困难的离休干部，通过常规补助和应急补助相结合，完善帮扶机制。一方面通过政府购买服务形式，依托有关社区“9688980”服务平台，利用社会资源就近及时帮助老干部解决生活中遇到的难题；另一方面在常规补助基础上，对特别困难离休干部和全区离休干部遗孀进行再补助。“七一”期间，清河区开展困难老干部老党员慰问活动，各单位认真组织走访慰问了单位生活困难离退休干部和困难老党员，并送去慰问金和慰问信。2015年度，对11位有特殊困难的离休干部和全区11名遗孀进行帮扶，共支出帮扶资金近20000万元，并协调有关单位及时对5位去世离休干部进行丧葬费补助。

【离退休干部党支部建设】

（一）组织丰富多彩的支部活动。今年以表彰先进集体、先进个人为契机，本着有利于离退休干部党员参加组织活动和发挥作用的原则，清河区各社区老干部党支部开展了一系列主题鲜明、丰富多样的活动。开展主题活动。今年各社区离退休干部党支部围绕纪念抗日战争胜利70周年开展各种主题活动，西园社区老干部党支部开展“红色之旅，弘扬名族精神”革命教育活动；黄河南社区老干部党支部开展了纪念抗日战争胜利70周年的历史珍贵照片展览活动；向阳社区夕阳红党支部组织社区内28名离退休干部到新城区参加“老人观新城”活动。开展健康养生活动。根据支部党员整体年龄较大的实际，各支部注重保健养生教育，倡导科学养生，确保离退休干部身体健康。2015年黄河南社区举办了“老年人夏季保健养生”健康知识讲座；上海路社区组织开展了中医进社区活动。

在活动的开展的过程中，涌现出了一些优秀的集体和个人，2月，省委组织部、省委老干局授予淮海街道向阳社区“夕阳红”党支部“全省离退休干部先进集体”荣誉称号；4月，市委组织部、市委老干局授予河堤路社区“第一网格”老干部党支部“全市离退休干部先进集体”荣誉称号、授予区退休干部王兆金、朱明钧“全市离退休干部先进个人”荣誉称号。

（二）抓好支部书记培训。为了更好地开展好离退休干部党支部工作，全区共推选出5名优秀的社区离退休党支部书记和2名区直机关离退休党支部书记参加江苏省离退休干部党支部培训班。

（三）转变工作方式。鉴于老干部都处于“双高”期的实际，清河区的离休干部支部活动很难开展。区老干局今年定期开展了“送学上门”活动，将专题辅导报告、上级文件等学习材料，送上门、送到医院；9月，老干局组织开展参观考察活动时，对一部分想出去看看但没有人搀扶难成行的老同志，也适当组织一些由家属陪同参观；今年我区在听取了多位离休干部党支部书记的建议后，也是为了方便老同志，将体检单位更换为在大多数老干部的居住地附近、服务更好的体检中心，并圆满完成了全区老干部的体检工作，获得了老干部的好评。

【提升老干部社会影响力】 根据淮委老干〔2015〕11号《关于做好淮安老干部“三珍”陈列馆史料征集工作的通知》文件精神，更是为抗日战争胜利70周年和两淮解放70周年献礼。4月16日起，清河区委老干局积极开展向全区离休干部征集史料工作，征集能够反映老干部在不同历史时期，有代表性的实物，为淮安老干部“三珍”陈列馆所用。工作人员分两路走访老干部，挨家挨户宣讲这项工作的重大意义，动员老同志自愿捐献出文献、实物等物品。通过近5个月的上门动员工作，全区收到有价值的捐献物品近20件。9月，清河区征集到物品已在淮安市老干部“三珍” 陈列馆展出。并对捐献物品的老干部发放了“捐赠收藏证书”。

对台工作

【概况】 2015年，围绕淮安打造台资集聚新高地，进一步广开思路，充分发挥职能优势，不断提高对台工作的能力和水平。

【策应战略，加大招商引资力度】 2015年3月，组团赴台参加“淮台经贸交流合作推进周”活动，并在台湾开展文化创意产业招商推介活动，和多名台湾企业家签订聘书。协助做好御码头美食街开街仪式，联系台商做好台湾美食小吃、小商品等运作工作，积极做好招商工作。8月，区委书记仲凤笔率清河经贸考察团一行5人赴台参加市政府举办的“台湾·淮安周”活动，同时在台开展系列招商和商务洽谈活动。

【创新思路，打造101服务理念】 牢固树立

101%服务理念，成立台商服务中心，切实维护台商台属合法权益，协调各方面力量为台商台企提供政策、法律、投诉协调、信息、生活、经贸、监督等“一站式”服务。

【打造平台，助推对台交流交往】 组织5批次赴台考察交流；3次深入清河台企调研，搜集整理台企情况，整理完善台商台企资料库；办理5批次企业赴台交流等手续；对区内台属情况进行摸底调查统计，了解掌握区内台属基本情况。

【立足实效，做好台企台属服务】 一方面，我们切实做好台企服务工作。建立了台企挂钩联系制度，对区内现有近10户台企，每人挂钩2户，经常性地走访了解生产经营情况，及时帮助企业解决实际问题，不断优化台企服务环境。3月，深入区内台企调研，并发放台湾电电公会调研表，了解企业最新生产经营情况，以便提供更优质的服务。5月，到挂钩企业走访调研，及时掌握台企发展动态，细心帮助他们解决生产经营中遇到的困难和问题。另一方面，还做好为台属台胞服务工作。建立台属台胞联络制度。在春节、中秋等节日期间，对区内困难台属朱秀英、吴淑华等走访慰问，让她们感受到党和政府的温暖。

（撰稿人：黄晓娟）

党 校 工 作

【概况】 2015年，党校按照区委、区政府工作整体部署和区委干部教育培训领导小组具体安排，在市委党校的关心指导下，围绕中共十八大、十八届三中、四中、五中全会精神和“五德”教育等方面内容，结合清河区《关于加强学习型干部队伍建设的意见》，组织开展党员干部教育培训工作。全年共举办各类培训班8期，培训2100余人次；组织基层宣讲7场，受训210人次。

【认真履职，开展干部教育培训工作】 2015年，按照区委《关于加强学习型干部队伍建设的意见》要求和新的形势需要，突出务实管用原则，以用马克思主义最新成果武装干部思想、强化党性锻炼为重点，抓实各主要班次培训。全年共举办清河发展论坛4期，培训1000余人次；清河区领导干部学习会2期，培训1000余人次；专题培训班2期，培训104人次；基层宣讲7场，受训210人次。其中，与江阴市委党校联合举办的社区书记、主任“社区建设与管理”专题培训班，采取互动教学、现场教学和实地教学相结合的方式，课程设置上既包含社区治理、基层党建等方面内容，也有社区观摩、经验交流等现场教学，使学员深入学习了解江阴市经济社会发展和社区建设的经验和做法，开阔视野、提升本领，突出培训的实效性和示范性；与中国人民大学中国经济改革与发展研究院联合举办的优秀青年干部“创新思维与综合素质提高”专题培训班，安排“十一讲三点”，内容包括宏观形势、法治思维、政务能力等，选题、选点、选教师符合青年干部成长需要，既显高大上，又贴近清河实际，效果显著，获得了区主要领导和参会学员的充分肯定；与清河区委组织部联合举办的2期清河区领导干部学习会，精选国内著名专家、学者来淮授课，引导全区党员干部进一步认清“十三五”发展环境和新变化，科学谋划好清河区“十三五”期间发展规划，取得了良好的学习效果。

【开拓进取，不断提高调研科研质量】 2015年，党校按照区委要求，围绕习近平总书记系列讲话精神开展系列调研科研活动，研究确立调研课题，组织开展调研活动，取得良好成绩。全年在市级以上发表文章10篇。一是按照2015年科研调研计划，申报省、市级调研课题3项。撰写《清河区“网格化+”法治建设探析》、《关于城市社区法治化建设的研究——以淮安市清河区为例》和《淮安非物质文化遗产与文化旅游融合发展研究》3篇调研报告，3项课题全部结项；二是围绕区委工作思路、工作重点进行调研，发表《地方政府在解决小微企业融资问题中的作用》、《加强党性修养，践行“三严三实”》和《对淮安市虚拟养老院发展现状的思考》等7篇文章，努力提高调研资政水平。其中，与区委组织部共同撰写《关于加强干部教育培训提升干部能力水平的思考》一文，获得区委领导批示。

【加强管理，积极推进在职党员进社区活动】 2015年，党校认真执行《基层服务型党组织“六有”建设实施办法》，以“三严三实”活动和争创文明城市活动为契机，开展各项特色活动，大力推进在职党员进社区工作。一是春节、中秋节等重大节日前后积极开展慰问调研活动，为立新社区捐赠图书近100册、图书款2000元，参加“博爱在清河人道万人捐”活动，捐款800元；二是到立新社区开展“六个一”活动、义务劳动和文明城市创建工作，并组织党员参加雨花台党旗下宣誓活动；三是组织党员干部到黄河南社区参加学雷锋活动，组织全体党员参观刘老庄革命纪念馆，组织在职和退休党员健康体检，开展党组织关系排查工作。

【与时俱进，不断加强理论学习】 完善学习制度，坚持定期例会学习、在线学习和个人自学，深入学习习近平总书记系列重要讲话精神、中共十八大、十八届三中、四中、五中全会精神和中国特色社会主义理论体系。通过学习吸收新的知识和理念，不断提高自身的工作热情和创新能力。2015年，根部区委组织部、宣传部要求，根据基层党员特点，围绕学习中共十八大、十八届三中、四中全会精神和“五德”教育，宣讲、辅导、座谈时政，形式多样，进一步加强了对基层党员干部的教育培训，得到了广大党员干部的好评。

【提高认识，高度重视党风廉政建设工作】 高度重视党风廉政建设责任制的贯彻落实，严格履行“一岗双责”责任，制定和完善党风廉政建设工作责任制，明确责任分工，促进党风廉政建设各项工作落实。一是进一步建立健全党校各项规章制度，坚持严于律己，严格执行区委廉洁自律的规定；二是严格遵守中央、省、市、区委各项制度规定，自觉同党中央保持高度一致，圆满完成党组织交办的各项任务，自觉接受党和人民群众的监督；三是进一步完善财务管理制度，严格执行出差、接待等费用标准，按照文件要求，厉行节约，自觉抵制奢靡之风。

【联系实际，积极完成区委交办的各项工作】 在圆满完成区委下达的主要目标任务的同时，党校积极参与社会事业工作。

一是认真做好区委区政府和上级部门交办的工作；二是按照区创建办要求，采取有效措施，积极配合挂靠的立新社区，做好全国卫生城市和文明城市创建等工作；三是做好帮扶、法治、综治、双拥、预防职务犯罪等相关工作。

（撰稿人：郑晓林）

关心下一代工作

【概况】 关心下一代工作委员会（简称关工委）是在党的领导下，以离退休老干部为主体，以培养社会主义事业接班人和建设者为目标，以思想道德和法制教育为主导，全面关心青少年健康成长的群众性组织。关工委的具体任务有四条：一是组织老同志特别是退居二、三线的老同志对广大青少年进行爱国主义教育、革命传统教育、社会主义法制教育和共产主义理想教育。二是配合有关部门，教育挽救失足青少年。三是调查研究，为党和政府教育下一代提出建议。四是完成党和政府交办的任务，协助有关部门促进一些实际问题的解决。

【有的放矢，青少年思想道德建设适应新形势】 1.深化“三爱一践行”主题教育活动。把“三爱一践行”主题教育与宣讲周恩来、雷锋故事，走进清河新区，参观爱国主义教育基地，党史、国史、社会主义发展史等教育有机结合。用改革开放的伟大成就，中国梦的美好前景激励青少年，使他们懂得爱学习是实现理想抱负的基础，爱劳动是创造幸福的途径，爱祖国是成长进步的引擎。据统计，全区宣讲周恩来故事、雷锋故事64场次，参加青少年2150人次；举行成才学子报告会26场，参加青少年928人；参观爱国主义教育基地51场次，参加青少年1540人次；“八礼四仪”讲座33场，参加青少年880人。2.举行纪念抗战胜利70周年系列活动。以“不忘历史，缅怀英烈，珍爱和平，开创未来”为主题，在青少年中广泛开展纪念抗战胜利70周年系列活动。这项活动从4月—12月相继举行，形式多样，内容丰富，活动扎实，成效明显。据统计，全区举行纪念抗战胜利70周年系列活动120场次，参加青少年4600余人次。3.开展崇德立德教育活动。在青少年中广泛开展崇德立德教育活动，引导他们在践行社会主义核心价值观中，从点滴做起，从自身做起，努力扣好人生的第一粒扣子。其中：老坝口小学举行“沐浴阳光，幸福成长”——践行社会主义核心价值观文艺演出。特别是清江浦中学，他们成功的承办了——清河区首届中小学德育精品项目推进会。推进会的成功举办，为与会的1600余名师生，践行社会主义核心价值观，共圆美丽校园梦打下了坚实的思想基础。各种教育活动，潜移默化地渗透了思想道德教育，丰富了思想道德教育内涵，提升了思想道德教育效果，广大青少年在各种健康有益的活动中受到了教育、增长了知识、陶冶了情操、增强了素质。我区的“崇德立德”教育活动被市关工委作为省《成长护航工程》示范项目推荐，上报省综治委表彰。

【多措并举，预防青少年犯罪取得新成效】 1.抓好结对帮教帮扶。坚持和完善“四帮一”制度，扎实开展各种行之有效的帮教帮扶活动，促使31名帮教对象无一重新犯罪，12名帮扶对象均向好的方向转化。2.为帮困对象排忧解难。对帮困对象视具体情况,区别对待,72名有到社会办学点补习需求的,相关社区都出面协调,大部分得到免费、部分少收费。其中淮西社区暑期就有10名孩子参加昌龙画院免费培训。对27名特困大学生,在市关爱基金资助10人人均3000元的基础上,另17人又协调区民政、团委、慈善总会等部门,分别给予1000元、2000元、4800元不等的资助,使他们与其他家境好的孩子一样,按时安心进校园。3.抓好中小学生法制教育。将"学法、用法、护法、奉法"作为中小学生法制教育重点,加强对《中华人民共和国宪法》、《中华人民共和国未成年人保护法》、《中华人民共和国预防未成年人犯罪法》等法律法规的学习。充分发挥法制副校长和"五老"作用,不定期的举行法制教育报告会;加强与区法检两院联系,扎实开展"送法进校园"、"少年法庭进校园"活动。4.加强网吧义务监督。对全区46家经营性网吧,在各社区"五老"定期不定期的义务监督、各街道每季度组织巡查的基础上,先后三次组织突击抽查,并发文通报,又与区文广新局沟通,其下属文化执法大队每周对网吧进行一次巡查;每季度召开一次网吧业主大会,宣传相关法律法规,通报网吧查处情况,对进一步加强网吧监管提出要求。现在合法经营的网吧多了,接纳未成年人的网吧少了,未成年人进网吧的也少了。

【强力推进,"六好"关工委创建迈上新台阶】 为扎实推进"六好"关工委创建,我们专门印发《关于做好2015年"六好"关工委创建工作的通知》。根据《通知》要求,3月23日上午,在全区关工委主任培训班上,我们专门安排北新村社区,介绍他们创建"六好"关工委经验,并在每月一次的基层关工委主任例会上,都作为一项重要工作进行安排,提出推进要求。区关工委各驻会主任按照分工,均多次前往挂钩点督促、检查、指导,予以推进。各街道、社区根据《通知》精神和挂钩领导要求,突出重点、抓住难点,逐条对照,一着不让,狠抓落实,创建工作取得了新成效。大多数社区班子坚强有力;"五老"作用充分发挥;制度健全有效,资料整理规范有序;有利于青少年身心健康的活动都达三十次以上;活动经费有保障,普遍在5000元以上,多的超过万元;创新做法有新意,有的被《淮安关工》刊登,有的被《江苏关工》刊登,北新村社区"五老"骨干周诗仿,总结该社区预防工作的"四轮驱动,促青少年健康成长"一文,被《中国火炬》刊登。经考核,东郊等20个社区"六好" 关工委创建得分90分以上被评为先进单位,城西等15个社区创建得分80分以上为达标单位。达标及其以上的35个,占42个社区的 83%,与上年相比,"六好" 关工委创建迈上了新台阶。

【注重家庭教育,"代理家长"工作开局良好】 1.举办 "代理家长"培训班。3月23号下午,举办 "代理家长"培训班。市关工委郑勇副主任从家庭教育的重要性、当前家庭教育的现状、"代理家长"的必要性、如何当好代理家长等四个方面作了系统的阐述。2.举行家庭教育专题讲座。我们配合区妇联,于11月14日,在承德路小学举行一次家庭教育专题讲座。邀请省家庭教育研究会理事王晓峰,为该校 200余名家长作家庭教育专题讲座。他以"树立榜样,真情陪护”为题，从“家庭教育的重要性、必要性，影响家庭教育的诸多不利因素，当前家庭教育存在的误区，提升家庭教育水平的路径、方法”等方面进行了精辟阐述。3.召开家庭教育研讨会。为指导家长抓好家庭教育，实现“家校携手，和谐共育”的目标，4月14日，与区文明办、教育局、妇联、团区委联合召开家庭教育研讨会，基层三名校长分别从厘清学校和家庭的关系、办好家长学校、掌握科学的家教方法等先后交流发言。区教育局长施玉明作了题为《生命其实如水》的主题报告。淮安日报4月23日A6版专版刊登“家校携手，和谐共育”——清河区家庭教育工作纪实。4.召开家长学校观摩研讨会。12月28日，与教育局在区实验小学，隆重召开清河区第十二届家长学校观摩研讨会，集中展示一年来家长学校取得的成果，对今后一个时期的家长学校工作进行研讨部署。5.开展“代理家长”相关活动。根据“代理家长” 培训班要求，各社区都利用我区社会网格管理平台，采集需要“代理家长”孩子的信息，并确定需要“代理家长”的孩子。在摸清情况的基础上，相关社区都主动开展“代理家长”活动。特别是向阳社区，他们需要“代理家长”的2名孩子双胞胎李军南、李军来是承德路小学五年级学生，父亲出走8年不归，母亲患癫痫病生活不能自理，随踏三轮车的爷爷生活。在4月27日举行的“代理家长”仪式上，社区领导给2个孩子赠送装有学习文具用品的书包；江苏护理学院2名大学生志愿者表示，每周双休日轮流上门为他们辅导功课，检查作业，解答难题；新东方文化补习学校领导表示，寒暑假为2个孩子免费补习至小学毕业；承德路小学领导给2个孩子2000元资助金；社区关工委也指定2位“五老”为他们的“代理家长”。至此，2个孩子是生活有靠，学习无忧。6.成立机构并正常运行。经区委同意，我区成立了家庭教育指导协调委员会。委员会于5月11日召开第一次会议，通过了《清河区家庭教育指导协调委员会章程》，并决定将施局长的报告摘要加编者按在《清河之窗》刊登、以区关工委文件印发各社区组织“五老”学习、制成光盘下发，供各社区关工委与妇联组织举办家长学校时组织家长收看。11月25日，委员会举行第二次会议，对各街道上报的12篇家庭教育研讨文章进行了评审，评出一等奖1名、二等奖2名、三等奖4名。会议作出三项决定：一是将一等奖的“每个孩子都是一块待琢的璞玉”的研讨文章，推荐参加市关工委研讨会交流；二是将获奖的7篇文章，以区家庭教育指导协调委员会的名义加编者按在《清河之窗》刊登；三是对获奖的7篇文章作者授权区关工委行文表彰奖励。现两次会议所作出的决定均得到有效落实。

【整合资源，校外辅导站建设取得新进展】

从实际出发，以问题为导向，克服薄弱环节，扬长避短，努力将校外辅导站规范化建设提升到一个新水平。1.进一步改善办站条件。采取省关工委奖励，区教育局、区关工委资助等方式，努力改善办站条件。省关工委奖励优秀辅导站富丽花园社区2万元购电脑6台；区教育局为立新、黄河南社区购价值2.6万元的电脑、桌椅；我们为交通、沈阳、河堤、引河、城西、富丽花园社区购价值3.96万元的桌椅、电脑。现42个社区中，有电脑6台（含6台）以上的青少年电子阅览室18个，占社区总数的43%，办站条件较往年有了较大幅度的改善。2.进一步提升辅导员服务水平。通过以会代训、相互观摩等方式，广大辅导员增强了新本领，适应了新要求，服务意识明显增强。特别是北新村社区，他们充分发挥社区大学生志愿者作用，青少年电子阅览室开放时，他们均到场指导，让孩子们科学、健康的上网学习，使电子阅览室成为校外教育的重要平台。3.进一步拓展“校站结合”空间。我们与教育局专门下发《关于进一步推进“校站结合”工作的通知》。为推进这项工作，寒假一结束，我们就召开会议，听取面上情况的汇报，予以督促推进。接着，在全区关工委主任培训班上，我们又安排繁荣小学、工农兵社区介绍“校站结合”工作经验，并在每月一次的基层关工委主任例会上，都将其作为一项重要工作予以部署。为推进暑期的“校站结合”，我们与教育局及时转发《淮西社区校外辅导站2015年“校站结合”暑期活动计划》，这对大家科学制定暑期活动计划并开展活动打下了坚实基础。暑假期间，各社区、各中小学校相互主动对接联系，共同制定活动计划，并扎实有效的开展活动，深得中小学生、家长和社区领导好评。特别是工农兵社区，在暑期开设的“名师讲堂”上，清江浦中学语文高级教师、清河区首席名师孙守良以“从英雄做起”为题，用深入浅出的道理、生动活泼的事例告诉孩子，要成为英雄，必须从小立下远大志向，持之以恒地坚持学习、积累和磨炼。

为强力推进校外辅导站建设，9月29日，清河区以区委名义召开了“全区关工委工作专题会暨校外辅导站建设推进会”。会后，又组织基层关工委主任赴先进地区——泰州市高港区考察学习，借鉴该区经验，我们协助区委办、政府办出台《关于进一步建立和完善校外辅导站运行保障机制的实施意见》。以上一系列举措，使我区校外辅导站建设迈上了新台阶，“校站结合”实现了全覆盖。经考核，朝阳等20个社区校外辅导站被评为优秀辅导站、王金全等51人被评为优秀辅导员。

【强化自身建设，服务青少年水平有了新提升】 1.进一步加强班子和“五老”队伍建设。经沟通协调，及时将5名身体素质好、热心关爱事业的原市、区级机关，街道、社区退居二线的领导同志，分别请到相关街道、社区担任关工委常务副主任。通过组织发动、骨干带动、表彰推动，不断壮大“五老”队伍，现每个社区都有7—15人不等、经常参加活动的“五老”。2.进一步提升队伍整体素质。为全面提升队伍整体素质，3月23日，我们举办基层关工委主任培训班。培训班除安排陆主任对《江苏省关心下一代工作委员会工作规则》进行解读外，还专门安排淮海街道、工农社区、繁荣小学等7个单位和王玉琏等3名“五老”，分别就“六好”关工委创建、零犯罪创建、“校站结合”、四中全会精神学习等方面介绍经验、看视频、谈体会。这次培训，大家是学到了好经验，掌握了好方法，进一步增强了素质，提升了服务青少年水平。前不久，“六好”关工委创建考核验收结果，充分说明这次培训达到了预期的目的和效果。3.进一步坚持和完善相关制度。坚持和完善区关工委周例会制度、基层关工委主任月例会制度、区关工委成员挂钩联系基层关工委制度以及每年一次的总结评比表彰制度。以上制度的有效坚持与完善，使工作更加规范有序。4.宣传报道成效显著。宣传报道工作逢会必讲。各街道、社区也都高度重视，采取措施，积极应对，成效显著。2015年清河区被《中国火炬》刊用2篇；《江苏关工》刊用2篇；《淮安关工》刊用66篇；《清河之窗》关工在线刊用6个专版，创历史新高。上述媒体，充分宣传了清河区关工委工作，展示了“五老”的风采，进一步提升了清河关工的形象。经考核，纪文生等14人被评为宣传报道先进个人。王玉琏、周诗仿、赵怀元三人获特别贡献奖。

总　工　会

【概况】 2015年，清河区总工会有工作人员8人（含下属职工服务中心3人），其中行政3人（含主席、副主席、科员各一人）、事业2人，编外3人，另外聘用6名协理员协助街道、新区工会开展工作。目前全区共有区域工会联合会8个（新区及7个街道），社区（村）工会联合会38个，行业工会6个，独立（联合）工会363个，覆盖法人单位数2840个，有工会会员40486人。2015年全区各级工会在区委和上级工会的领导下，以中央和省委党的群团工作会议精神为引领，以区委和省、市总的决策部署为目标，以推进经济转型发展为中心，以维护和保障职工合法权益为职责，以构建和谐劳动关系为主线，以提升职工文化素质为导向，以增强工会组织活力为根本，以创先争优为动力，充分发挥工会组织在服务大局、服务职工工作中的重要作用，实现了工会工作的全面提升，区总工会先后获得全省推动厂务公开民主管理先进单位、淮安市文明单位、淮安市职工劳动竞赛优秀组织单位、淮安市“安康杯”竞赛组织工作优秀单位、淮安市模范职工之家创建工作先进集体等荣誉称号。

【召开全委（扩大）会议，明确部署全年目标任务】 4月3日上午，清河区总工会召开二届十二次全委（扩大）会议，区总工会第二届委员会全体委员参加会议，不是委员的区直机关、系统（主管局）工会主席，部分区属企业工会主席列席会议，区总工会副主席姚秀春主持会议。会议主要有四个议程：一是认真学习贯彻中共十八大及十八届三中、四中全会、区委七届六次全体（扩大）会和市总工会六届八次全委（扩大）会议精神，全面贯彻落实中央《关于加强和改进党的群团工作的意见》和习总书记系列重要讲话精神；二是调整增补区总工会第二届委员会组织机构相关委员；三是由区总工会副主席姚秀春作《工会工作报告》，总结回顾2014年度全区工会工作，明确部署2015年工作目标任务，同时下发《淮安市清河区总工会2015年工作要点》等文件材料；四是由清河区委常委、组织部长、总工会主席马乃骏讲话，他要求全区各级工会组织和工会干部，进一步明确工会工作的各项任务，切实履行工作职能，努力建设“劳动型工会”、“服务型工会”、“法治型工会”、“创新型工会”，凝心聚力，创先争优做好新常态下工会工作，组织动员广大职工为实现“清河两大奋斗目标”建功立业，为“十三五”目标起好步，开好局，全面开创工会工作的新局面。

【“工会组建集中行动”】 2015年，区总工会在全区全面开展基层工会建设“落实年”

活动，按照“依法、科学、规范”的建会思路，多措并举推进工会组建和会员发展工作，不断扩大工会组织对新领域、新阶层的有效覆盖，着力增强基层工会活力。区总工会对市总工会下达的2015年工会组建目标任务进行认真研究，精心部署，从2月—5月份在全区开展了“工会组建集中行动”，对全国总工会数据库和工商部门提供的非公企业数和新增企业数进行了全面的调查了解，为工会组建提供基础资料准备；集中行动采取工商注册信息调取核实，系统、街道和社区工会实地核查，机关人员分片挂钩、上门指导等措施，效果显著，全年建成包含19个民办教育机构的行业工会1个，独立工会17个、发展会员1909人。同时特出做好农民工建会入会工作，建立建筑工地工会8个，发展农民工会员800余人，全面完成市总下达组建任务，全区工会组建率和职工入会率分别达到98.5%和97.5%，为工会开展各项工作奠定了坚实的组织基础，也为冲刺“全覆盖”目标的实现作出了积极的努力。

【“职工之家双创活动”，着力打造特色品牌】 根据江苏省总工会《关于在新形势下深化职工之家建设的意见》、中共淮安市委组织部和淮安市总工会《关于在小微企业中开展创建“党工联合之家”活动的意见》等文件精神，结合清河区实际，制订了清河区“党工联合之家”和“模范职工之家”创建工作方案，采用“党工联动、整合资源、分类指导、示范带动”的方法，召开专项工作会议，全面谋划指导建家工作，对基层工会（企业、社区）、中间层（街道、行业）和区级机关（系统、单位）职工之家创建的组织领导、宣传发动、范围级别、创建目标、创建标准、申报时间和考评程序等工作做了全面的部署，协调解决建家难题，要求全区各级工会组织借创建活动，强势推进工会的阵地、队伍、机制等方面建设，全力推进“会、站、家一体化”建设，取得了比较好的效果，全区选树的7家“模范党工联合之家”创建典型和8家“模范职工之家”创建典型在5月下旬的市委组织部、市总工会的联合督查中受到一致好评，淮安利安科技发展有限公司化工车间工会小组，被全国总工会授予“全国模范职工小家”荣誉称号。

【“劳模进企业交流互动”】 为进一步弘扬劳模精神，激励企业员工奋发进取、爱岗敬业，踏实做好本职工作，奉行“从基层来，到基层去”理念，“五一”劳动节前夕，邀请全区30多名各行各业的劳模代表及先进工作者，走进清河区的规模企业、纳税大户——江苏苏益电器有限公司，开展“劳模先进进企业”互动交流活动，全国劳模孙国庆等先进人物讲述自身的成才故事和爱岗敬业精神，同企业职工分享成功经验，用真情真事真话感染感动感化职工，引导广大职工树立“劳动自立、勤奋自强”的理念；由企业职工提出自身在工作方面遇到的困难，个人成长中的有关困惑及希望劳模提供帮助的项目，由劳模答疑解惑，提供帮助，通过劳模先进和职工面对面互动交流，为职工成长成才提供精神动力，也为劳模再学习、再成长、再提高起到了激励作用。

【唱响时代主题教育之歌，构筑劳动者希望之梦】 把握新常态下时代脉搏，积极学习践行社会主义核心价值观，落实区委七届六次会议精神要求，在全区工会组织和职工中开展“践行核心价值观、劳动筑梦做表率”主题教育活动，以“学习、践行、升华”三个篇章六大系列的形势政策宣讲教育、职工读书月、劳动竞赛、技能培训、工会志愿者服务等活动形式，引导广大职工把个人的成长发展之梦与“中国梦”的清河篇章有机结合起来，凝聚思想共识，激发劳动热情，提升素质技能，为推动清河实现“两大奋斗目标”做出新贡献。继续深化以“争当主力军，添彩清河梦”为主题的重点项目建设、招商引资等劳动竞赛活动，金融中心等一大批重点项目快速推进，数十亿元招商项目签约落地；围绕创新驱动战略，深入实施职工科技创新示范工程，在全区共建立近20个职工（劳模）科技创新工作室；开展了合理化建议、先进操作法征集活动，产生1500万元以上综合经济效益。清河区选送的旺旺食品有限公司推荐的选手取得了计算机操作员全市第四名的好成绩。

【工资集体协商提质增效，职工经济合法权益有效维护】 区总工会把2015年确定为“工资集体协商提质增效年”，以深化完善企业工资集体协商共决机制、正常工资增长机制和工资支付保障机制为核心内容，以企业自我提升为原则，以提质增效为目标，以行业、区域、规模企业为重点，联合人社局、经信委、工商联等协调劳动关系三方单位开展“工资集体协商要约集中行动”，通过培训谈判员、召开推进会、选树示范典型、加大考核表彰力度等措施全面提升工资集体协商工作质效。推动全区全年签订区域工资集体合同7家，行业工资集体合同5家，已建工会组织正常生产经营企业建制率达92%，50人以上达95%，有效保障了职工合法经济权益。区民营医疗机构行业工会作为先进典型代表在4月13日全市工资集体协商“集中行动”动员会上作典型交流发言，经验和做法被市总向全总推荐。

【劳动法律宣传服务长年开展，职工法律素质全面提升】 区总工会将2015年定为全区“劳动法律宣传服务年”，深入社区、企业和商场等基层场所，开展法律宣传咨询服务活动，提高职工法制观念和维权水平，促进科学依法维权。5月17日，区总工会在本市新亚商场门前开展了“劳动法律宣传服务年”启动仪式，及“职工在我心中，法律与你同行”的“五一劳动法律宣传服务月”活动，现场接待了200多名职工群众的法律咨询；5月25—6月5日，在全区职工中举办了法律法规知识竞赛，新区、各街道和各系统（行业）1.5万名职工参加初赛，20支代表队共计80人参加了复赛和决赛；10月10日举办2015年度工资集体协商暨法律法规培训班，邀请市法院专家采取以案说法的方式举办工会劳动法律法规知识讲座，市总工会专家组成员讲解了工资集体协商相关知识，130名工会主席、职工代表和工资集体协商谈判员参加；在12月4日“国家宪法日”，开展了“弘扬宪法精神，构建和谐劳动关系”送法律书籍活动，深入区内部分企业赠送了一批法律书籍，“宣传年”活动营造了职工学法、尊法、守法、用法浓厚氛围，为提升全区职工普法工作的整体水平发挥了积极的作用。

【困难群体重点帮扶，普惠服务同步推进】 把为职工群众服务作为工会工作的出发点和立足点，按照“会、站、家”一体化建设的思路，进一步完善区、街道、社区（企业）三级职工服务体系，健全服务机制，拓展服务范围，做强工会帮扶品牌，全年通过“春送岗位，夏送清凉，金秋助学、冬送温暖”及应急常态帮扶，为困难职工（农民工）、困难劳模及困难职工子女实施创业就业培训、生活救助、学业帮助以及医疗救助837人次，帮扶救助资金41.7万元；创新帮扶方式，发动6名企业家劳模与困难职工开展结对帮扶，不断优化与社区困难职工结对帮扶质效，履行社会责任，使被帮扶职工感受到工会“娘家人”的温暖；推进职工特殊疾病互济会向企业延伸，新入会职工600余名，扩大覆盖面，提高职工抗大病能力。把广大会员和职工群众的现实需求和意愿作为职工服务的第一信号，使职工服务工作的内容、形式、方法与广大会员和职工群众的现实需求实现对接，配合市总工会，借助、整合商场、书店、影院、公园等社会资源，采取多种形式，发展特约商户，试点职工服务普惠制，向全区会员提供了优惠观影券、游园券、购书券近1.3万余张。与五星电器大卖场联合开展会员中秋优惠活动，受到企业与职工的一致好评。

【重视劳动保护，关爱职工安康】 全年锁定“保护职工安康”这个关键词，继续在全区开展“安康杯”竞赛和“1+3”安监体系推进活动，组织1万多人参加安康杯竞赛，发放《中华人民共和国安全生产法》1500余册、安全生产挂图2000余份，培训企业工会劳动保护监督检查员300余人次；通过报纸、电子滚动视频、网络、宣传栏等平台，大力加强对烟花爆竹、危险化学品、道路交通、用火、用电、用气等安全生产常识的宣传力度，并加强对相关行业、重点人群的宣传教育，努力提高全社会安全防范意识。开设“职工讲坛”，邀请专家学者和相关上级领导到区进行健康安全和劳动安全卫生专项集体合同知识培训讲座，对工会干部、工会劳动保护监督检查员、职工代表进行培训并现场互动交流，组织职工参加新《中华人民共和国安全生产法》的学习培训、知识竞赛和省劳动保护征文竞赛等活动，组织开展多种形式的“安全在我心中”主题演讲等系列活动，用“职工讲坛”活动，推进职工健康安全知识的普及教育。扎实组织安全生产隐患排查，通过区、街道、企业三级劳动保护监督检查员、安全生产协管员、职工代表巡视员三支队伍，不断加大职工群众参与安全生产的监督管理力度。目前，这三支队伍总人数已超过1000余人，自成立以来，这“三支队伍”通过开展安全生产监督检查，共发现安全生产隐患3000余起。同时通过在春节、中秋、国庆等重大节日区委、区政府领导分片带队，联合安监局、消防队、街道、社区等有关部门对人员密集场所，如布匹市场、五金市场、食品城、大型超市、学校、饭店等重要场所，以及对烟花爆竹经营点、建筑工地等重点部位进行安全生产大检查，严防各类事故发生。本着“强化组织基础，优化保护功能，发挥片区作用”的工作理念，区总工会在全区全力推行工会劳动保护监督检查员片区服务站工作，以街道（社区）职工服务站为依托开展各个区域内的安全生产和劳动保护监督检查工作。要求符合建会条件的基层企事业单位在组建工会的同时必须建立工会劳动保护监督检查委员会，配齐劳动保护工作人员；组织劳动保护人员参加省、市总工会劳动保护监督检查员培训，加强对历年劳动保护监督检查员的档案管理工作，组织好劳动保护监督检查员证件年审工作，要求持证上岗，提升劳动保护监督检查员业务技能，确保劳动保护干部具有专业任职资格，不断提高劳动保护队伍的专业化水平。结合全区实际，对劳动安全卫生专项合同内容和格式进行重新审定，合同力求做到合法、合理、规范；加强对基层工作指导和相关人员培训，在代表、要约、协商、签字、审议、报核、公示等环节上要求规范操作，并做到跟踪指导，促进全区街道、社区和25人以上建会企业全部签订了劳动安全卫生集体合同，推进了新《安全生产法》在基层的贯彻落实。"三八"节开展关爱女工专项行动，为全区258名困难女职工提供免费体检和两癌筛查；五一期间为省级以上劳模提供免费体检，组织市以上劳模及一线职工开展疗休养；开展"安全隐患随手拍"活动，发动职工查找整改身边的安全隐患；开展送健康进基层活动，为环卫工人开设免费劳动保护、健康知识讲座；开展夏季"安康五送"活动，向金融中心、爱情小镇等大型工地、旺旺、澳洋顺昌等一线车间及高温户外工作的上千名职工送饮料、毛巾、洗衣液、法律书籍、安全挂图、防暑降温药品等，把党政和工会的关爱送到一线职工手中；清河区的环卫工人"安康驿站"做法在全省劳动保护会议上作典型交流。

【建立多方联动机制，化解各类劳动争议】 适应新常态下职工维权要求，建立完善劳动争议预警、矛盾调处、法律援助和调、裁、审一体化机制，与人社局、经信委、工商联、法院、司法局等单位按季度召开联席会，及时通报情况，协商解决办法；积极推动全区建会企业、街道（办事处）、社区（村）普遍建立健全劳动争议调解组织，劳动法律监督组织，职工法律援助志愿者队伍，从劳动争议的源头抓起，努力把问题解决在基层，化解在萌芽状态；完善突发性事件处置应急机制，配合党委政府有效处置各类突发性群体性事件，切实维护职工队伍和社会稳定。

【趣味运动会盛况空前，职工文体生活其乐融融】 由区总工会主办，区教育工会协办的"清河梦·劳动美—最美风采"2015年职工趣味运动会2月7日上午在白鹭湖中学运动场隆重开幕。区政府、区总工会、区教育局相关领导出席开幕式，区政府副区长祁素娟致开幕辞，运动员代表和裁判员代表进行了赛前宣誓。本次趣味运动会共设立三个比赛项目：一是男女混合什锦接力比赛，二是男女混合拔河比赛，三是男子三人制篮球比赛。本次活动将传统竞技合作比赛项目和现代趣味体育项目相结合，是一项集趣味、力量、智慧、协作、竞争于一体的职工群众喜闻乐见的运动项目，全区各机关、系统、街道（新区）及企事业共有21支代表队，400多名运动员报名参加比赛，报名人数之多、参赛热情之高、现场氛围之浓，盛况空前，比赛中精彩场面不断，高潮迭起，趣味横生，运动员做到在比赛中，胜不骄、败不妥，友谊第一，比赛第二，参与为荣，服从裁判展现了清河区高素质职工的良好形象，比赛结果有21个代表队分别获得三个比赛项目的前8名，112名运动员分别获得3个比赛项目的前6—8名。趣味运动会充分彰显了清河人争先争优、团结一致、奋发向上的精神风范；也折射出运动员以积极参与为上、以锻炼身体为主、以愉悦生活为本的参赛理念和健康心态。

【围绕"五城同创"部署，积极参与共建共创活动】 在全市创建"五城"时期中，区总工会紧跟全市创建部署，态度积极，行动迅速，措施有力，召开了全区工会系统创建动员部署会议，制定了工会创建工作的组织领导、宣传发动、参与内容、活动方式、考核监督等实施方案，将创建工作和全区工会各项工作紧密结合，成立了以区总工会主要领导为组长，新区、各街道、系统及机关工会主席为成员的创建工作领导小组，负责全区工会创建工作的组织领导、协调推进各项工作。对全区职工发出了1万多份创建倡议书和《职工文明创建知识手册》，提高基层企事业和广大职工的知晓率和参与率；在参与全区的文明创建挂钩社区活动中，结合"三严三实"党员活动，区总工会全体机关人员以志愿者身份参与道路执勤，卫生打扫，文明宣传，工作联络等相关创建活动，为所挂钩的社区区域解决了多项疑难问题，充分发挥工会组织在社会管理工作中的有效作用，也使工会干部在创建中提高了自身素质、修养，树立了良好的社会形象；在开展争当"文明职工"、"文明班组"活动中，和区文明办一起联合下发文件，联合评比，并展开相关宣传工作，确保了评比的质效水平，扩大了活动的影响力，促进了创建工作的健康开展。

【区政协视察工会工作，加大工会工作关注力度】 11月25日下午，清河区政协主席梁学文率队到区总工会视察工会工作。区政协副主席薛睿、张增元、高寿江，政协内设委室负责人及部分企业界政协委员参加视察。区委常委、组织部长、总工会主席马乃骏对以梁学文主席为首的区政协领导和政协委员来到区总工会视察工会工作表示热烈的欢迎和衷心的感谢。在视察座谈会上，区总工会副主席姚秀春汇报了区总工会基本情况、主要工作开展情况及"十三五"期间工作思路。区政协领导在听取汇报后对区总工会工作给予充分肯定，指出，区总在人手少、经费紧的情况下，始终坚持围绕中心、服务大局，高度重视基层基础建设，全力维护职工权益，尽力帮扶弱势群体，充分发挥典型示范引领作用，工作有思路、有措施、有特色、有成效。参会的部分政协委员对区工会工作谈了感想，提出了很好的建议和希望。对今后的工作，梁主席提出四点意见：一是要依靠工人阶级，树立主人翁意识，进一步促进工会组织发挥作用。二是强化基层工会制度建设，结合非公企业实际，进一步规范组织建设。三是加大工作考核力度，开展检查督促，进一步提升工作水平。四是加强工会干部的培训轮训工作，提高工会骨干力量的综合素质。梁主席要求政协组织和政协委员要进一步加大对工会工作的关注力度、宣传和支持力度，创造良好的工会工作条件和环境。

【强化工会自身建设，促进干部素质整体提升】 清河区总工会在加强工会自身建设中，以"五型工会"建设和"双争"活动为载体，立足实际、着眼大局、履行职能、开拓创新，以"五强化"、"五提升"，促进工会自身建设不断提高，着力打造一支勤于学习、忠于职守、勇于创新、甘于奉献、深受职工信赖的优秀基层工会干部队伍，促进工会干部素质整体提升。一是强化理论指导，提升工会干部思想认识水平。2015年是完成“十二五”发展战略的收官之年，是实现清河科学发展、跨越发展的关键之年，区总工会通过宣传媒体、学习会、知识竞赛、专题讲座等形式，组织工会干部认真学习中共十八大、十八届四中、五中全会精神和习总书记系列讲话精神，全面贯彻落实中央《关于加强和改进党的群团工作的意见》和区委七届六次全体(扩大)会和市总工会六届八次全委(扩大)会议精神，运用科学理论指导实践、推动工作，凝心聚力，提高思想认识高度，为全面开创工会工作新局面奠定理论思想基础。二是强化服务理念，提升工会干部工作作风建设。把服务大局、服务职工、服务基层作为工会工作的立足点和出发点，深入开展“三严三实”活动，工会干部重心下移、服务前置，深入基层、深入企业、走近职工，了解企业实际情况，了解职工的合理诉求，为困难职工提供就业、就学、就医、就急等方面帮扶，为职工办实事做好事，从而培养和职工群众的真挚感情。三是强化学习意识，提升工会干部业务知识水平。以创建“学习型工会”为主要活动载体，先后组织全区基层工会干部参加省、市总工会组织的组织建设、工资集体协商、经济技术、劳动保护、“六五”普法、财务经审、女职工工作、信息宣传等专项业务知识培训活动，开设了“工会干部大讲堂”，举办了“职工读书月”活动，促进工会干部坚持不懈地自我学习、自我完善、自我改进，不断总结提高自己，提升工会干部的专业理论知识水平和实际工作能力，为工会干部成长成才充电加油。四是强化法律观念，提升工会干部道德修养水准。利用每周工作例会、工会主席会议、支部会议组织工会干部党员学习中共十八大、《党章》、社会主义核心价值观和廉政法律法规，增强政治信仰、增强党性修养、增强道德修养、增强法制观念，不断提升思想境界和科学依法维权的能力；组织工会党员干部参加区廉政警示教育和红色基地观瞻活动，增强工会干部正义感、责任感、敬畏感，做到教育先导、警钟长鸣。五是强化履职责任，提升工会干部工作效能水平。把工会干部所在单位工会开展情况，特别是“职工之家”建设情况，作为恒量工会干部业绩主要因素，结合年终区组织人事和纪检部门对工会干部进行的“四述”考核，通过会员评家和评议工会主席活动，形成约束和规范工会干部行为考核机制和激励机制，激发工会干部责任感，提高工作效能，集聚工会干部的正能量，不断优化工会干部队部整体素质。

共青团淮安市清河区委员会

【概况】 2015年，在区委区政府的领导支持与团市委的指导帮助下，清河团区委深入贯彻落实中央和省群团工作会议精神，扎实推进“凝聚青年、服务大局、当好桥梁、团要管团”四维工作格局，秉持“项目化推进，专业化支撑、品牌化打造、常态化坚持”工作方法，较好的完成了年度各项任务。《公益夏令营大家“益”起来》项目，被团江苏省委评为全省共青团工作创新创优成果奖三等奖；在2014年度全省大中学生培育和践行社会主义核心价值观活动中，《古淮河之恋》微电影被团江苏省委评为“优秀文化产品”；被团江苏省委、江苏省志愿者协会授予“江苏省青年志愿服务行动组织奖”；在“践行核心价值观 争当文明好少年”主题活动中，被江苏省少工委评为2014年度少先队工作优秀项目；被团江苏省委、江苏省志愿者协会、江苏大学生志愿服务苏北计划省项目管理办公室授予2014年度江苏大学生志愿服务苏北计划优秀项目办；在“筑梦青春·益起来”2015年江苏省青年公益项目大赛中，“‘爱心速递’公益行动”项目，被江苏省民政厅、团江苏省委评为优秀奖；在全市县区团委考核中荣获2014年度目标考核一等奖；在2014年度普法志愿者法制文化基层行活动中，被淮安市法学会、淮安市关心下一代工作委员会和团淮安市委员会授予“优秀组织单位”；“‘爱心速递’项目”被淮安市文明办评为“文明淮安”志愿服务行动优秀创新案例；被清河区委、区政府评为“2014年度作风建设优秀单位二等奖”。

【调研清河区共青团工作】 为进一步加强对县区共青团工作的指导，全面考核清河区2014年共青团工作，推进共青团事业创新发展，激发基层工作活力，1月14日上午，团市委副书记朱书文、城工部部长李烨顺、青联统战部负责人杜苏舟一行3人，到清河区调研共青团工作，并召开座谈会。团区委全体成员，街道、中小学、非公企业、青年社会组织青年骨干代表等参加座谈会。

【淮安区、清河区开展“邀约青春 共话成长”共青团工作学习交流活动】 1月30日，淮安区和清河区开展“邀约青春 共话成长”共青团工作学习交流活动，淮安团区委副书记丁辰莹一行7人到清河区调研团属综合型服务阵地。清河团区委副书记王程远、办公室主任董永逸等一行3人陪同调研。本次调研活动加深了淮安区、清河区团委之间的友谊，增进了彼此间的沟通与了解，对拓宽团干部视野，创新共青团工作起到了积极的推进作用。

【开展暖冬行动之“走进福利院，关爱面对面”主题活动】 2月7日，清河区“两会”前夕，清河团区委联合魔幻童年少儿艺术团来到淮安市福利院开展暖冬行动之“走进福利院，关爱面对面”主题活动。志愿者为来自机关、学校、企业等各个单位的家长和孩子们，共三百多人，其中，清河团区委特邀了4名区人大代表、政协委员一起参与活动，倾听青年志愿者和孩子们的心声，给福利院的孤寡老人和小朋友们送去温暖和欢乐。

【开展“希望来吧”公益冬令营活动】 2月12日至15日，清河团区委在清河区朝阳社区举行2015年清河区朝阳社区“希望来吧”公益冬令营。通过开展小主持人、创意美术、集体舞、汉舞、投壶礼、饼干DIY、剪窗花、学打鼓、自护情景剧和“快乐学习 健康成长”团体游戏等课程，帮助孩子们度过了一个愉快、安全的寒假。

【区人大代表、政协委员“面对面”开展新学期关爱行动】 3月3日至5日，清河团区委邀请区人大人代联委主任费正如、政协提案委主任赵培华“面对面”开展新学期关爱行动，为困难学生送上“爱心大礼包”。爱心使者们先后来到师院附小新区实验学校、白鹭湖小学、清河实验小学、老坝口小学、承德路小学等学校，为10名家庭特困学生送上爱心大礼包，礼包里有玩具、文具等。

【共青团清河区五届四次全委（扩大）会议】 2015年3月13日下午，共青团清河区五届四次全委（扩大）会议在清河区市民服务中心三楼会议室顺利召开。共青团清河区第五届委员会委员、候补委员；各街道团工委，区各直属单位、各中学团委书记；各小学少先队大队辅导员；部分非公企业团委书记；部分青年社会组织负责人；各希望来吧负责人；苏北计划大学生志愿者参加会议。联系挂钩清河团区委的市青年联合会副主席、江苏群汇律师事务所主任朱桂前，团市委城工部部长、市青年商会秘书长李烨顺到会指导。

【群团党支部召开党员会议】 3月17日，清河区群团党支部在区检察院6楼会议室召开党员大会，团区委、妇联、红十字会全体党员参加了会议。会议对党建工作做了梳理，安排部署了下阶段的党建工作计划。会后，群团党支部党员参观了清河区廉政教育基地。

【开展“青春走基层”活动】 为了更好地倾听青年心声、了解基层工作情况，3月17日下午，清河团区委工作人员走进清河区检察院，开展“青春走基层”活动。参观了清河区检察院廉政防腐基地、青少年法制教育基地，详细了解了区检察院团总支青少年法制教育基地的建设过程及版面介绍。之后就青年工作如何扩大服务有效范围，做好青年权益保障工作，加强宣传和引导等方面工作与检察院团总支进行了深入交流和探讨。

3月26日下午，清河团区委副书记王程远带领团区委工作人员与区教育局团委书记华丽红一起走进清河区第六中学，开展“青春走基层”活动。第六中学校长张明芳、副校长顾斌以及校团委书记夏路路等参加了工作交流座谈，座谈围绕如何加强中学共青团工作展开。

【开展“爱心速递员 大手牵小手”活动】 3月29日上午，清河团区委联合淮阴工学院计算机工程学院党委在清浦区古庄牛生态园、淮阴工学院枚乘路校区两地开展了“爱心速递员 大手牵小手”活动。清河团区委工作人员、淮阴工学院计算机工程学院老师和学生、承德路小学和繁荣小学20余名儿童和带队老师等共计60余人参加了本次活动。

【开展社会主义核心价值观主题调研活动】 3月31日及4月1日上午，清河团区委副书记杨文杰带领团区委相关部门负责人和区教育局团委书记华丽红一起走进清河实验中学、承德路小学开展社会主义核心价值观主题调研活动。

【组织中学共青团干部赴常州武进区交流学习】 为学习借鉴常州武进区在学校共青团工作中的先进经验，交流学习淮安区中学共青团的先进做法，提升清河区学校共青团工作水平，切实加强中学团干部的能力和素质，4月3日，清河团区委联合淮安团区委带领两区近40名中学团委书记赴武进区考察学习先进工作经验，交流三地中学团工作特色做法。

【开展“12355成长陪伴校园行”活动】 为

切实维护青少年权益，提高广大青少年的安全意识和自我保护意识，营造全社会关心关爱青少年安全健康的良好社会氛围。4月10日，由淮安团市委主办，清河团区委、清河区承德路小学承办的“12355成长陪伴校园行”活动在承德路小学顺利开展。

【“团团互联　青春互助”--淮安市青少年税法教育基地暨清河区青年创业基地成立】 4月17日上午，淮安市国税局与清河团区委、清河区水渡口街道办联合举办启动仪式，在淮安市国税局国税文化教育基地正式挂牌成立“淮安市青少年税法教育基地”和“清河区青年创业基地”。20余名青年创业者代表参加了此次活动。

【开展“周末音乐沙龙”活动】 4月19日下午，清河团区委联合市财政局团委、淮海街道团工委共同到健康路社区希望来吧，给孩子们带来了生动的音乐课程。此次音乐沙龙活动，丰富了孩子们的课余生活，也给他们带来了全新的音乐体验。

【开发区团工委来清河区参观青年社会组织阵地】 4月22日，开发区团工委副书记周翔一行6人到清河区调研青年社会组织阵地建设情况。清河团区委副书记杨文杰等一行3人陪同参观。

【开展“弘扬五四精神 凝聚青春力量”五四青年节学习交流活动】 5月4日，清河团区委联合卫计委团委开展了“弘扬五四精神凝聚青春力量”五四青年节学习交流活动。来自区卫计委团委的四十余名团员青年一起重温入团宣誓词，交流学习各自心中的“五四精神”。

【淮安青年电商创业宣讲会走进淮阴师范学院】 为进一步服务全市青年电商创业，5月20日下午，淮安团市委、清河团区委、清河区商务局联合举办“淮安青年电商创业宣讲会走进淮阴师范学院”活动，有电商创业意向的200余名大学生参加了活动。

【开展“爱心速递员”爱心观影活动】 5月23日上午，清河团区委联合区红十字会、区妇联以及万达影城开展了爱心观影活动，志愿者们与困难儿童一同观看了《阿里巴巴大盗奇兵》，与孩子们一起感受动画的乐趣，教育引导孩子们感悟真善美的力量。

【开展“轻松备考——12355与你同行”中高考减压专题讲座暨青年社会组织进社区活动】 中高考来临之际，为帮助学子和家长们更好的面对中高考，在缓解心理压力，保持良好心态等方面提供切实有效的服务，5月23日下午，清河团区委联合区妇联、阳光心理服务中心走进北京北路社区家长学校，开展“轻松备考——12355与你同行”中高考减压专题讲座，来自社区100多位家长前来听讲，现场咨询20余人次。

【开展“欢庆六一·爱心速递”关爱活动】 5月24日下午，清河团区委联合淮安市少儿图书馆、淮阴工学院计算机工程学院志愿者队在淮安市少儿图书馆三楼活动室开展了“欢庆六一·爱心速递”关爱活动。清河团区委、淮安市少儿图书馆工作人员以及承德路小学、繁荣小学20余名儿童和带队老师，淮阴工学院计算机工程学院10名大学生志愿者，共计40余人参加了本次活动。

【承德路小学“因爱而声”——安利快乐音乐教室开班仪式】 6月5日上午，“因爱而声”——安利快乐音乐教室开班仪式在清河区承德路小学报告厅举行。团市委副书记李义翠，淮海晚报社副总编周熔熔，团区委书记叶楠，承德路小学副校长曹庆红，安利扬州淮安分公司助理经理袁小丽等领导以及安利志愿者服务队志愿者、承德路小学老师和学生代表等近60人参加开班仪式。

【赴清浦、淮安两区学习“青少年之家”平台建设】 6月9日下午，清河团区委带领柳树湾街道团工委以及富强社区一行5人，赴清浦区、淮安区参观学习“青少年之家”平台建设。

【团市委书记王娟一行莅临清河调研指导】 6月10日下午，团市委书记王娟、副书记李义翠一行莅临清河走访调研。王书记一行实地走访了清河青年电商创业园（顺丰电商产业园）、共青团史陈列馆（筹建）、开国总理与清华展览馆等地，对清河区共青团工作予以肯定，并就阵地打造、项目推进、服务青年电商创业等工作给予了具体指导。清河区委常委、组织部部长马乃骏及团区委相关人员参加调研。

【群团党支部开展“庆七一”纪念建党94周年系列活动】 为纪念中国共产党成立94周年，深入推进群团党支部建设，增强党支部活力，充分发挥党员先锋模范作用，激励党支部党员干事热情，清河区群团党支部开展了“庆七一”纪念建党94周年系列活动。6月29日下午，群团党支部党员来到挂钩联系点北京北路社区开展走访慰问困难老党员活动。6月30日下午，群团党支部党员干部再次深入挂钩社区开展“庆七一·联系点上过党日”活动。

【开展“践行‘三严三实’学英模 争做总理家乡好干部”活动】 为纪念建党94周年，围绕“团干部寻访抗战足迹”的主题，深入开展“三严三实”专题教育，学习周恩来精神和先烈精神，促进“团干部如何健康成长”大讨论活动深入、深化，7月3日，清河团区委联合区机关工委、老干局、工会、妇联等党团员，赴盱眙黄花塘新四军军部纪念馆开展“践行‘三严三实’学英模 争做总理家乡好干部——纪念建党94周年”活动，深切缅怀革命先辈的丰功伟绩，进行庄严的重温入党誓词仪式。

【开展“团团互联 青春互助”青年联谊会】 为充分发挥结对各方团组织的整合作用，实现优势互补、资源共享、阵地共建、事情共商、活动共办，努力实现“青年得实惠、团建上台阶、团干受锻炼”的工作目标，进一步增强结对团组织团员青年的凝聚力，丰富团员生活，打造一支有朝气，有活力的团员青年队伍。7月12日，清河团区委联合淮安检验检疫局、淮安市柳树湾街道等单位共同开展了“团团互联 青春互助”青年联谊会。

【开展暑期实践“学‘习’”宣讲团活动】 7月14日至15日，清河团区委联合淮阴师范学院马克思主义学院学“习”宣讲团走进清河区企业、社区、青年社会组织孵化基地等，一同开展政策宣讲、社会调查、文化宣传、教育帮扶等志愿服务实践活动，实现促进学生成长和服务基层发展的互助双赢。

【举行“区域团建 青春有约”青年联谊会】 为深入开展“团团互联 青春互助”活动，进一步提高团的吸引力和凝聚力，努力实现“青年得实惠、团建上台阶、团干受锻炼”的工作目标，7月18日下午3点，清河团区委联合区域团建各单位在智汇屋开展了“区域团建 青春有约”青年联谊会，活动以“青春YOUNG起来”为主题，约有20名青年参与此次活动。

【举行2015年苏北计划志愿者欢迎仪式】 7月23日下午，清河团区委在市民服务中心三楼会议室举行清河区2015年苏北计划志愿者欢迎仪式，区委常委、组织部长马乃骏出席会议并作重要讲话，2名2014年服务期满续签的苏北计划志愿者、21名新报到的2015年苏北计划大学生志愿者和20家相关用人单位分管领导参加活动，仪式由清河团区委书记叶楠主持。

【开展“行走中的法律课堂”之走进清河人民法院活动】 为进一步提高青少年法制意识和法制观念，增强法制教育的针对性和实效性，预防青少年违法犯罪，提高未成年人自我保护能力，7月28日，清河团区委联合大小拉小手微公益团队在清河区人民法院开展未成年人自护教育及法律知识普及活动。

【“八一”慰问驻区部队】 7月28日，清河团区委联合柳树湾街道组织辖区河堤路社区、富强社区等社区，给驻区部队送上节日的问候。

【开展“悦读清河 亲近国学”——淮安汉韵国学公益夏令营活动】 7月29日，由清河团区委、区文广新局主办，淮安汉韵国学社承办的“悦读清河 亲近国学”——淮安汉韵国学公益夏令营在清河图书馆圆满结束。

【清河区朝阳社区“希望来吧”公益夏令营开营】 7月31日，由清河团区委、淮安市图书馆主办的清河区朝阳社区“希望来吧”公益夏令营开营了。本次公益夏令营活动时间为7 月31 日—8月7日。清河团区委为孩子们准备了小主持人培训、创意美术、手工、快乐的音乐、戏剧表演、舞蹈、自护教育等课程。

【开展“行走中的交通安全教育”之走进淮安市公安局交通警察支队活动】 为有效预防和减少交通事故，不断提高学生的交通安全意识和交通法制意识，8月14日上午，清河团区委联合大小拉小手微公益团队在淮安市公安局交通警察支队开展了未成年人交通安全知识教育及法律知识普及活动。

【开展“缅怀先烈，振兴中华”纪念抗战胜利70周年系列教育活动】 2015年9月3日是我国首个法定“中国人民抗日战争胜利纪念日”，是中国人民抗日战争暨世界反法西斯战争胜利70周年，为铭记历史、缅怀先烈，清河团区委在全区各界青少年群体中开展了“缅怀先烈，振兴中华”系列主题活动。

【举办“智爱一生”假面酒会&单身派对】 为帮助淮安众多单身人士寻觅婚姻爱情的另一半，搭建一个轻松愉快的高端交友平台。9月13日下午，由清河团区委主办，淮安智爱婚恋教育咨询有限公司承办的“智爱一生”假面酒会&单身派对在万豪大酒店隆重举行。200多名单身男女嘉宾参加了此次活动。

【召开“校地共建”工作会议】 9月17日，清河团区委与江苏财经学院召开“校地共建”工作会议，清河区政府副区长祁素娟、团区委书记叶楠、团区委副书记王程远，江苏财经学院组织部部长梁枫、人文艺术和法律学院党总支书记陈国强、校团委书记朱绍勇、文法学院分团委书记王珏等参加会议。

【开展“爱心速递员 温暖学子心”主题活动】 9月22日，清河团区委在承德路小学“希望来吧”开展“爱心速递员，温暖学子心”主题活动，16名困难孩子参与活动。清河团区委书记叶楠、承德路小学校长陈军、急先锋沙画孙家明也加入到“爱心速递员”队伍中，参加了此次活动。

【联合江苏顺丰电商产业园开展现场教学活动】 9月24日，清河团区委联合江苏顺丰电商产业园在青年电商培育中心开展现场教学活动，来自各高校大学生、社会各界的青年近300人参加本次活动。

【积极做好中秋慰问工作】 为进一步落实好党的群众路线教育实践活动，让特困家庭能过上一个欢乐祥和的团圆节，9月25日上午，团区委的同志到北京北路社区，积极做好中秋慰问工作。

【开展淮安市青年志愿者服务暨“流动青少年宫”活动社区行活动】 为了响应市委市政府的号召，掀起新一轮“五城共创”的高潮，10月24日上午9点，“五城同创展风采 人人参与作贡献”淮安市青年志愿者服务暨“流动青少年宫”社区行活动第一站走进向阳路社区，通过各种各样的活动进一步教育引导广大市民了解创建、理解创建、参与创建，增强全民参与意识，倡导良好健康生活方式。本次活动由市文明办、团市委主办，市青少年宫、清河团区委、向阳社区承办。本次演出的所有节目均由市青少年学员选送，小演员们精彩的表现获得在场观众的一致好评。11月1日晚，“五城同创展风采 人人参与作贡献”淮安市青年志愿者服务暨“流动青少年宫”社区行活动第二站走进淮安万达广场，在周末给大家带来了一场视觉、听觉盛宴。本次活动由市文明办、团市委主办，市青少年宫、清河团区委、淮安万达广场承办。

【举行“法治伴我行，共圆中国梦”主题演讲比赛】 为进一步提升全市法治宣传教育工作的实效性，提高青少年学生的法治意识和法治素养，10月28日下午，由团市委和市教育局主办，清河团区委等多家单位协办的“法治伴我行，共圆中国梦”主题演讲比赛在北京路中学举行。

【开展“爱暖金秋——携星星的孩子看世界”户外亲子体验活动】 11月3日，彩虹雨康复中心联合淮安团市委、清河团区委开展感受季节变化、感受城市发展的“爱暖金秋——携星星的孩子看世界”户外亲子体验活动。

【开展苏北计划志愿者健康成长大讨论活动】 为了帮助清河区苏北计划志愿者坚定理想信念，明确成长方向，深化扎根基层、服务基层的思想，11月13日下午，清河区苏北计划志愿者团支部在清河区社会管理大厦开展健康成长大讨论活动。

【开展“团团互联 爱心速递”主题教育活动】 11月15日上午，清河团区委联合淮安市国税局团委、万达影城以及魔幻童年少儿艺术团开展了“团团互联 爱心速递”主题教育活动。

【开展青年商会创业讲坛活动】 为深入贯彻落实中央和省群团工作会议精神，扎实推进共青团“凝聚青年、服务大局、当好桥梁、团要管团”四维工作格局，帮助更多的创业青年增强实战经验、实现创业梦想，11月19日下午，清河团区委联合区青年商会在淮安市大学科技园开展清河区青年商会创业讲坛活动，一百余名有志创业的青年参加本次活动。

【举办生日音乐会】 11月25日，清河团区委联合安利淮安分公司和九拍鼓校在清河区承德路小学快乐音乐教室举行了一场生日音乐会。安利志愿者为孩子们带来美食，而孩子们则准备了精彩的非洲鼓表演等节目。

【团市委城工部李烨顺部长一行莅临清河指导青年文明号创建工作】 为深入推进市级青年文明号创建工作，促进创建工作制度化、规范化，提升创建水平，进一步向上争创省级、国家级青年文明号，11月27日，淮安团市委城工部李烨顺部长一行莅临清河，对清河区人民来访接待中心、淮安万达国际电影城有限公司等4家市级“青年文明号”创建单位争创工作进行指导。

【举行发展团员和团员教育管理工作推进会】 为进一步推进共青团的改革创新，做好团员发展和教育管理工作，落实团中央明确的团要管团、从严治团要求，12月9日下午，清河团区委在社会管理大厦4楼会议室召开“全区发展团员和团员教育管理工作推进会”，此次会议是对5月份以来，团省委关于团员发展和教育管理工作的一系列文件精神的进一步培训梳理和推进落实。清河中学、北京路中学等全区所有中学团委书记参加会议。

【开展“暖冬行动 爱心速递”活动】 12月16日下午，由淮安团市委和淮安市农商行主办，清河团区委和白鹭湖小学承办的“暖冬行动 爱心速递”活动在白鹭湖小学二楼会议室举行。淮安团市委副书记李义翠、青农部负责人王猛，淮安市农商行副行长高兴军、业务拓展部副总经理朱坚，清河团区委副书记王程远、王珏，白鹭湖小学党支部书记张爱国、副校长钱锋，以及受助学生和部分老师参加活动。

街道办事处

水渡口街道

3月12日，盐城市综治办一行到水渡口街道参观网格化社会管理工作。

3月24日，无锡市政法委一行到水渡口街道参观网格化社会管理工作。

4月8日，新疆农七师领导一行到水渡口街道参观网格化社会管理工作。

7月9日，市政法委对水渡口街道和杭州路社区的社会治理工作开展调研。

7月30日，市人大、市公安局一行到水渡口街道参观禁毒工作。

9月25日，全省“法润江苏·德法同行”活动推进会在淮安召开。水渡口街道司法所被选为观摩点。省司法厅副厅长张光东、周红养在淮安市副市长、市公安局局长宫文飞陪同下进行现场观摩，全省13个省辖市司法行政系统60余名代表参加。

9月25日，省司法厅副厅长张光东、周红养在淮安市副市长、市公安局局长宫文飞陪同下到水渡口街道观摩街道司法工作。

12月23日，江苏省政法委领导一行到街道调研网格化社会管理工作

柳树湾街道

【概况】 柳树湾街道位于清河区西侧，东至淮海北路—健康西路—北京路，西(北)至古黄河和西安路，南至里运河。辖区总面积7.4平方公里，人口6.8万人，辖富强、西郊、西安路3个村居合一的社区以及朝阳、城西、富丽花园3个纯社区。街道共有在岗在编工作人员31人，其中领导班子11人，行政编制10人，事业人员21人。2015年，柳树湾街道在区委、区政府的正确领导下，积极破解发展难题，主动打造工作亮点，先后被表彰为全省和谐社区建设示范乡镇、省残疾人专项调查先进集体、省三八红旗集体等多项荣誉。

【主要经济指标均达序时】 街道全年实现规模工业产值13.9亿元，同比增长29%，实现利税10000万元，同比增长28.9%。全年培育新增工业规模企业1户，服务业企业11个。实现公共财政预算收入28355.08万元。

【招商选资】 新签约并注册亿元项目4个，分别为电子商务项目、康复理疗中心项目、庭轩快捷酒店和谷阳大酒店，年底前均竣工营业。完成注册外资实际到账130万美元。

【全力促进就业再就业工作】 全年安置下岗失业人员就业再就业650人，安置困难群体再就业111人，新增公益性岗位和灵活就业人员230人，召开14场社区现场招聘会。

【扎实做好社会保障工作】 对辖区内低保对象进行全面核查，实行动态管理，2015年，将不符合要求的119户及时退出，新增27户。辖区城市低保户361户，718人，月发放保障金19.7261万元。组织对困难群众结对帮扶，春节、中秋分别组织开展形式多样慰问活动，开展慈善救助，救助96余户，金额逾5万元。

【提供优质计生服务】 为辖区194名育龄妇女提供免费孕前优生健康检查,1320名育龄妇女提供RTI筛查。加强对失独家庭的关爱,为她们提供亲情陪护、心理辅导等服务。加强对流动人口宣传,提供计划生育、优生优育、奖励优待、便民维权等服务,实现流动人口基本公共服务均等化。

【统筹开展"五城同创"工作】 投入专项资金近20万元,制作宣传道旗280块、宣传牌2500块,发放宣传单、"市民一封信"25000余份。在各居民小区、生活大院设置"五城同创"宣传栏30多处,定期更新内容,宣传创建知识。多次开展集中整治活动,全年共取缔流动摊点820余个、清理乱拉乱挂286处、整治店外店334户、涂刷清理小广告6000余处、拆除乱搭建、不规范广告牌158平方米,清运各类垃圾78车次,设立毒饵站340多个,清理卫生死角850多处,修复破损路面120多处。同时,辖区大治路农贸市场、青年路农贸市场进行了升级改造,两个农贸市场基本达到硬件设施完善、软件管理规范、卫生制度落实、场容卫生整洁、四害密度达标、无溢摊和违章占道经营、日常管理达到规范化农贸市场的标准。

【化解信访矛盾】 实行领导干部信访接待制度,共接待群众上访45余起,受理信访25件,排查矛盾58起,已化解信访矛盾18起。全年未发生一起因工作失职引发的重大群体性事件和重大信访事项,为经济社会发展创造了良好的环境。

【落实安全生产责任】 认真落实街道、社区、企业单位三级安全生产责任制,排查企业2500余次,查出一般性安全隐患192处,全部按期整改,实现安全生产零重大事故。开展校园食品安全专项整治工作,坚持每月一排查,重大节日重点查。

【党建"六有"达标建设】 加大对社区党建工作支撑,设立党建专项经费30万元,保证每个社区5万元以上。夯实党建工作基础,为31个网格支部配强支部书记,腾出活动场所,安排专项经费,定期检查活动开展情况,目前各网格支部全部达到"六有"标准。抓好社区党建阵地建设,西郊建成了总面积400平方米的办事服务大厅和党员活动中心,城西社区建成600平方米的办公综合用房,富丽花园社区在奥林晴园小区里打造的面积达500平方米的社区综合活动用房,其中新建150平方米,利用现有房屋350平方米。富强社区新建200米的党建活动室。

【富强社区获"全国民主法治示范村(社区)"】 富强社区认真贯彻落实"六五"普法规划,高度重视、精心组织、扎实开展社区法治创建活动,取得了明显成效,2015年3月,被国家司法部、民政部表彰为"全国民主法治示范村(社区)",本次表彰是全市唯一获此荣誉的社区。

【富强社区打造富强路文明特色街】 采取"整体规划、分户实施、全面推进"举措,对富强路街巷内273户经营户标识标牌进行统一规范,破损道路和路沿进行维修,于2015年10月完成改造,对市场"五小行业"进行市场规范,彻底改善其配套设施不完善、脏乱差、秩序乱的现状,将全长700米的富强路打造成为一条整洁卫生,秩序良好、特色鲜明的文明街巷。

【富强社区打造"青少年之家"活动阵地】 富强社区整合辖区优秀的教育资源,以现代媒体和信息技术为依托,打造"青少年之家"活动阵地,为辖区青少年搭建一个属于他们自己的、符合时代特点的学习平台,建立一个青少年在家庭、学校之外的第三个"家"。设心理咨询、爱心妈妈,帮助青少年正确对待成长中遇到的挫折,帮助家长正确引导孩子们健康成长。开展青少年安全培训,内容涵盖青少年学习、生活、成长中的方方面面,以助力青少年智能、心理、生理三个维度的平衡发展,力求创造出一种更能适应当下青少年发展需要的教育制度、教育形式。

【富强社区开展"我们的节日"系列社区文化活动】 2015年,分别举办了"欢歌笑语大团圆、喜气洋洋过大年","金羊闹元宵、阖家享团圆","浓浓粽子香,深深鱼水情","九九重阳节、情满夕阳红"等各类大小活动60余次,用文化活动的形式丰富了广大社区居民,展示现代文明新风尚。

【西安路社区开展城中村综合整治】 西安路社区五、六组位于清河区最西端,是典型的城郊结合部,创卫前,硬件设施不配套,居民的文明卫生意识较差。为全面开展"五城同创",西安路社区对五、六组开展综合整治工作。通过大力开展宣传教育,组织群众积极投身创建活动,打造一条文明漫画长墙;加大投入,修好巷道、下水道,改造厕所,粉刷墙壁;积极开展"门前三包"专项整治、巷道环境卫生整治、灭"四害"集中整治等专项活动。通过上述措施,该处的居住环境得到了明显改善,受到了群众的支持和欢迎。该处的综合整治工作,被评为省城乡结合部综合整治示范项目。

【西安路村委会理清发展思路,增强集体经济】 西安路村委会始终把集体经济作为第一要务,理清经济工作思路,狠抓经济工作落实,村委会综合实力显著增强。2015年整合集体资产,增加经营收入,使集体资产收益达到最大化。村委会一班人马对原有的资产进行整合,实行公开招租,重新签订经营合同。固定资产收入约68万余元,其余通过多方协调增加收入约56万余元,全年合计总收入达到120余万元。设立财务监督小组、议事小组,村干部严格按照工作手册的"制腐兴廉、正风肃纪"的规定,做到村务、财务公开制度化,接受全体村民的监督。

【西安路社区5·20志愿者服务队】 西安路社区5·20志愿者服务队于2013年5月20日成立,渐渐发展壮大成现在的900人。2015年,服务队推广手机APP,通过手机发布活动和招募志愿者,志愿者们能更加方便及时的收到活动消息,服务队通过打卡器对志愿者的公益时间进行累计。5·20志愿者服务队有两个固定服务站,一个在学院路50号制药厂宿舍区内,每月5日、20日固定服务日,志愿者们为老人理发、修剪指甲、打扫卫生、陪老人们聊天。另一个在社区挂钩服务点淮阴区三树乡敬老院,每月最后一个周末提供服务,帮助老人们叠衣整被、打扫房间,为老人理发、修剪指甲,与他们聊天、唠家常，为老人们歌唱、表演小品。

【西郊社区对机器厂宿舍进行环境整治】 机器厂宿舍原是机器厂和清江电机厂的职工宿舍，位于北京北路171号，10幢建于1976年，2幢建于2003年，有住户186户，约592人。2000年以后，随着企业解体，小区长期缺乏管理，无人过问，各项设施老化，问题众多。通过多方协调，机器厂宿舍列入2015年老旧小区改造范围。总投入120多万元，共新建路面1500米，维修路面830米，铺设排污管1200米，疏通下水管道830米，疏通化粪池6个，增加绿化400平方米，改造屋面0.8万平方米，更换落水管1310米，给小区居民提供了一个干净整洁有序的环境。

【西郊社区建成一站式服务大厅】 为了更好、更便捷地服务居民，西郊社区建成“一站式”便民服务大厅，面积260平方左右，配备了电脑、复印机、电话等必备办公设备，工作人员8名，为居民提供社区党建、人口与计生、民政优抚、法律服务、劳动就业、社会保障等多项服务项目。

【西郊社区老年公寓献爱心】 颐园老年公寓位于西郊社区辖区，为生活自理、半自理老人提供照顾服务，自颐园老年公寓2011年9月成立起，西郊社区就定期组织网格员、党员志愿者、大学生志愿者为老人献爱心。每逢节假日尤其端午节、重阳节、春节、元宵节，西郊社区的志愿者们，就会携带慰问品、工具和器材，到老年公寓为老人理发刮胡子、给老人包饺子、陪老人聊天、给老人打扫卫生、为老人表演节目等，为老人们送去温暖。

【富丽花园社区阳光拆迁、亮底征收】 富丽花园辖区市财干校宿舍，共有2幢房子84户居民。经84户房主投票，产生市财干校地块房屋征收居民协助小组7名成员，其中有4名老党员代表，全程参与4个拆迁工作小组中。在征收过程中，实行亮底征收，一条政策执行到底，所有协议审核后全部公示上墙，接受监督。征收过程中，对思想有疑虑居民对安置房源有异议，老党员带领居民代表一家一户上门了解，并将结果及时反馈到社区党委，社区党委第一时间与征收办、开发商协调对接，迅速解决问题。最终，从10月10日征收房的评估价格出来后，到11月10日奖金期结束，短短1个月时间，84户全部签约并交房，征收工作取得圆满成功。

【富丽花园社区开展关心下一代工作】 2015年富丽花园社区关工委深入贯彻中共十八大精神，关工委工作取得了明显成效。利用寒暑期、节假日时间，先后组织开展了法制教育、清河法院听审、参观未成年人教育基地、周恩来总理童年读书处、清晏园烈士墓、苏皖革命旧址，开展社会主义核心价值观宣讲、“中国梦、我的梦”讲座、作文竞赛并评奖、趣味活动、成才学习报告会等多场活动，参加人员达700多人次，极大的丰富了辖区青少年的暑期生活，使他们感受到党和政府的关心和爱护。

【朝阳社区实施西大院老旧小区改造】 西大院2015年9月份实施改造，争取了市、区两级财政投入400万元，开展道路扩宽2600平方米，楼顶屋面维修35幢，停车位新增100个，增加72个监控探头，目前改造已基本完成。

【姚晓东一行慰问朝阳社区抗战老战士】 在纪念抗日战争暨世界反法西斯战争胜利70周年到来之际，9月2日下午，市委书记姚晓东一行到朝阳社区慰问抗战老战士，送上党的关怀。

【朝阳社区开展省级节水型社区、酒店创建工作】 为进一步增强辖区居民节水意识，朝阳社区于2015年3月—11月开展桃源居省级节水型小区及万豪大酒店节水型酒店创建工作，通过张贴节水宣传标语、制作节水宣传栏、开展节水宣传系列活动，开展了节水达人家庭评比、六一趣味运动会、节水有奖猜谜等活动，多形式、多渠道地在小区及酒店宣传节水，取得了很好的成效，受到了区、市级领导的高度认可，12月均顺利通过省级验收。

【城西社区创先争优取得突破】 社区先后荣获全国计生协先进单位、首届远洋社区环保公益奖、江苏省和谐示范社区、江苏省绿色社区、江苏省充分就业社区、淮安市文明社区等70多项区级以上表彰。2015年12月，城西社区被省政府外事侨务办公室，授予2015年度“江苏省社区侨务工作示范单位”，成为淮安市本年度唯一获此殊荣的基层单位。12月，城西社区被授予“江苏省充分就业示范社区”。12月23日下午，省政法委领导在市政法委副书记吴锦虎、区委常委、区政法委书记李金平陪同下，到城西社区，就基层社会治理工作进行视察调研。

【城西社区对外宣传取得突破】 2015年，城西社区党委创新社区党建工作，推出“3+3+3”服务新模式，先后被全国党建研究会主办的《社区党建》杂志、中宣部《党建》杂志社主办的“党建网”等多家国家、省级媒体宣传报道，彰显了社区党建特色，树立了党建服务品牌，进一步提升了社区的知名度和美誉度。

【省民政厅领导考察调研城西社区】 7月14日，江苏省民政厅领导一行在市、区民政局领导的陪同下，到城西社区调研基层民主政治建设和社区服务管理工作。考察了社区第四网格，听取了社区的工作汇报，并就社区党建、社区治理等问题与社区干部群众深入交流。

【安徽省蚌埠市蚌山区领导调研城西社区党建工作】 11月12日下午，安徽省蚌埠市蚌山区区委常委、组织部部长李韧一行，到城西社区，就基层党建工作进行视察调研，现场察看了社区推出的3个为民服务特色项目，参观了社区网格化工作室，听取了社区负责人网格化服务工作汇报，对社区开展的各项创新服务举措给予充分肯定。

【城西社区党员成为网格化服务主力军】 城西社区党委在网格化服务中，根据党员特长，组织党员分类别投身社区服务。在老干部党员中提出“退休不退志”，实行义务值周活动；在退伍军人党员中提出“退伍不褪色”，组成义务巡逻队；在流动党员中提出“同住一地，为党旗添彩”，鼓励做和谐发展带头人。目前，社区已有80多名党员加入“民生民情”“夕阳红”等志愿服务队，为居民提供各类志愿服务，成为社区一道靓丽风景线。

淮海街道

【概况】 2015年，淮海街道在区委、区政府的正确领导下，紧紧围绕目标责任状，制定“工作上水平，奋力争先进”责任清单，坚持以项目建设为抓手，认真抓好招商引资，突出培植和发展税源经济、总部经济，加强创新社会管理，大力发展各项社会事业，全力以赴保增长保民生保稳定，经济建设及社区各项事业稳步推进，协调发展。在清河区科学发展观考核中获得街道组二等奖，税源经济、招商引资、重点项目等工作名列全区第一。街道还获得市委表彰为文明城市创建先进单位，市宣传部表彰为党员冬训工作先进集体，市巾帼建功领导小组表彰为妇女岗位建功先进集体，团省委表彰为第十六批江苏省五四红旗团委创建单位，淮海街道淮海大学生创业园获得省级大学生创业示范基地称号等多项省市荣誉。

【制定责任清单 全面改进工作】 “人人肩上有担子，个个身上有压力。”近日，淮海街道制定下发了2015年“工作上水平，奋力争先进”工作责任清单，形成“主要领导亲自抓、一级抓一级、层层抓落实”的工作责任体系，激发奋勇争先精神，全面改进服务工作。

清单分别从经济工作、项目建设、社会事业、社会稳定、社会环境治理、司法综治其他等7个方面进行认真梳理，形成公共财政预算收入、招商引资工作等28项主要指标，每项均细化量化，明确了责任部门、责任领导及具体要求。对不认真履行主体责任和监督责任的实行责任倒查，对相关责任领导和承办部门主要负责人进行约谈、批评、问责。这一举措为增强工作目标意识，促进淮海街道经济社会跨越发展奠定了坚实基础。

【一着不让抓税源】 2015年，街道结合实际制定税源经济考核办法，建立健全挂钩服务企业制度，开展房产税专项征收工作，齐抓共管基本户、建安税等税收，有序推进税源征管各项工作，全年共实现税源经济4.26亿元，位居全区第一。

【突出“问题帮办”“商业招商”强推项目建设】 2015年以来，淮海街道把问题性帮办作为推动项目建设的主抓手，把商业招商作为项目早营业的关键点和突破口，强力推进项目建设。街道帮办的重点项目进展顺利。一是明确责任田。街道对列入考核的8个项目分别明确一名专职帮办人员、责任领导，明确各层级责任。帮办人员每天跟进项目进度，填写项目纪实卡，随时发现项目困难和问题；责任领导每周与项目建设方沟通联系一次，发现问题第一时间帮办解决；街道主要领导每周召开一次项目推进会，推动项目进展。二是狠抓关键点。突出抓早抓实，围绕全年计划进度对每个项目建设情况进行研判，确保项目每个关键节点顺利建设。突出问题帮办，街道逐一与开发企业、施工企业沟通协调，排细排实项目建设进度，为每个项目逐一化解问题，确保项目建设无瓶颈。三是强化发力源。街道认真分析研究新常态下招商工作的新形势、新思路、新要求，不等不靠、主动作为、协调推进，与开发项目共同强化载体招商，为项目营业早发力。

【多措并举强推房屋征收】 2015年，淮海街道打出系列组合拳，强力推进房屋征收工作，成效显著。一是坚持合力攻坚。街道对照房屋征收目标任务制定进度，领导靠前指挥，强化部门沟通，全力化解工作中遇到的各类矛盾难题，形成共同推动房屋征收工作的强力合力。二是坚持宣传造势。对新开征的中元路代征道路项目，定期发放告居民一封信，开通手机短信平台，通过广播、横幅、倒计时牌等全方位、多层次宣传，赢得被征收户的理解与支持，已全部征收结束。三是坚持真情打动。针对门难进、脸难看、话难谈的现象，工作人员始终带着耐心、真心、诚心，入情入理地和群众沟通，不厌其烦地解疑释惑，对个别被征收户的辱骂、挑衅等过激行为，也能冷静对待，用坚持不懈地付出感动被征收户。四是坚持依法推进。针对个别被征收户漫天要价，街道依法、依程序下达房屋征收补偿决定书，果断执行司法强拆。

【南京林业大学人文学院与淮海街道签订共建协议】 2015年6月，南京林业大学人文学院分别与淮海街道、世界之窗广告产业园签订《大学生创新实践基地共建协议》和《大学生创新实践与产学研基地共建协议》。此次合作交流会，开辟校地、校企合作的新篇章，进一步拓展了街道、企业与南京林业大学人文学院合作的广度和深度，为促进街道培养创新型人才，鼓励广大青年创业就业起到了积极作用。

【打造“一社一特、一格一品”特色社区】 2015年，清河区淮海街道办事处努力拓宽社会治理思路，强化社区品牌，打造“一社一特、一格一品”特色社区。各社区结合自身实际，以项目工作为抓手开展社区各项工作，确保实施项目取得实效，切实提高社区网格化管理服务水平。随着社会治理工作的深入进行，淮海街道办事处在原来的基础上，在模式运行、作用有效发挥等方面进行新的尝试，努力使治理和服务方式适应不断变化的形势。北新村社区“五老关爱团”通过组织辖区老干部、老战士、老模范、老专家、老教授参与义务监督网吧，为保护青少年健康成长发挥了积极的作用；车站社区通过举办“邻里节”，增进邻里间和谐，拉近居民之间的距离、化解社会矛盾、提升了居民的文明素质；健康路社区利用辖区医护人员较多的特点，组织成立“义诊服务队”免费为居民提供免疫、健康指导与治疗处方，引导居民正确掌握常见病、多发病预防治疗知识。新村社区“和事佬”志愿服务队及时化解邻里矛盾，促进社区和谐；向阳社区全面推进社会治理网格和党建网格深度融合，充分调动基层党组织和党员服务群众、服务民生的积极性。

【加快发展总部经济】 2015年，淮海街道攻坚克难，创新实干，加快发展楼宇总部经济。严格制定考核办法，立足于抓制度。制定《2015年重点楼宇产业集聚及税收工作考核办法》，强化目标管理，加大推进力度，重点楼宇明确包干责任领导、责任部门和责任社区，每半月对工作落实情况进行研究通报，年底对当年目标完成情况进行汇总考核。多次召开动员大会，立足于抓思想。街道主要领导亲自主持，对各个楼宇工作组分别召开思想动员会议，要求全办上下深刻认识发展楼宇总部经济的重要意义，思想再集中，精力再集中，抱团作战，加大宣传，发挥自身优势，加大注册企业和服务企业的力度。组织税务业务培训，立足于抓落实。邀请区相关部门专家为全办工作人员开展税源经济、注册企业等知识培训，进一步熟练业务，创新方法，提高效率，确保大幅度提升楼宇的入驻率和税收贡献率，打造全区典型、全市亮点的创业载体。

【扎实做好校站结合工作】 为进一步拓展关心下一代工作，淮海街道关工委与清河小学共建，聘请12名优秀教师成立讲师团，为辖区校外辅导站学生们义务辅导。辅导内容主要为思想品德、普法、安全、科技以及才艺拓展、兴趣爱好等，还为困难家庭学生提供课业辅导。此举得到社区校外辅导站孩子们及家长的一致好评，他们称再也不用为孩子学习困难担心了。目前，讲师团已与车站、交通等4个社区对接，制定了辅导活动计划。

【“四化”措施全力发展楼宇经济】 淮海街道研究出台了楼宇产业集聚及税收工作考核文件，确保发展楼宇总部经济重点在“四化”上求得新突破，力争年终打造出几栋产业集聚率超60%、入住率超80%且税收在2014年基础上增长500万元的楼宇。工作责任化。实行楼宇经济责任包干制，每栋楼宇都明确了责任领导、责任社区和责任部门，责任领导负责牵头落实任务，带头注册企业，年终还将严格按照考核文件，对完成任务工作成绩突出的兑现经济奖励，并且向上级推荐表彰，没有完成任务的责任人要在年终总结会上做表态发言。推介联动化。建立健全注册企业联动机制，坚持街道社区两级联动，充分发挥政府、中介、业主、物业、银行及审批窗口在楼宇招商中的作用，落实重点楼宇联络员，一栋楼宇打造一支队伍；加强多渠道沟通联系，以招商政策为引导，积极宣传推介我们的招商优惠政策，努力把政府、中介、业主和物业的四方合力提高到一个新的高度，帮助和引导企业入驻，切实提高楼宇的入住率、注册率和贡献率。服务精细化。设立楼宇服务窗口，由联络员协调服务，实行一门受理、限期办结，为注册企业工作提供更优质高效的“一站式”服务；全力帮助企业解困，定期走访楼宇入驻企业，协调解决企业正常生产经营过程中遇到的各类困难，帮助企业盘大做强，产业创新，积极争取项目扶持。四是考核清单化。要求每栋楼宇的责任领导带领责任单位进行一次认真深入的调查分析，切实做到“三清”，即进驻情况清楚、楼宇存量资产清楚、租赁收入税收和企业纳税情况清楚。每半个月统计一次楼宇入住率和税收数据，召开会议对照指标清单逐一过堂，年终绝不打和牌，凭数字论奖惩，凭实绩评先进。

【城管工作六大转变 促进最严治理常态化】 淮海街道借“五城同创”之机，进一步严格管理制度，加强队伍建设，积极推行城管工作“六大转变”，促进最严城市管理常态化。一是工作状态向长效管理目标转变,要坚持迎检状态不改变、不懈怠;二是工作态度向主动作为转变,树立主动作为就是为自己负责的意识,迎难而上,积极解决各种难题;三是工作责任向具体化转变,责任到人,“分路到人”,每人要为自己的路段出现占道摊点等问题负责;四是工作心态向反思自己转变,出现问题后的第一步就是寻找自身的原因,借助压力形成工作合力,干出成效;五是管理考核向严格大考转变,按照新管理办法给予奖惩,对不作为、慢作为现象严格进行严格兑现;六是解决难点向找方法转变,齐心协力、理智应对,破解难题。

【国家卫生城市迎复审工作】 淮海街道积极部署,全力推进国家卫生城市迎复审工作。思想高度重视,多次召开会议部署创卫工作,要求街道部门在保障日常工作同时合理调配人员参与到挂钩社区创卫工作中去,对社区突出责任属地管理,加大力度全力以赴做好工作。难点重点突破,突出对新村南北路、化妆品一条街、金马广场面侧、附小门口等重点路段定人定岗定责,每周开展两次专项整治行动,同时对保洁、路面、工地、绿化、广告牌、散养家禽等细节问题一一核定标准,以高标准严要求确保长效。督查严格有效,由街道纪工委组织人员每天两次对上级交办整改情况、部门参与创卫情况、社区落实责任情况等进行督查检查,对落实不力者通报批评,助推街道创卫工作取得实效。

【“一会二单三进”,助推基层党建显活力】

今年以来,淮海街道党工委坚持“一会二单三进”工作法,助推基层党建显活力。“一会”即每月召开一次党建例会。系统分析、点评基层党组织当月党建活动情况,查找不足,交流经验,促进党建工作共同提升。同时,街道党工委还组织社区党委书记赴苏南考察学习,借鉴先进经验和做法,结合自身实际,进一步推动党建工作深入开展。“二单”即制定党建责任清单、落实清单。年初即排定街道及各社区党组织与党组织书记年度责任清单,按月列出工作计划,将职责细化到人、量化到岗。街道党工委对各基层党组织的工作实绩按月打分,对薄弱环节制定落实清单销号整改,形成一级抓一级、层层抓落实的党建工作格局。2015年,街道党工委对各级党组织查找的16个薄弱环节进行交办整改,目前已全部整改到位。“三进”即组织党员进社区、进网格、进家庭。各社区党委均成立在职党员党支部,挂钩网格、家庭,发挥资源优势帮困助弱。对社区党员实行志愿服务积分储蓄制,激励党员发挥先锋模范作用,参与社区服务。各社区党组织还对辖区家庭进行合理分类,按不同类别明确一支党员志愿队伍进家庭,定期开展服务。2015年,共解决31名孩子上学困难问题,帮助48名困难党员实现再就业,调解矛盾纠纷24起。

【开展整治非法集资专项活动】 淮海街道通过“亮屏幕、发折页、贴告示”等各种形式,全力开展“远离非法集资,防范金融诈骗”专项排查活动。一是在各居民区宣传栏张贴宣传画报,广泛宣传打压整治非法集资的重要性和必要性,提醒居民加强防范意识,营造了浓厚的工作氛围;二是各社区网格员严格按“一日双巡”的工作要求,做好“友情提醒、正面宣传、深入排查”相关工作，并友情提醒60岁以上的老人要端正心态，对高额回报、快速致富的投资项目要提高警惕，冷静分析。专项整治非法集资活动取得了良好的效果。

【房产税超额完成全年目标任务】 2015年，淮海街道高度重视房产税征收工作，在年初目标制定上，将任务逐一分解到街道每人及各社区，并通过每月一次通报促进全办房产税征收工作。为加大房产税征收力度，街道还将8—9月确定为房产税突击征收月，抽调街道、各社区精干力量，对辖区范围1200多户门面、楼宇的房产税开展了逐户催缴。通过全办努力，全年共完成房产税公共预算收入257.61万元，完成序时进度的133.4%，提前超额完成全年房产税征收任务。

【紧扣"四心"化解社会矛盾】 2015年，淮海街道以提升群众满意率、促进社会和谐为根本，以深化矛盾纠纷化解工作为重点，坚持以"诚心、真心、决心、恒心"暖"人心"，以和谐的理念和调解的方式，成功化解多起社会矛盾，有效维护了社会的和谐稳定。"诚心"为民是化解矛盾的基础。坚持"一张笑脸相迎、一把椅子相让、一杯热茶相敬"的服务态度，耐心倾听群众陈述，诚恳回答群众问题，用关爱融合群众心中怒气，用热情拉近与群众的距离。工作人员坚持以心换心，合情合理办事。以"真心"换位思考，强化责任，主动作为，赢得群众认可。工作人员坚持以民为本，用实际行动关注群众最关心的问题，积极创造条件解决群众诉求，不等不靠，抢抓有利时机正面解决疑难案件，使"疑难"变"不难"。紧扣"决心"维护法律权威。针对部分群众行为失范、方式极端的问题，工作人员在带着感情工作的同时，又注重在法律框架下引导群众理性表达诉求，找准切入点，做好引导工作。紧扣"恒心"防止问题反弹。部分疑难案件的复杂性决定了矛盾纠纷的反复性，工作人员为防止问题反弹，坚持紧抓不放，持之以恒。注重稳控。严格落实稳控责任制，对暂时不具备化解条件的疑难案件抓好稳控工作，责任到人，始终站在消除矛盾，减少对抗的角度，积极帮助其寻求解决问题的办法。

【五个严禁，狠刹"升学宴""谢师宴"操办风】 淮海街道纪工委为全面落实中央八项规定，狠刹公职人员在滥办酒席中的歪风邪气，树立正确的人情世故观念和勤俭节约的新风尚，专门下发通知，严禁党员干部违规举办"升学宴""谢师宴"，对违规行为将点名道姓通报曝光，严格执纪问责。《通知》要求，街道、社区的党员干部必须严格遵守廉洁自律和作风建设相关规定，做到"五个严禁"：一是严禁违规举办（或以亲属名义举办）、参加各种名目的"升学宴""谢师宴"；二是严禁借子女升学名义发送请柬及通知宴请管理服务对象或其他可能影响公正履行职务的人员；三是严禁借子女升学之机收受管理服务对象或其他可能影响公正履行职务的任何单位和个人的礼品、礼金以及赞助；四是严禁用公款或到管理服务对象及其他可能影响公正履行职务的单位和个人报销应由个人支付的子女学习费用；五是严禁用公车或借用管理服务对象车辆送子女入学。同时，街道纪工委还设立了举报电话，供辖区居民进行监督和举报。

【成立淮海街道商会】 为促进淮海街道经济的不断壮大和健康发展，推进清河经济社会继续保持良好发展态势，在清河区工商联合会的关心和支持下，5月13日下午，淮海街道商会成立选举大会暨第一届理事会顺利圆满召开。35个商会会员全票通过选举淮安万邦实业有限公司何建春董事长为会长，淮安恒荣天宝置业有限公司孙泉如总经理、淮海第一城商业管理有限公司周玉明总经理、淮安九龙商贸投资管理有限公司石健总经理、淮安苏宁云商销售有限公司王青海总经理、江苏中央新亚百货股份有限公司秦文泉总经理、淮安迎宾馆有限公司陶蔚文副总经理、江苏杰力酒行有限公司侯昀希副总经理、淮安金鹰国际购物中心有限公司王宇高经理为副会长，街道副主任王建国当选为商会秘书长。

【劳动保障工作成绩突出】 2015年，街道劳保所紧紧抓住“民生为本、保障优先”的工作主线，不断践行党的群众路线教育实践活动，依法行政，狠抓落实，创先争优，就业再就业、企业退休管理、城镇居民医疗保险等各项工作健康有序地开展，超目标完成了各项任务，为打造“宜居宜工”的街道做出积极贡献。

【积极开展特扶家庭连心家园活动】 街道计生办利用端午、中秋、春节等节日积极开展活动，采取聚会、谈心等方式，与特扶家庭积极联系，用实际行动，鼓励特扶家庭用积极乐观的态度面对困难，重拾生活的勇气与信心，帮助她们正常地进行工作和生活，让他们能感受到社会的关怀和温暖。

【建立领导班子挂钩社区制度】 为加强对基层工作的领导，进一步密切党群干群关系，及时了解掌握各社区居委会工作动态和服务需求，淮海街道建立了领导班子成员挂钩联系社区工作制度。通过挂钩联系、督查指导各社区建设工作，为街道发展营造良好的环境。强化工作联系。各挂钩领导每周至少深入社区一次，领导班子成员要切实负起责任，充分发挥带头示范作用，要经常深入及时排查化解矛盾纠纷，切实做到情况掌握在基层、问题解决在基层、矛盾化解在基层、工作推动在基层、感情融洽在基层。详细了解群众生产生活情况，认真征求群众的意见建议。强化工作指导。领导班子成员要加强对联系挂钩社区的领导指导，推动街道党工委各项决策部署落到实处。在认真调研的基础上，对社区存在的难点和焦点问题进行分类排队，分析原因、研究对策，全力破解。强化工作责任。领导班子成员要和社区党委书记一起切实做好辖区安全生产、信访稳定工作，并共同作为安全生产、信访稳定工作的第一责任人。对其他党工委布置的事各项工作任务要帮助和指导社区全力以赴予以完成。强化工作考核。街道党工委负责对领导班子成员挂钩社区工作情况进行督导检查，并纳入绩效评价。与挂钩联系社区年度星级考评情况、街道阶段性重点工作推进情况相挂钩，建立定期考评、综合评价等工作机制，形成促进全街道科学跨越发展的工作合力。

【收集微心愿，党员来认领】 为便于职党

员真正在8小时之外"回"到社区参与服务活动，彰显在职党员回社区活动正能量，向阳社区通过征集和梳理，列出了社区困难群体、下岗失业人员、社区单亲家庭、妇女儿童和失独家庭以及社区空巢老人等5个弱势群体服务项目和5个公益活动志愿者服务队，以及部分居民的微心愿20个。服务项目和微心愿在社区在职党员QQ群里以及党员回社区的活动现场公开发布，党员纷纷根据个人的特长和意愿认领服务项目，效果显著，群众满意，形成联系群众、了解群众、服务群众快车道。

【民办非企业，引领作用大】 向阳社区党委成立了全区首家向阳娱乐养老俱乐部，社会组织之家。积极引进社会组织，为社区中老年人服务。考虑到社区人员少，专业知识跟不上的现状，社区与民办非企业清河区娱乐养服务中心合作，发挥其优势，开展社区养老服务工作。充分发挥了社区离、退休党员的先锋模范作用，积极主动的开展了社区党员，居民互动服务活动，通过开展各项群众乐于参加的活动，拉近了社区与群众的距离，搭建了社区与群众交流的桥梁，更好的为社区居民服务。更重要的是把社区退休的党员也集中起来作为志愿者，积极发挥老党员的光和热，真正让社区老人"老有所学、老有所养、老有所为、老有所乐"为社区和谐和稳定作出重要贡献。

【立新诗社成绩喜人】 立新诗社成立自2006年4月成立以来开展一系列诗教活动，并取得了喜人的成绩。其间共创作诗、词、联近千首，其中被收录到《中华诗词学会会员作品集》诗词12首，被收录到省编《巾帼风华》诗词集诗3首，被写进江苏省第三次诗教经验交流暨先进表彰大会材料里七绝"敬老诗"1首，被刊登在江苏省科学技术出版社诗3首。编书两本：《立新吟草》、《荣获全国诗教先进单位纪念册》，编诗教资料1本：《申报全国诗教先进单位综合材料》。立新诗社已被市诗协、区诗协确定为诗教窗口，多次为市、区增光添彩。

【挂牌成立在职党员进社区活动基地】 北新村社区党委成立淮安市首家正式挂牌的市级机关在职党员进社区活动基地。社区党委一直高度重视在职党员进社区工作，积极推进在职党员"双进"。在职党员进社区落实"六个一"志愿服务，"六个一"是指在职党员联系社区1户困难群众，联系1名空巢老人，联系1名残疾人，联系1名流动党员，联系1名年老体弱党员，联系1名困境儿童，联系服务对象不少于3个。在职党员进社会组织积极开展活动，主要围绕"三联"机制，即区直部门联系社会组织、党组织负责人联系社会组织负责人、党员联系社会组织骨干，重点围绕解决1个实际问题、参加1次社会组织活动、培养1名入党积子、提出1条建设性意见开展活动。

【技防设备安装到位，实现社区全覆盖】 2015年清河区十大惠民工程之一的城中村技防工程在健康路社区动工实施，此次工程为辖区内安装球型机、枪机共21个，并与辖区内的公安摄像头联网，实现辖区监控全覆盖，几乎无死角的安全网络。自监控设备启用以来，为民提供线索破获案件2起，协助公安侦破案件及矛盾协调4起。并安排轮流值班制，发现情况第一时间上报处理，安全网络为民送去了方便和安心，得到社区居民的一致认可和好评。

【新村社区实施“八联”工程主题活动】 新村社区以文明驿站为载体，以发挥党组织和党员作用为主线，进一步加强社区党建工作，推动社区居民文明意识，发展社区文明建设。“文明驿站”设有固定活动场所和组织架构，在党支部牵头下开展工作、组织活动。充分发挥辖区各方力量作用，实施“八联”工程，齐心协力推进社区党建和社区文明建设。社区党员成立志愿服务队，开展文明宣传、文明督导、文明创建等主题活动，年底开展“文明家庭”“文明经营户”“文明市民”等评比活动，进行授牌和表彰，选树先进典型，学习先进典型，大兴文明新风。

【“全能社工”上岗服务】 交通社区根据社区自身的特点，制定了“全能社工”培养计划，梳理出各个条线的办事流程，着手打造“全科受理，全能服务”的社区工作新模式。社区每一名工作人员成了“全能社工”，每天轮流值班，其他社区工作人员在辖区内入户走访、排查问题。这既确保了办事居民不跑冤枉路，又让其他社区工作人员从窗口解放出来，有更多时间深入小区服务居民。

【邻里守望点建在网格上】 每个小区内都有相处多年的老邻居，他们平日里经常在一起聊天、打牌、下棋，一家有事，其他人都会前来帮忙。交通社区根据这种地缘关系，在辖区内的每个小区网格设立了邻里守望点，把这些热心的邻居组织到一起，每天在小区内转转，上门走访空巢老人、相互关心近况，调解邻里矛盾，守护居住安全。清河区淮海街道交通社区的邻里守望点自2013年设立以来，邻里之间嘘寒问暖、互帮互助已成常态，邻里关系变得更加和睦了。

【打造淮海第一城新天地美食街创业基地】 交通社区全面调查“淮海第一城新天地”入驻基本情况，工作人员首先做好前期登记工作，逐户走访新天地的经营户，对经营户的年龄结构、文化程度、人员类别、带动就业人数等做了认真细致地登记工作，了解创业户的经营状态、创业服务需求，积极宣传申请初次创业补贴、基地租金补贴、社会保险补贴等一整套劳动保障政策。到目前为止，共登记了56户创业户，有部分符合要求的已经办理了初次创业补贴。此举以创业带动就业，弘扬创业精神、培育创业主体、拓展创业空间、进一步激发了全社会的创业活力。

【车站社区创建省级城市管理示范社区】 为进一步深化江苏省城市管理示范社区创建活动，全力打造环境优美、管理有序、文明和谐的城市管理亮点社区，2015年以来，车站社区对照《江苏省市容管理示范社区考核标准》，以创建江苏省城市管理示范社区为目标，坚持“您的需求就是我们的服务”的服务理念，以社区党组织和居民自治组织“两个阵地”为纽带，加强组织领导、落实工作责任、狠抓硬件建设，开展综合整治、强化长效管理，深入推进城市管理示范社区创建活动，社区市容面貌明显改善，市容环境明显改观。

【省级“正版正货”示范街区验收】 2015

年，江苏省知识产权局专家组对淮安市淮海路商业街创建省“正版正货”示范街区工作进行了验收。街区在示范创建活动中，按照项目合同的要求，进一步建立健全了知识产权工作内部管理机制；完善了知识产权管理的各项规章制度；加强了企业“正版正货”承诺相关人员知识产权的培训；广泛开展了“正版正货”承诺宣传，使街区整体形象得到了积极的提升，加强了自主知识产权保护，促进了区域经济的增长，街区示范创建活动成效明显。

【黄河南社区以社区党建为中心，充分发挥社区自治功能】 黄河南社区根据“一委一居一站一办”组织格局和“扁平化”服务模式与“民情日记”走访工作紧密结合的方式，实现“人往格中去、事在网中办”。社区按照区域划分为5个网格片区，并落实到位，责任到人。网格责任制不仅加强了与群众沟通和交流，工作由被动变主动，而且居民也对网格化管理模式表示支持和认可，居民发现问题都能第一时间反映给社区，及时与网格负责人联系，畅通了民意。

【荣誉榜】

2015年淮海街道获区委区政府以上表彰

1.淮安市委、市政府表彰淮海街道为创建全国文明城市工作先进单位

2.淮安市人口和计划生育工作领导小组表彰淮海街道为全市人口和计划生育工作先进乡镇

3.清河区人大常委会表彰淮海街道为人大代表工作先进集体

4.清河区委表彰向阳社区为综治法治先进单位

5.清河区委表彰北新村社区为综治法治先进单位

6.清河区委表彰淮海街道为创建全国文明城市提名城市工作先进街道

7.淮安市“巾帼建功”活动领导小组表彰淮海街道为淮安市巾帼建功先进集体

8.清河区委表彰淮海街道为全区统战工作先进集体

9.江苏省民政厅表彰淮海街道交通社区为江苏省和谐社区

10.江苏省住建厅表彰淮海街道交通社区为节水型小区

11.江苏省人社厅表彰淮海街道交通社区为充分就业示范社区

长东街道

【概况】 2005年，长东街道紧紧围绕区委区政府中心工作，奋勇争先，创新实干，各项工作取得了新突破。全年累计实现公共财政预算收入15406.38万元，其中房地产税收完成9923.91万元，建筑安装业税收完成2408.52万元。街道全年实现外资注册资本实际到账800万美元，完成全年任务的160%，位居全区第一；招引亿元以上项目4个，分别为微巢科技有限公司、莱迪时尚广场、雨润中央新天地、长鸿宾馆。2015年，御码头美食街获批全市第一批市级商业特色街区。街道获得市政府授予的零违建街道和全市唯一一家江苏省科普示范街道。

【城市长效管理工作】 2015年，围绕国家卫生城市迎检复审和国家文明城市创建，

全面开展城市环境综合整治、爱国卫生运动、食品药品安全、健康教育各项工作。对街道辖区内店招店牌等进行全面整治，打造御码头美食街，安涉桥二区实施环境综合提升整治工程。街道广泛发动群众，对各类违建采取零容忍，全年共拆除各类违法建设13处，面积300余平方米。全面开展爱国卫生运动，全年开展各类清洁活动20余次，对小区乱堆放、楼道小广告、道路倾倒建筑垃圾等进行清理和整治。同时积极开展以病媒生物传染病为重点的病媒防治工作，加大宣传力度，开展除“四害”消杀工作。

【税源经济工作】 全年累计实现公共财政预算收入15406.38万元，其中房地产税收完成9923.91万元，建筑安装业税收完成2408.52万元，个体定额税收完成145.66万元，其他企业税收完成2816.84万元，个人门面出租房产税完成111.45万元。

【文化体育事业】 通过改建扩建、优化功能、提升服务，各社区均建有100平方米以上的社区文体活动中心，并免费向居民开放。城市社区十分钟体育健身圈全覆盖，每个社区辖区范围内都有不少于3处的晨晚练健身站点，群众体育健身活动正常有育开展。全年围绕重要节日以及街道中心工作开展丰富多彩的各类群众文体活动共计36场次；辖区共有15支群众文艺团队，经常性的开展志愿演出活动。

【共青团组织工作】 团工委紧紧围绕党政中心工作和青年实际需求，积极巩固深化街道团组织格局创新工作成果，不断完善团的组织建设，丰富团的工作资源，创新团的活动载体，深入推进区域化团建工作，开展了关爱困难青少年、七彩夏日、冬日暖阳等活动，取得了较好成效。2015年，长东街道团工委被共青团清河区委表彰为“清河区五四红旗团委”，街道团工委书记颜士忙被共青团江苏省委表彰为“江苏省优秀共青团干部”。

【人口与计划生育】 开展“免费孕前优生健康检查”及“全民（女性）健康工程检测”活动，提高群众的生殖健康水平的知晓率、参与率。街道全年登记并发放“0—14周岁独生子女父母奖励金”家庭户1610户2881人，计98760元。

【安全生产工作】 按照“党政同责、一岗双责”要求，实行领导班子挂钩社区安全生产责任制，街道条线分管领导安全负责制，社区主任安全负责制等制度。街道与五个社区、各社区与158个企事业单位签订安全生产（消防安全）目标责任书，并完成对辖区内730企业单位签订消防安全承诺书。

【民政低保工作】 资金发放足额、及时，真正做到了低保应保尽保，动态管理、能进能出，及时地保障困难家庭基本生活。全年享受低保家庭共351户681人，保障金225583元。在解决困难家庭最低生活保障同时，还配合教育、医疗等部门落实低保家庭就学、就医等其他系列优惠政策。

【拥军优属工作】 认真落实优抚相关政策，保证优抚安置工作顺利推进。2015年对23名义务兵家属发放优待金262363元。对街道优抚对象进行信息更新,落实每一位优抚对象的情况,“八一”建军节和春节期间组织优抚对象座谈会,发放慰问品。

【残联工作】 为51名无固定收入重残人员发放重残救助金299880元,为50名低保中重残人员发放重残补贴金60000元,为48名重残人员发放护理补贴金92160元,为12名残疾人发放燃油补贴金3120元,顺利完成“全国残疾人基本服务状况和需求专项调查”工作。

【社会治安综合治理】 立足街道实际,全力打造了社会管理服务中心,建成了社会化管理服务中心,实现了资源整合、功能聚合、工作融合的工作格局。在区综治办、街道领导的正确指导下,工农兵社区、清淮路社区分别获得“清河区综合治理先进单位”的荣誉称号。

【法治宣传】 提升硬件、巩固软件,进一步加大“平安街道”“法治街道”工作宣传力度。2015年,街道借着打造社会化管理服务中心的东风,重点打造了综治、法治宣传回廊,为街道开展综治、法治宣传建立扎实的硬件基础。同时利用开展的综治、法治、禁毒宣传月以及“12·4全国法制宣传日”的契机,分别组织街道综治办、法治办、司法所的工作人员轮流在街道、社区,开展各类法律讲座、法律免费咨询、法律援助活动,营造浓厚的宣传氛围。

【清淮路社区】 2015年,清淮路社区以和谐社区创建为重点,开展了以服务社区居民为宗旨的系列活动,先后荣获了江苏省民主法治示范社区、淮安市民防示范社区等荣誉。经过社区工作人员的不断努力,清淮路社区获得了“五星社区”的殊荣。

【兴隆社区】 2015年,以创建“六好”社区为目标,成立15人的社区关爱团。通过校办结合、高校大学生的支援,全年共组织30次活动,有法制法纪教育,又有学习周恩来精神,学习雷锋好榜样做法,并且结合上级各项的主题开展活动。

【工农兵社区】 2015年,以和谐社区创建为重点,开展了以服务社区居民为宗旨的系列活动,荣获了清河区先进基层党组织、丰惠广场被评为市级创业基地等。经过社区工作人员的不断努力,工农兵社区的各项工作均取得了一定的成效。

【三门社区】 2015年,三门社区以和谐社区创建为抓手,以全心全意为居民服务为宗旨,全年举办超过30次党员、居民活动。如组织党员、居民赴刘老庄八十二烈士陵园参观等,着重增进居民感情,激发党员干事热情。荣获淮安市民防示范社区荣誉。经过社区工作人员的不断努力,三门社区的各项工作均取得了一定的成效。

【越河社区】 2015年,越河社区成立了“益起来”爱心志愿者服务社,志愿者189人,来自社会各个阶层,为一个共同的目标,组成了传播文明、奉献爱心的大家庭,其中涌现出了有杨玉琴、金驹2名“中国好人”称号的志愿者领队,志愿者服务社共开展各类志愿服务活动70余次;5月,社区在第三网格支部、成立了“党员爱心之家”,让社区社会组织带动社区党员、在职党员人人做志愿、人人献爱心。在越河小区举办了“邻里守望，幸福越河”党员志愿服务进社区活动，社区30余名党员和100余名市、区在职党员和社区社会组织的志愿者们参加了此次活动，现场为居民提供了文艺表演、家电维修、理发、推拿、缝纫、法律咨询、交通安全宣传等服务，活动得到了小区居民的一致好评。11月开展了“残疾人再就业技能培训”，为4名残疾朋友成功介绍就业；12月社区成立了“抗癌协会”，为癌友朋友搭建了沟通交流的社会平台。

长西街道

【概况】 西街道辖区东起淮海北路，西至北京北路，南临里运河，北到淮海西路，面积2.88平方公里。下辖人民路、上海路、长西、引河、河堤路5个社区，居民13690户、3.79万人。街道党工委下辖5个党委、33个党支部、940名党员。辖区内有南京军区十五分部干休所、淮安市青少年宫、周恩来童年读书处、海事局等126个驻区单位。辖区现有淮海路小学、石塔湖小学和清河实验中学三所学校，位于人民北路8号的市青少年宫，是市区校外教育的中心基地，为社会和学校输送一批批有艺术特长的青少年。

街道办公地点位于漕运西路88号，现有行政人员13人，其中班子成员9人，事业人员14人，共计在编人员27人。

上海路由东向西贯穿全境，清河路、人民南路穿境而过，交通便利，景色宜人。有石塔湖小区、富华园小区、华能小区等26个居民区。

辖区内有一代伟人周恩来童年读书处，院内绿树成荫，花香四溢，周总理亲手浇培的梅花生长茂盛，人品、花香相互映衬，正所谓“人中一品，花中一品”。

2015年街道被区委区政府表彰为全区科学发展目标考评一等奖。

【招商引资】 2015年，街道完成新签约亿元(视同)项目6个，新开工项目4个。金汇广场、十五分部商业综合体两个房地产项目成功引进新的合作方，项目重新启动盘活，人民剧场地块片区被列入“一线一题”。外资招引取得新进展，到账外资629.8万美元，完成全年目标任务的126%；新批台资项目1个。

【税源经济工作】 2015年，实现公共财政收入28597.03万元。其中其他收入21729.68万元，建安税收1906.25万元，房地产税收2686.87万元，个体定额户294.91万元，其他民营企业收入1885.13万元。完成18户规模以上服务业企业登记申报工作。

【项目建设工作】 坚持项目为王，实行重点项目领导班子挂钩帮办服务制度，坚持挂钩领导“一日双巡”，主要领导一周两会等工作方式，深入一线摸实情况。加快推进中天商业广场等项目建设，积极推动该项目涉及的公园路、思园路等道路建设。十五分部商业体项目建设进度顺利，年底成功纳入全市5亿元竣工项目考核验收。街道全力完成了华能小区西北角地块公房的拆迁扫尾任务。帮助巨一首府、中环国际等已竣工建成项目招商，引进经营主体。

【安全稳定工作】 严格按照市、区工作要求，认真落实相关措施、狠抓排查化解工作，着力消除各种不安全、不稳定、不和谐因素，全力做到了"三个确保"，有力的维护当前和谐稳定的社会环境。全年共处理领导接待日交办单5件，交办函1件，辖区居民反映问题7个,参加公开接访31次。重点化解4户信访老户。共排查调处矛盾纠纷44起，矛盾纠纷调处率和调处成功率均达到100%。建立并完善了安全生产制度，全年无一起安全生产责任事故。

【城市长效管理工作】 坚持以"五城同创"作为工作抓手，强化组织领导，狠抓环境综合整治，推进长效机制落实，营造健康文明干净的城市环境。街道、社区利用宣传栏、展板、橱窗等多种方式开展"五城同创"宣传，着力营造深厚的全国卫生城市、文明城市复审、创建氛围。组织街道城管联合区相关执法部门开展联合执法行动，对辖区"脏乱差"现象进行重拳整治，共解决占道经营、环境卫生等问题50余项，清理沿街商铺倚门出摊、堆放货物的行为，排查出无证经营527户。组织100余名人员多次清理小区楼道杂物、垃圾死角，清除各类垃圾20余车。

【党建创新工作】 街道以"两网融合""两站一会"为抓手，依托"一居一特"，大力推进党组织"三亮""六有"规范化建设。27个网格支部均通过资源共享实现了"六有"。实行"六力"并举，促进党组织网络与社会治理网络深度融合，将党组织和党员的作用发挥到社会治理的最前沿，服务居民群众。

【社会事业工作】 街道坚持把改善和保障民生作为发展的出发点和落脚点，做优民生服务水平，提升群众幸福感。2015年，劳动保障工作全面及超额完成5大类36项指标。全年共完成三大保险扩面293人，超额完成帮扶就业、就业困难人员再就业、发布各类岗位信息、新增公益性岗位和灵活就业人员等目标任务。全年举办招聘会6次，项目推介与创业座谈会4次。引河社区创成省级充分就业示范社区，乐创园、中环国际两个创业基地通过市级验收，5个社区已全部创成省级和谐示范社区。全年发放临时救济金102人次共计45550元,大病救助8人次共计12700元；发放困难补助、临时救济43人次共计18600元；发放优抚对象7人次共计3500元，义务兵优待金29人共计420800元。顺利通过省、市卫计委对街道的"十二五"终期评估和计生目标考核。人口信息化建设指数达99%，全员人口信息数据质量、随访服务率、群众满意率均达100%。街道计生协会被市卫计委表彰为先进集体。通过加强对社区家长学校、妇儿之家的建设指导，街道被市妇联授予淮安市"三八"红旗集体荣誉称号。

府前街道

【概况】 办事处机关位于大治路20号。2015年末，街道辖区范围没有调整，依旧辖京南、京北、西园、北京北路、淮西、工农路6个居民委员会和繁荣村(繁荣居委会)，分设147个居民小组，31个村民小组；辖区面积为4.5平方公里，常住人口有6.2万人；在管辖范围内成规模的市场有5家——分别是乐园步行街、五金市场、布匹市场、工农路食品城和丰登路市场。

【社区教育工作】 2015年度，街道社教中心严格履行《清河区府前街道办事处社区教育考核细则》，取得了显著的成绩，各项工作依然走在清河区的前列：江苏省社指中心在依据“月、季、年度”考核中，每次(期)都及时在省级网站上公布考核的详情，街道社教中心的卫军主任全年共拿到由省社指中心颁发的证书9本(张)；同时其在“江苏学习在线”网上学习的学分，已经超过15000分，远远超过清河区的其他学员。5月，卫军参加了在江苏理工学院举办的“2015年江苏省社区教育管理人员高级研修班”的培训，并代表淮安市在大会上作了交流发言，受到了省和兄弟市(区)与会者的一致好评。9月，卫军参加在南京举办的“江苏省成教协会理事会”，并被省成教协会吸收为理事(淮安仅三人)。

【食品卫生】 “早预防，保健康”街道一向注重食品安全的预防工作。食安办陈前春主任积极主动地与市中社区医院保持密切的联系，与社区一起，动员居民积极参与社区医院的健康讲座，努力提高居民的健康意识，确保居民的健康理念由以往的“不生病”转变为“早预防，保健康”上来。

【淮西社区】 注重民生建设 关爱青少年健康成长：开展丰富多彩的文化体育活动，充分发挥孩子的想象力，在针对性和吸引力上下功夫，让孩子学了又想学，听了还想听。为培养社区孩子绘画兴趣，社区邀请“昌龙画室”的韩昌龙老师，免费为辖区内的小书画爱好者、外来务工子弟，进行每周两次书画培训，为孩子今后的学习道路奠定了坚实的基础，帮助7名贫困学子圆大学梦。结合社管模式，成立相应的社会服务组织。社会组织成员经常深入基层，了解民情，关心群众疾苦，帮助群众排忧解难，受到居民群众欢迎。开展社区活动，丰富居民生活。利用市民学校、社区大讲堂，组织开展了“放飞梦想—2015迎新春老少同乐展才艺”“八礼四仪”知识竞赛、青少年法制教育大讲堂、社区道德大讲堂、纪念抗战胜利70周年系列活动、青少年趣味运动会等系列活动，深受社区广大居民的喜爱。强化社会管理，倾心为民服务。一是强化网格化社会管理工作，健全服务网络，完善社管平台信息，准确平台信息无误；二是整合资源，处理问题方便快捷。只要一个电话，社区志愿者在5分钟内就会到达处理现场，协调处理问题；三是社区开展文化娱乐活动，不用张贴广告，只要通过网络平台、“社区QQ群”就能发布信息，志愿者、居民网上报名即可参加活动；四是利用网络平台及社区QQ群，向居民进行政策宣传、办事指南、通知公告、党务居务公开；五是运用“三清”“四个了解”“五个到家”社会服务管理模式，形成了服务工作纵向到底、横向到边，以点带面覆盖全区的社会服务管理新局面。另外社区“两委”班子经常深入小区、走访困难户、了解居民心声、与居民拉家常、对重病、特困人员及时给予帮助，做到“有话跟我说，有事找我办，有难找我帮”，如今社区的各项工作也居民的肯定。

【京北社区】 京北社区继2011年度获得共

青团江苏省委和江苏省志愿者协会联合表彰为"江苏省优秀青年志愿服务项目"后，常年积极组织志愿者活动，2015年12月5日，社区利用北京新村8区游园进行了开展了文艺演出活动。让志愿活动更加深入人心，并长期保持下去。

【京南社区】 阅读，是一种能给孩子带来无限乐趣的娱乐活动，同时，也是孩子们获取知识、开阔视野的一种学习方法。阅读习惯的养成是人生最有价值的良好习惯，并且越早越好，怎样帮助孩子培养阅读的兴趣和提升阅读能力，亲子阅读就是一个很好的途径。为激发儿童阅读兴趣，营造亲子读书氛围，3月27日，京南社区在社区文体活动中心开展"我和孩子共阅读"的寒假阅读活动。

参加活动的共有12对家长和儿童。家长们拿起工作人员准备好的图书，与孩子一起进入美妙的亲子阅读时光。通过亲子共读，父母和孩子不仅获得了知识和快乐，而且使亲子感情得到升华。

【西园社区】 2015年4月15日，西园社区开展了"红色之旅，弘扬民族精神"的一次革命教育活动。社区工作人员，老党员和志愿者一起前往盐城新四军纪念馆。通过一天的参观学习，社区志愿者和老党员们进一步了解了老一辈无产阶级革命家叶挺、项英、陈毅、刘少奇等新四军军部领导人在历史的紧要关头，运筹帷幄、决胜千里之外的团体风貌。9月3日，是中国人民抗日战争胜利70周年纪念日。为增进中小学生对抗战历史的了解，加强爱国主义教育，9月3日下午，西园社区关工委联合综治志愿者举办了七彩的夏日"伟大的胜利——纪念抗日战争胜利70周年"图片展览。以形象、直接及富有冲击力的视觉影像，和社区志愿者的生动讲解，将孩子们带回到那一段中国人民永远不会忘记的历史中。

【工农社区】 为了贯彻落实"建设和谐文化，培育文明风尚"的方针，努力塑造府前妇女"明理自尊、灵慧自信、勤劳自立、创造自强"的良好形象，工农社区动员组织辖区广大妇女为建设和谐工农作贡献，社区党委在2015年初的计划中，详细制定了"好婆婆、好媳妇"的评选标准，并在街道范围内进行了推广。年底社区召开了居民代表大会，社区主任邓娟代表领导班子汇报2015年工作及2016年工作计划，班子成员分别对个人一年工作进行述职汇报，还对辖区内涌现出的"好婆婆、好媳妇"进行了表彰。

【繁荣社区】 繁荣社区依托"强阵地，固社区"建设现代化社区。社区党委建有400平方米办公用房，各支部建有多种用途的活动用房，加大文化阵地和基础设施建设力度。社区党委设有专门的廉政角、廉政教材、碟片一应俱全，通过丰富多彩的廉政教育活动取得显著效果，社区居民对干部满意率达90%以上。党委积极开展了一系列的党建活动，如趣味运动会、掼蛋比赛、下棋比赛等，丰富了老党员的业余生活，同时组织党员干部、志愿者及青少年参观新四军黄桥纪念馆，回顾红色历史，缅怀革命先烈，接受革命教育，践行群众路线。

撰稿人：姜锦美　周永成等

人物

领导人物

【中共清河区委常委会】

仲凤笔 男,汉族,1967年7月出生,1989年8月参加工作,1996年6月加入中国共产党,本科学历,江苏沭阳人。现任中共清河区委书记。

1985年9月入南京农业大学经济管理专业学习;1989年8月为淮阴市经委工作人员;1993年6月任淮阴市经委科员;1995年7月任淮阴市节能技术服务中心副主任(1997年5月至1998年9月在淮阴市纪委挂职锻炼);1998年9月任淮阴(淮安)市新技术交流推广站站长;2002年7月任淮安市经贸委副主任、党组成员;2006年3月任淮安市经贸委副主任、党组成员,市纺织资产公司总经理、党委书记;2008年10月任淮安工业园区管委会主任、党工委副书记;2011年12月任淮安工业园区党工委书记、管委会主任;2014年7月任淮安工业园区党工委书记;2015年8月任现职。

张冲林 男,汉族, 1971年1月出生,1995年8月参加工作,1994年6月加入中国共产党,研究生学历,江苏南通人。现任清河区委副书记、区长。

1991年9月入扬州大学政法专业学习;1995年8月任扬州大学商学院党委办公室办事员;1996年8月任淮阴财经学校教务科办事员;1997年5月任淮阴市委宣传部理论科办事员;1998年8月任淮阴市委外宣办(市政府新闻办)办事员;1999年3月任淮阴市委宣传部文艺科副主任科员;2000年12月任淮阴市委宣传部文艺科副科长;2001年12月任淮安市委宣传部文艺处处长;2003年12月任淮安市委宣传部新闻处处长(2000年3月至2002年12月参加省委党校政治经济学专业在职研究生学习);2005年5月任淮安市文明办副主任;2006年5月任金湖县委常委、纪委书记;2010年6月任金湖县委常委、常务副县长;2011年6月任清河区委副书记、代区长;2012年4月任现职。

朱维佳 男,汉族,1963年10月出生,1981年11月参加工作,1995年5月加入中国共产党,研究生学历, 江苏泰兴人。现任清河区委副书记。

1981年11月任清江市财政局郊区税务所办事员;1984年4月任清河区财政局办事员;1989年6月任清河区财政局农财股副股长;1992年9月任清河区财政局农财股股长;1997年4月任清河区财政局副局长;1999年12月任清河区西安路街道党委副书记、主任;2001年6月任清河区经委党委书记;2001年9月任清河区水渡口街道党委书记(2002年3月至2003年1月在省委党校青年干部培训班学习);2002年12月任清河区副区长; 2007年11月任清河区委常委、政法委书记;2012年2月任现职。

王建军 男,汉族,1971年2月出生,1995年8月参加工作,1993年1月加入中国共产党,党校研究生学历,江苏淮安人。现任清河区委常委、常务副区长。

1991年9月入扬州大学师范学院中文系学习;1995年8月任清浦区城南乡党委办公室办事员、乡团委书记;1996年2月任清浦区委组织部办事员、组织员；1996年11月在市委组织部帮助工作；1997年2月任市委组织部办公室办事员；2000年2月任市委组织部办公室副科级组织员；2001年10月任市委组织部办公室副主任；2002年7月任市委组织部县区干部处副处长；2003年9月任市委组织部县区干部处副处长、正科级组织员；(2004年1月起主持县区干部处工作)2005年3月任市委组织部县区干部处处长；(2007年9月—2010年7月参加省委党校区域经济学专业在职研究生学习)2010年12月任市委组织部部务委员、县区干部处处长；2011年5月任清河区委常委、副区长；2014年1月任现职。

李金平　男，汉族，1974年8月出生，1997年8月参加工作，1995年4月加入中国共产党，本科学历，江苏涟水人。现任清河区委常委、政法委书记。

1993年8月入南京经济学院粮食工程专业学习；1997年8月到淮阴县大北农饲料厂工作；1997年10月任淮阴县粮食局办事员(1998年1月—1998年5月淮阴县委组织部帮助工作)；1998年5月任淮阴县委组织部企干科办事员、组织员、副科长；2000男9月任共青团淮阴县(区)委副书记(2000年9月—2000年12月团省委学校部挂职任部长助理)；2002年8月任淮安市委办公室副主任科员；2003年8月任淮安市委办公室秘书处副处长；2005年8月任淮安市委办公室综合四处副处长、主任科员；2007年2月任淮安市委办公室综合四处处长；2008年5月任淮安市委办公室综合三处处长；2010年12月任淮安市委研究室副主任；2014年1月任淮安市人大常委会副秘书长；2015年1月任现职。

漆　宾　男，汉族，1983年4月出生，2009年7月参加工作，2001年5月加入中国共产党，硕士研究生学历，重庆江津人。现任清河区委常委、宣传部部长。

2002年9月入四川大学行政管理专业学习；2006年9月入清华大学公共管理专业硕士研究生学习；2009年7月为清华大学党委研究生工作部教师；2009年11月任清华大学党委研究生工作部教师、楚州区区长助理(挂职)；2010年11月任清华大学党委研究生工作部部长助理(副处级)、楚州区区长助理(挂职)；2011年4月任共青团淮安市委副书记、党组成员；2012年8月任现职。

杨冬梅　女，汉族，1968年9月出生，1989年8月参加工作，1989年6月加入中国共产党，本科学历，江苏泗阳人。现任清河区委常委、纪委书记。

1987年9月入盐城纺织工业学校财会专业学习；1989年8月淮阴华丰针织内衣厂会计(1993年9月—1996年6月参加深圳大学财会专业大专函授学习)；1996年10月任江苏正达保健品公司会计；1997年12月起先后为淮阴市纪委办事员、干事(1996年9月–1999年7月参加淮阴工业专科学校会计电算化专业大专函授学习)；2002年8月任淮安市纪委副科级纪检员(2000年8月–2002年12月参加中央党校法律专业本科函授学习)；2005年6月任淮安市纪委正科级纪检员；2007年12月任淮安市纪委宣教室副主任；2009年2月任淮安市纪委第一纪检监察室副主任；2011年6月任清浦区委常委、纪委书记；2015年8月任清河区委常委、纪委书记。

马乃骏 男，1970年9月出生，1989年8月参加工作，1993年10月加入中国共产党，研究生学历，江苏淮安人。现任清河区委常委、组织部部长，区总工会主席、党组书记。

1986年9月入泗洪师范学校普师专业学习；1989年8月任清浦区黄码乡严卓中学教师、团总支书记、教导副主任(1990年9月-1993年7月参加淮阴教育学院汉语言文学专业大专函授学习)；1994年12月任清浦区武墩乡团委副书记、党委秘书(其间：1993.09-1996.07参加南京师范大学汉语言文学专业本科函授学习)；1996年10月任清浦区委组织部干部科组织员，综合科副科长、科长；2000年3月任清浦区委组织部副科级组织员、办公室主任；2000年11月任清浦区政府办副主任(在市委组织部帮助工作)；2001年12月任淮安市委组织部研究室副科级组织员、副主任；2005年9月任淮安市委组织部研究室副主任、正科级组织员(主持工作)(2004年12月—2005年7月抽调淮安市先进性教育活动办公室综合组工作)；2007年2月任淮安市委组织部研究室主任(2005年9月—2008年6月参加河海大学工商管理专业硕士研究生在职学习，2008年3月—2008年10月在中央组织部帮助工作；2009年2月—2009年9月抽调淮安市科学发展观教育活动办公室任综合组副组长)；2009年12月任淮安市委组织部机关干部处处长；2011年6月任楚州(淮安)区委常委、组织部部长；2013年9月任清河区委常委、组织部部长；2014年8月任现职。

王文为 男，汉族1971年12月出生，1990年3月参加工作，1991年5月加入中国共产党，本科学历，安徽冬至人。现任区委常委、人武部政委。

1993年9月为郑州高炮学院学员；1995年7月任第73106部队排长；1998年3月任第73106部队参谋；2000年3月任第73106部队政治指导员；20034月任第73106部队干事；2004年3月第73106部队宣传科代理科长、科长；2006年1月任第73106部队政治教导员；2008年2月任第73106部队政治部副主任；2010年9月任第73106部队副政委；2014年3月任清河区人武部政治委员；2015年8月任现职。

【清河区人大常委会】

安毅之 男，汉族，1957年3月出生，1976年6月参加工作，1985年2月加入中国共产党，本科学历，江苏淮安人。现任清河区人大常委会副主任、党组书记，调研员。

1976年6月任淮阴县红旗中学民办教师；1978年10月入淮阴师范专科学校物理系学习；1981年7月任淮阴县袁集中学教师；1983年9月任淮阴县淮海中学团委书记；1989年9月任淮阴县第一职业中学副校长；1991年10月起先后任清河区委宣传部办事员、副科长、科长(1991年9月至1994年6月参加省教育学院函授行政管理系学习)；1997年4月任清河区委宣传部副部长；2001年6月任清河区教委党委副书记、纪委书记(正科)；2001年11月任清河区建设局局长、兼房产管理局局长；2002年6月任清河区长西街道党委书记；2003年2月任清河区水渡口街道党工委书记；2004年6月任清河区水渡口街道党工委书记、人大工委主任；2007年1月任清河区政协副主席、党组成员；2012年4月任清河区人大常委会副主任、党组副书记；2012年8月任清河区人大常委会副主任、党组副书记，调研员；2014年1月任现职。

孙开明 男，汉族，1958年12月出生，1976年8月参加工作，1976年12月加入中国共产党，本科学历，江苏泗阳人。现任清河区人大常委会副主任、党组成员。

1976年7月任泗阳县庄圩公社王荡小学教师；1980年9月入徐州师范学院历史系学习；1984年9月任淮阴师范专科学校组织部教工团总支书记；1986年11月任清河区委办公室秘书；1987年5月任清河区委组织部干部科科长；1990年2月任清河区团委书记；1993年3月任清河区政府办公室主任、区政府党组成员；1996年6月任清河区淮海街道党委书记；1999年1月任清河区政协副主席、区委统战部部长；2002年2月任清河区政协副主席；2006年1月任现职。

徐乃明 男，汉族，1962年10月出生，1983年7月参加工作，本科学历，江苏宿迁人。现任清河区人大常委会副主任。

1983年7月任清河区百货公司会计；1985年4月任清河区商业局会计；1988年10月任清河区商业局计财股副股长；1991年4月任清河区商业局计财股股长；1995年3月任清河区商业局局长助理；1996年6月任清河区商业局副局长；1996年9月任清河区蔬菜局副局长；1997年9月任清河区政府办副主任；1997年12月任清河区政协副主席，区政府办副主任；1998年1月任清河区政协副主席，区审计局局长；2002年7月任清河区政协副主席，区建设局局长；2003年12月任清河区政协副主席，兼区工商联合会会长、商会会长；2006年10月任清河区政协副主席；2007年1月任现职。

孙　勤 女，汉族，1959年9月出生，1977年7月参加工作，1993年3月加入中国共产党，本科学历，江苏淮安人。现任清河区人大常委会副主任、党组成员。

1977年7月在城北乡新建大队插队；1978年11月任清江市第八中学教师；1988年3月任清浦区妇联办事员、秘书；1993年8月任清浦区妇联副主任；1995年9月任清浦区清安乡党委副书记；1997年1月任清浦区清安乡党委副书记、乡长（1998年8月至2000年12月参加中央党校经济管理专业本科函授学习）；2000年11月任清浦区清安乡党委书记；2001年12月任清浦区清安街道党工委书记；2002年12月任清浦区副区长；2006年5月任清河区副区长、党组成员；2012年4月任现职。

【清河区人民政府】

张冲林 （简历见前）

王建军 （简历见前）

祁素娟 女，汉族，1975年11月出生，1997年8月参加工作，2001年10月加入中国共产党，研究生学历，江苏淮安人。现任清河区人民政府副区长、党组成员。

1994年9月入扬州大学水利学院财务会计专业学习；1997年8月为涟水县堤防管理所（城区排涝管理所）会计、县财政局会计管理中心会计（1999年8月至2001年12

月参加中央党校行政管理专业本科函授学习);2002年10月为淮安经济开发区会计管理中心会计;2003年6月任淮安经济开发区团工委副书记;2007年2月任淮安经济开发区妇工委主任、团工委副书记;2007年5月任淮安经济开发区钵池乡党委副书记、乡长;2011年1月任淮安经济开发区东湖办事处党委书记(2008年9月至2011年7月参加省委党校国民经济学专业在职研究生学习);2012年2月任现职。

汪 冲 男,汉族,1970年11月出生,1992年7月参加工作,1992年4月入党,研究生学历,江苏淮安人,现任清河区政府副区长、党组成员。

1992年7月任涟水高沟镇组织干事;1995年2月任涟水建安总公司党委委员、组织委员、副总经理;1995年12月任涟水团县委副书记;1996年12月任涟水城东林场党委副书记、场长;1997年11月任涟水河网乡党委副书记、副乡长(正科级);1998年6月任涟水东胡集乡党委副书记、乡长(1999年8月-2001年12月参加中央党校函授学院本科班学习);2000年2月任涟水东胡集镇党委副书记、镇长;2001年1月任涟水经委党委委员、副主任(正科级);2002年1月任涟水时码办事处党委书记;2004年7月任清河区北京路街道副书记、主任;2005年10月任清河工业园区副书记、副主任;2006年1月任清河区建设局局长、党委书记,兼房管局局长(2003年9月-2006年7月参加省委党校研究生学习);2007年1月任清河区委办副主任、台办主任;2007年6月任清河区北京路街道党工委书记;2009年5月任清河区北京路街道党工委书记,副调研员;2009年10月任清河区西安路街道党工委书记、人大工委主任,副调研员;2010年6月任柳树湾街道街道党工委书记,副调研员;2014年1月任现职。

潘华春 男,汉族,1969年4月出生,1991年11月参加工作,1995年6月加入中国共产党,研究生学历,江苏洪泽人。现任清河区政府副区长、党组成员。

1989年9月入淮阴师范专科学校历史专业学习;1991年11月任洪泽县委党校教员;1995年4月任洪泽县文明办办事员(其间:1994年8月—1996年12月参加中央党校经济专业本科函授学习);1998年2月任洪泽县委宣传部理论科副科长;1999年1月任洪泽县委宣传部理论科科长;2001年5月明确副科级;2004年2月任洪泽县委办公室副主任;2006年6月任洪泽县委办公室主任(2005年9月—2008年7月参加省委党校区域经济学专业在职研究生学习);2011年6月任洪泽经济开发区管委会主任;2012年1月任洪泽县副县长、经济开发区管委会主任;2013年9月任洪泽县副县长;2015年1月任现职。

陈志勇 男,1977年3月出生,1999年8月参加工作,2001年12月加入中国共产党,本科学历,安徽宁国人。现任清河区政府副区长、党组成员。

1995年9月入南京大学政治与行政管理专业学习;1999年8月任盱眙县委办办事员、秘书;2002年10月任盱眙团县委副书记;2003任2月任盱眙县委办副主任;2004年10月任盱眙县委办副主任、台办主任;2006年6月任盱眙团县委书记;2007年2月任淮安市政府办秘书二处主任科员；2010年2月任淮安市政府办秘书二处处长；2011年11月任淮安市政府办综合处处长；2015年8月任现职。

王惠晶　男，汉族，1976年7月出生，1997年7月参加工作，1996年5月加入中国共产党，研究生学历，江苏连云港人。现任清河区政府区长助理(挂职)。

1994年9月入复旦大学经济系经济学专业学习；1997年7月任人民银行江苏省分行人事教育处办事员；1999年1月起先后任人民银行南京分行银行监管处科员，建设处银行监管处科员(其间，2001年9月至2003年2月入南京大学政府管理学院公共管理硕士专业学习)；2003年10月起先后任江苏省银监局合作金融机构监管处科员，非银行金融监管处副科长，非银行金融机构监管处主任科员；2014年1月任现职。

【政协清河区委员会】

梁学文　男，汉族，1963年1月出生，1986年7月参加工作，1992年10月加入中国共产党，本科学历，山东荣成人。现任清河区政协主席。

1982年9月入西北电讯工程学院电磁场与微波技术专业学习；1986年7月任淮阴电子工业学校教师；1988年11月起先后任淮阴市委保密办公室办事员、助理秘书，市委办公室调研二科助理秘书；1994年11月任淮阴市委办公室副科级秘书；1997年6月任淮阴市委办公室综合三科副科长(1997年5月至1998年6月下派淮安钦工镇任党委副书记)；1998年12月任淮阴市委组织部参照办副主任(1998年12月至1999年12月在盱眙县仁集乡参与园区建设)；2000年2月任淮阴(淮安)市委组织部参照办副主任、正科级组织员；2001年10月任淮安市委组织部干部监督处处长；2004年1月任涟水县委常委、组织部长；2007年4月任清河区委常委、组织部部长；2010年6月任清河区委副书记；2012年2月任现职。

王应标　男，汉族，1964年11月出生，1984年8月参加工作，民盟，本科学历，江苏淮安人。现任清河区政协副主席、清江中学副校长，中学数学特级教师、教授级中学高级教师。

1980年9月入徐州师范学院数学系学习；1984年8月任江苏省淮阴中学教师；1993年4月任江苏省淮阴中学教研组长和高三年级组组长；1996年10月任江苏省淮阴中学教科室副主任；1998年7月任江苏省淮阴中学教科室主任；1999年9月任淮阴市清江中学副校长；2000年9月任江苏省清江中学副校长(升格前)；2004年6月任江苏省清江中学副校长；2007年1月任现职。

薛　睿　女，汉族，1973年1月出生，1992年10月参加工作，2005年1月加入民盟，研究生学历，江苏淮安人。现任清河区政协副主席，工商联主席、商会会长。

1992年10月在涟水县科委工作；1997年4月为涟水县人才中心办事员；2000年11月任涟水县人才中心副主任；2004年3月任清河区水渡口街道办副主任；2004年7月任清河区淮海街道办副主任；2006年10月任清河区工商联(商会)副会长、秘书长；2008年10月任清河区工商联副主席、秘书长，商会副会长；2012年2月任现职。

张增元 男，1969年5月出生，1992年8月参加工作，1998年11月加入中国共产党，本科学历，江苏泗阳人。现任清河区政协副主席、党组成员，区委统战部部长。

1992年8月市清江棉纺织厂助工；1994年1月任市地方工业供销公司秘书；1995年3月任江苏洪泽县综合开发公司水产品加工厂副厂长、洪泽湖综合开发公司湖南省安乡分公司副经理；1996年9月任清河区城北乡(繁荣服装厂)办事员；1999年9月任清河区纪委纪检员；2000年9月任清河区政府办副主任；2003年12月任水渡口街道党工委副书记、办事处副主任；2004年7月任水渡口街道党工委副书记、办事处主任；2006年5月任京沪路办党工委书记，新区管委会党工委副书记、副主任；2007年11月任长西街道党工委书记、人大工委主任；2010年4月任长西街道党工委书记、人大工委主任，副调研员；2010年6月任清河区长西街道党工委书记、副调研员；2014年1月任现职。

高寿江 男，汉族，1961年10月出生，1981年8月参加工作，1995年6月入党，本科学历，江苏淮安人。现任清河区政协副主席、党组成员。

1981年7月任淮阴县三树小学教师、三树中学教师、棉花中学教师；1992年10月任淮阴县民政局办事员；1995年3月任区法院秘书；1998年10月任区法院助理审判员；1999年6月任区法院审判员、办公室主任助理；1999年8月任区法院办公室副主任；2000年9月任区法院政治处副主任、明确副科级；2003年8月任区法院监察室主任；2003年10月任区政府办副主任；2005年1月任区委组织部副部长；2006年10月任区委组织部副部长、主任科员；2007年6月任　区委组织部副部长、组织员办主任；2011年6月任　区委组织部副部长、组织员办主任、副调研员。2011年9月任清河区委组织部副部长、组织员办主任、督查室主任、副调研员；2013年3月任区政府党组成员，区政府办主任、党组书记，区外侨办主任，副调研员；2014年1月任现职。

【清河区人民法院、检察院】

卢正苏 男，汉族，1963年3月出生，1979年1月参加工作，1992年1月加入中国共产党，研究生学历，江苏淮安人。现任清河区人民法院院长，党组书记。

1979年1月任清江市食品公司工人；1983年4月任区食品公司工人；1985年9月任泗洪县人民法院书记员；1988年11月任市中院办事员、书记员；

1990年3月任市中院助理审判；1998年3月任市中院副科级审判员；2000年3月任市中院监察室副主任；2002年9月任明确正科级；2003年12月任市中院监察室主任；2007年11月任市中院副处级审判员、监察室主任(2007年9月至2008年9月挂任楚州区人民法院党组副书记、副院长)；2010年2月任市中院副处级审判员、执行局实施处处长；2010年4月任市中院副处级审判员、执行局副局长、实施处处长；2011年1月任清河区人民法院院长；2011年6月任现职。

赵春虎 男，汉族，1962年9月出生，1981年7月参加工作，1988年8月加入中国共产党，本科学历，江苏淮安人。现任清河区人民检察院检察长、党组书记。

1979年9月入常州财经学校基建财务

与信用专业学习；1981年7月为淮阴地区建设银行办事员；1982年3月为淮阴地区人事局办事员；1982年10月为洪泽县人事局办事员；1983年2月为洪泽县商业局会计；1984年6月为洪泽县检察院书记员；1986年2月任洪泽县检察院助理检察员、检察员；1992年7月任洪泽县检察院经济检察科副科长，刑事检察二科副科长（主持工作），控申科长，批捕科科长、检察委员会委员；1999年7月明确副科级；2003年3月任洪泽县检察院侦查监督科科长、副科级检察员、检察委员会委员；2003年9月任洪泽县检察院副检察长、党组成员、职务犯罪侦查局局长；2005年2月任洪泽县检察院副检察长、党组成员；2009年1月明确正科级；2010年7月任洪泽县检察院副检察长、党组副书记（正科级）；2012年2月任现职。

【清河区其他县处级领导干部】

张长青　女，汉族，1966年4月出生，1987年7月参加工作，1998年7月加入中国共产党，研究生学历，安徽安庆人。现任清河区财政局局长、党组书记，区政府国资办主任，副调研员。

1987年7月区财政局会计；1993年6月任区财政局综合股副股长；1996年1月任区财政局综合股股长；1998年6月任区财政局预算股股长；1999年12月任区会计中心主任；2001年6月任区财政局副局长；2003年7月任区财政局副局长、支付中心主任；2005年1月任区财政局副局长、主任科员，兼支付中心主任；2006年1月任区财政局副局长、主任科员，兼支付中心主任，新区投资公司监事；2006年3月任区审计局局长，新区投资公司监事（2005年9月—2008年7月参加省委党校在职研究生区域经济学专业学习）；2009年9月任区总工会副主席、党组书记；2010年6月任清河区总工会主席、党组书记，副调研员；2014年8月任现职。

夏海明　男，1962年2月出生，1983年7月参加工作，1986年1月加入中国共产党，本科学历，江苏淮安人。现任清河区长东街道党工委书记、副调研员。

1983年7月任省农垦职大教师、团委副书记；1993年3月任清河区人大办秘书；1997年1月明确副科级；1997年8月任清河区人大内司委副主任；1999年12月任清河区经委副主任；2001年6月任清河区体改办副主任；2003年10月任清河区体改办主任；2005年6月任清河区发改委主任；2010年6月任清河区长东街道党工委书记；2012年2月任现职。

金中保　男，汉族，1959年6月出生，1976年12月参加工作，1989年11月加入中国共产党，大专学历，江苏淮安人。现任白鹭湖街道党工委书记，副调研员。

1976年12月起苏州市武警队中队服兵役；1981年1月为清江市糖果厂统计员；1981年9月为清江市土产公司会计；1983年4月为区供销社办事员；1984年10月为区物价检查所办事员；1990年6月任区物价检查所副所长；1995年4月任区物价检查所所长；1999年8月任区物价局局长助理；1999年12月任水渡口街道组宣委员，明确副科职级；2000年9月任水渡口街道办副主任；2002年7月任水渡口街道办副主任、人武部部长；2003年10月任水渡口街道副书记兼纪工委书记、人武部长；2006年5月任京沪路办副书记、办事处主任;2007年11月任京沪路办事处党工委书记、兼新区管委会副主任;2008年3月任水渡口街道党工委书记、人大工委主任,兼新区管委会副主任;2009年7月任水渡口街道党工委书记、新区管委会副主任;2012年2月任白鹭湖街道党工委书记;2013年6月任现职。

【2015年离任县处级干部】

顾晓芳 女,汉族,1971年1月出生,1990年8月参加工作,1996年11月加入中国共产党,研究生学历,江苏淮安人。原任清河区委常委,中共淮扬菜文化产业园(淮扬菜集团)委员会书记。2015年1月离任。

李海波 男,汉族,1963年8月出生,1983年7月参加工作,1990年8月加入中国共产党,大专学历,江苏金坛人。原任清河区委常委、政法委书记。2015年1月离任。

李仁明 男,汉族,1965年11月出生,1984年8月参加工作,1993年4月加入中国共产党,研究生学历,江苏淮安人。原任清河区政府副区长、党组成员,新区管委会党工委书记。2015年3月离任。

蔡绍忠 男,汉族,1963年12月出生,1983年7月参加工作,1991年12月入党,党校研究生学历,江苏宿迁人。原任清河区委常委、纪委书记。2015年8月离任。

俞新昌 男,汉族,1968年6月出生,1986年11月参加工作,1989年12月加入中国共产党,本科学历,浙江德清人。原任清河区委常委、清河区人民武装部部长。2015年8月离任。

高 山 男,汉族,1971年6月出生,1993年7月参加工作,2002年11月加入民建,研究生学历,江苏淮安人。原任清河区人民政府副区长。2015年8月离任。

附录

清河区统计局2015年国民经济和社会发展统计公报

2015年，面对严峻的经济下行压力和激烈的区域竞争态势，全区上下奋力拼搏，创新实干，按照“上水平”之年的总体要求，紧紧围绕“商贸名区、文化名区、生态名区、首善城区”发展定位，主动适应经济发展新常态，准确把握稳中求进总基调，统筹推进稳增长、调结构、促改革、惠民生、重生态等各项工作，顺利完成“十二五”主要目标任务，奋力开创了全区经济社会发展新局面，为“十三五”发展奠定了坚实基础。

一、综合

经济总量跃上新台阶　全区实现地区生产总值172.25亿元，按可比价格计算，同比增长10.8%。其中：第二产业实现增加值31.13亿元，同比增长10.3 %；第三产业实现增加值141.12亿元，同比增长10.9 %。三次产业结构比例由上年的0:19.1:80.9，调整到0:18.1:81.9。其中，第三产业增加值占地区生产总值比重比上年提高1个百分点。人均地区生产总值143676元，按当年平均汇率折算为23068美元。民营经济实现增加值115亿元，占地区生产总值的66.8%。

私营经济蓬勃发展　在清河市场监督管理局登记的年末全部内资企业412户，注册资本18.56亿元；私营企业6436户，注册资本1092亿元；个体工商户28762户，注册资本22.75亿元。

二、工业和建筑业

工业经济较快增长　2015年，全区规模以上工业总产值实现86亿元，比上年增长17.7%，其中：轻、重工业总产值分别为59.6亿元和26.4亿元，分别增长10.6%和38.4%；股份制工业产值19.13亿元，增长67.2%；外商及港澳台投资企业工业产值31.91亿元，下降2.4%；私营工业产值16.58亿元，增长19.2%。在规模以上工业中，实现产品销售产值83.07亿元，比上年增长22.7%，工业产品销售率为96.6%。全年实现工业新产品产值3.79亿元，比上年增长23.9%。全年规模以上工业实现主营业务收入77.98亿元，比上年增长20.2%；完成利税总额14.92亿元，比上年增长27.4%；完成利润总额11.36亿元，增长23.2%。

2015年规模以上主要行业产值

单位：亿元

行　业	2015年	比上年增减%
食品加工	20.16	-5
纺织服装	9.05	7.7
医药化工	23.83	63.7
金属及设备制造	7.48	27.4
机电及机械制造	5.08	-43.5
其他	20.4	41.1

2015年，全区实现建筑业增加值11.58亿元，按照可比价计算，比上年增长5.0%。由于去年列统的建筑业企业管理级别重新划分，30家企业从清河区划出，使得相应的指标同比下降幅度较大，房屋建筑施工面积493.3万平方米，同比下降27.7%，其中本年新开工面积203.2万平方米，同比下降

15.5%。资质以上建筑业企业完成总产值144.08亿元，同比下降14.2%；竣工产值135.10亿元，同比下降10.5%。

三、固定资产投资

固定资产投资快速增长　淮海第一城、恒荣国际大厦等项目顺利竣工。2015年，全区共有列统投资项目110个，比上年增加16个，全年累计完成规模以上固定资产投资 173.07亿元，同比增长26.3%；在全部列统投资中，列入城镇固定资产投资的项目65个，其中 22个工业项目、43个服务业项目，完成投资109.52亿元，同比增长56.9%；在全部列统投资中，列入房地产开发投资的企业45户，完成投资 63.54亿元，同比下降5.4%。商品房施工面积428.5万平方米，同比下降4.6%；实现商品房销售面积135.5万平方米，同比增长11.04%；实现商品房销售额83.27亿元，同比增长6.55%。

四、国内贸易、对外经济

消费市场运行平稳　全年实现社会消费品零售总额159.05亿元，比上年增长12.4 %，按行业类别划分：批发和零售业实现零售额149.76 亿元，增长13.0%；住宿餐饮业实现零售额9.29亿元，增长3.4%；按规模划分：限额以上企业实现零售额163.27亿元，增长13.3%；限额以下单位实现零售额22.64亿元，增长20.2 %。

2015年，全区共有列统贸易企业268户，年末营业面积379494平方米，年末从业人数11771人，其中：批发零售业共实现营业收入208.53亿元，住宿餐饮业共实现营业收入4.30亿元，限额以上住宿餐饮业单位共拥有客房数2520间、床位数4323张、餐位数14451个。

外向型经济发展趋缓　新批利用外资项目13个，全年协议利用外资10600万美元，比上年下降27.2%；实际利用外资10000万美元，增长67.8%。全区完成进出口总额为21613.9万美元，比上年下降10.6%，其中出口总额15675.1万美元，比上年下降17.8%；对外劳务营业额878万美元，下降3.0%。

服务业发展质态提优　“4+3”特色服务业加速发展，顺丰电子商务产业园等创成省级电子商务示范基地、兴业银行等多家金融机构成功落户。2015年完成服务业增加值141.12亿元，其中现代服务业比重占GDP比重44%，较上年提高1个百分点。实现服务业入库税收22.8亿元（不含房地产），增长21.7%。申报规模以上服务业企业45户，增量居全市第一。

五、财政

财政收入稳步增长　全年实现财政总收入43.4亿元，增长8.1%。公共财政预算收入37.17亿元，增长8.2%，其中社保基金收入3.64亿元，增长17.3%，政府性基金收入0.91亿元（不含土地出让金收入），增长91.2%；上划中央四税6.23亿元，增长8.0%。

全年实现财政总支出30.58亿元，增长8.1%；其中公共财政预算支出26.95亿元，增长21.9%；基金支出3.63亿元，下降41.4%。

六、科学技术和人才

创新能力不断增强　全社会研发投入1.86亿元，占GDP比重达1.23%，高新技术产业产值31.4亿元，占规模工业产值比重达42.9%，超全省平均水平，比“十一五”末提高4.9个百分点。列统企业研发机构建有率达90%，百亿元GDP发明专利申请量252件、专利授权量369件。新增省高新技术企业6家、省高新技术产品1项、市高新技术企业5家。长东街道获批省级创新型试点乡镇，江苏正大清江制药有限公司获批省级企业研究生工作站，江苏苏益电器有限公司“江苏省低压配电智能终端工程技术研究中心”获批省级工程技术研究中心，江苏微宁科技有限公司“淮安市阵列激光器芯片工程技术研究中心”、江苏顺泰包装印刷科技有限公司“淮安市环保型防伪包装材料工程技术研究中心”获批市级工程技术研究中心。全年完成专利申请1356件(其中申请发明专利366件)，获得专利授权536件，申请PCT专利1件，万人拥有有效发明专利3.68件。

人才队伍持续扩大　全区拥有各类专业技术人员5970 人，其中区属机关事业专技人员1760人，中级以上职称(兑资人员)为 1023人。

七、文化、卫生和体育

文化事业繁荣发展　区文广新局“‘幸福清河 精彩生活’文化馆(站)志愿服务活动”被文化部表彰为2014年“文化志愿服务推进年”示范项目；区图书馆被中宣部、文化部表彰为第六届全国服务农民、服务基层文化建设工作先进集体。区文广新局被省全民阅读活动领导小组表彰为2014年度省全民阅读工作先进集体。“骨康外敷药酒炮制技艺”成功列入省级非物质文化遗产名录。社区文化艺术节、全民阅读节、法治文化艺术节、百场演出进社区等系列文化惠民活动成功举办。辖区内共有7个街道文化站，3个图书馆，2个文化馆，5个博物(博览)馆。广播电视覆盖率100%，万人拥有公共文化设施面积5747平方米。

卫生事业稳步发展　基本药物制度扩面稳步推进，全区年末拥有区属卫生医疗机构113个，其中疾病预防控制中心1个，妇幼保健所1个。卫生机构床位数1070个，卫生技术人员1650人，其中：执业医师、执业助理医师761人，注册护理师、护士889人。产妇住院分娩比例100%，婴儿死亡率2.06‰。

体育事业蓬勃发展　成功创建成江苏省公共体育服务体系示范区，在8月常熟举办的江苏省青少年跳水比赛中，我区跳水队获得4枚金牌、4枚银牌、1枚铜牌的好成绩。

八、环境保护

实现全区工业源化学需氧量减排51.7吨，工业源氨氮减排9.9吨，分别削减1.14%，1.19%;全区二氧化硫、氨氮排放总量分别减排5.4吨、0.997吨，分别削减1%、1.12%，全年PM2.5平均浓度52微克/立方米，相比2013年数据下降29%，水功能区水质达标率100%。

九、人口、社会保障和人民生活

人口规模小幅增长　常住人口33.73万人，较上年增加0.33万人，年末全区户籍总人口为251681人，比上年增长1.77%，其中男性126066人，占总人数的50.09%，女性125615人，占总人数的49.91%，总人口性别比由2014年的100.43下降到2015年的100.36(以女性为100)。全年出生人口3109人，出生率为12.46‰；死亡人口709人，死亡率为2.84‰；自然增长人口2400人，人口自然增长率为9.62‰。

社会保障体系不断完善　2015年，全区参加城镇基本养老保险5.15万人，共发放养老保险金17289万元；参加失业保险22362人，发放失业金315万元；参加城镇基本医疗保险15.32万人，其中职工医保3.25

万人，居民医保12.08万人，发放保险金10445万元，其中职工3930万元，居民6515万元；年末登记失业人员1671人，登记失业率2.08%。

城市最低生活保障实行应保尽保　全区城乡低保统筹持续同标，人均标准增至每人490元。截至12月底，共有城乡低保2358户4519人，累计发放城乡低保金1775万元。2015年，全区救助困难家庭1601人次，累计发放救助金83万元；救助城乡无固定收入重残636人，累计发放救助金358万元；医疗救助4450人次，救助金额约281万元；有1077人次接受慈善救助，救助金额116万元。继续开展"关爱老人"活动，全面开展困难群众帮扶慰问活动，仅今年春节期间，全区慰问困难群体和优抚对象达3840户，发放慰问款物180万元。"永辉超市爱心卡"发放爱心卡10万元，帮助困难群众100人。加强养老基础设施建设，截至2015年底，全区共有民办养老机构8家，新增床位380张，总计机构养老床位1323张，每千名老人拥有机构养老床位数达30.05张。积极发展居家养老，已建成"城市居家养老服务中心"38家，覆盖率达100%。累计发放尊老金601万元；累计开展各类老年人文体活动上千场次。

居民收入稳步提高　2015年，实现城镇居民家庭人均总收入38988元，增长10.6%，其中：城镇居民人均可支配收入33907元，比上年增加2780元，增长9.0%；城镇居民人均消费支出19405元，比上年增加1357元，增长7.5%。

中共清河区委　清河区人民政府
关于表彰2015年度先进集体和先进工作者的决定

河委〔2016〕14号

（2016年2月17日）

2015年，全区上下在市委、市政府的坚强领导下，紧扣"上水平"之年的总体部署和要求，积极应对经济下行的严峻挑战，克难攻坚，开拓进取，较好地完成了全年经济社会发展各项目标任务，涌现出一批工作突出、成绩显著的先进集体和先进工作者。为总结经验、表彰先进，鼓舞士气、激发斗志，区委、区政府决定对2015年度先进集体和先进工作者予以表彰。

2016年是实施"十三五"规划的开局之年，也是深入推进"四个清河"建设的起始之年，希望受表彰的先进集体和先进工作者再鼓干劲，再攀新高，再创佳绩。全区广大党员干部群众要全面贯彻落实党的十八届三中、四中、五中全会和中央、省市区有关会议精神，以"五大发展"理念为引领，以"打造标志地、建设新清河"为总追求，加快推进"四个清河"建设进程，努力为实现"十三五"发展起好步、开好局作出更大贡献！

附件：1. 2015年度先进集体名单

2. 2015年度先进工作者名单

附件1

2015年度先进集体名单

第一组获奖单位

一等奖:长西街道办事处

二等奖:新区管委会

长东街道办事处

淮海街道办事处

三等奖:柳树湾街道办事处

水渡口街道办事处

府前街道办事处

四等奖:盐河生态科技城

白鹭湖街道办事处

第二组获奖单位

纪　委(监察局)	政府办(金融办)
宣传部	审计局
政协办	组织部(督查室)
民政局	政法委
市场监督管理局	区委办(机要局)
人大办	法　院
统计局	检察院
招商服务中心	城管办
城管局	统战部
信访局	

第三组获奖单位

财政局	人社局	商务局
住建局	发改委	教育局
经信委		

第四组参照先进集体奖励单位

国土清河分局	公安清河分局
国税六分局	地税三分局
消防大队	新区规划办

附件2

2015年度先进工作者名单

刘　伟	郑　鑫	张庆刚	徐志山
郭　军	卢开阳	方爱国	林　萍
祁文林	朱　健	杜守涛	秦　炎
褚照耀	丁　辉	吴　蓉	李银新
姜　琴	周青龙	陈中鸿	杨　城
吴守明	夏前瑞	王海凤	张　波
陈金奇	朱人国	林　海	祁笑言
漆海涛	周子亚	陈非池	王建明
杨　靖	孙卫凤	涂汪红	赵宏扬
刘江洲	许曙芹	赵　屹	邹山中
卢　军	苗月青	凌　云	杨连军
马万翠	徐永怀	杨凤怀	侍作兵
刘　佩	郝达妮	龙文燕	李夕红
王志远	窦鹏康	虞　洋	孙　尧
曹进前	徐　玲	徐　伟	王碧珺
王　磊	俞　芹	王程远	刘　莹
刘　燕	李　宓	卓　明	孙建元
葛　亮	侯建斌	耿海平	朱延峰
葛文静	孙志刚	吴晓美	杨一平
安　宁	周　媛	李　洋	朱春生
刘　臻	王亚民	吴大明	崔士柏
汪　莉	戴　伟	周　洁	张　堃
王加金	支三十	范占英	李　维
李晓平	吉俊山	吴宏杰	潘　博
曹　迅	张大伟	许雪东	聂小芳

年度文件目录(选录)

中共清河区委

河委发〔2015〕

1号　中共清河区委 清河区人民政府关于明确2015年度重点项目领办帮办任务的通知

4号　中共淮安市清河区委关于印发《清河区2015年度党组织书记党建工作责任清单》的通知

10号　中共清河区委关于调整淮安市清河区第八届人民代表大会常务委员会委员人选的建议

13号　中共清河区委 清河区人民政府关于表彰2014年度先进集体和先进个人的决定

14号　中共清河区委 清河区人民政府关于表彰2014年度特别奖的决定

15号　中共淮安市清河区委关于印发《清河区科级干部工作情况纪实暂行办法(试行)》的通知

16号　中共清河区委关于表彰2014年度民兵预备役工作先进单位和先进个人的决定

22号　中共淮安市清河区委关于调整区卫生和计划生育委员会等区政府机构党组织设置的通知

19号　中共清河区委关于选派"科技镇长团"来清河区任职的请示

20号　中共清河区委清河区人民政府关于申请成立区委督查室的请示

38号　中共清河区委 清河区人民政府关于申请成立区人民政府督查室的请示

39号　中共清河区委 清河区人民政府关于创建全国文明城市提名城市工作优秀集体、先进街道、先进单位、优秀个人的通报

45号　中共淮安市清河区委关于派发党风廉政建设主体责任季度工单的通知

46号　中共淮安市清河区委关于印发党风廉政建设三项责任清单的通知

48号　中共淮安市清河区委关于表彰先进基层党组织、优秀共产党员和优秀党务工作者的决定

49号　中共清河区委 清河区人民政府关于表彰2014年度全区星级社区的决定

50号　中共清河区委 清河区人民政府关于表彰2013–2014年度"筑梦清河——最美身边人"的决定

52号　中共清河区委转发市委关于仲凤笔等同志职务任免的通知

57号　中共清河区委 清河区人民政府关于表彰"清河区优秀教师"和"清河区优秀教育工作者"的决定

58号　中共清河区委关于报送市管后备干部和中长期培养对象初步人选的报告

59号　中共清河区委 清河区人民政府关于印发《清河区"五城"同创工作机制调整方案》的通知

65号　中共清河区委 清河区人民政府关于成立清河区"十三五"规划编制工作领导小组的通知

67号 中共清河区委关于支持清河新区申报省级经济开发区的请示

68号 中共清河区委关于支持清河区规划建设淮安科技中心的请示

69号 中共清河区委关于加快推进淮安金融中心建设的请示

70号 中共清河区委关于建设淮安御码头运河文化中心的请示

71号 中共清河区委关于推动清河财政健康运行的请示

73号 中共清河区委关于转发《中共淮安市委关于贯彻〈中国共产党统一战线工作条例(试行)〉及省委〈实施办法〉的实施意见》的通知

74号 中共清河区委关于设置区委组织部有关合署挂牌的通知

76号 中共清河区委关于表彰全区统战工作先进集体、先进个人的通知

77号 中共清河区委清河区人民政府关于报批清河区相对集中行政许可权改革试点方案的请示

78号 中共清河区委印发《中共淮安市清河区委常委会"三严三实"要则(试行)》的通知

79号 中共清河区委 清河区人民政府关于组建"四个清河"建设指挥部的通知

河办发[2015]

1号 清河区委办公室 区政府办公室关于进一步明确区四套班子领导挂钩联系基层制度的通知

4号 中共清河区委办公室关于调整区委密码工作领导小组(区国家密码管理委员会)成员的通知

48号 清河区委办公室 区政府办公室关于印发《清河区党员干部带头推动殡葬改革的实施办法》的通知

5号 清河区委办公室 区政府办公室关于转发《市委办公室 市政府办公室关于印 发〈淮安市市级机关会议费用管理办法(试行)〉的通知》的通知

7号 清河区委办公室 区政府办公室关于进一步落实全区安全生产监督责任的通知

9号 清河区委办公室 区政府办公室关于印发《清河区"为官乱为、为官不为"专项整治实施方案》的通知

10号 中共清河区委办公室 清河区政府办公室关于2014年度基层网格化社会治理工作情况的通报

11号 中共清河区委办公室关于印发《2015年全区党风廉政建设和反腐败工作要点》的通知

12号 清河区委办公室 区政府办公室关于印发《2015年度软环境和效能建设工作要点》的通知

13号 中共清河区委办公室关于转发《区委组织部2015年度工作要点》的通知

14号 中共清河区委办公室关于转发《2015年度全区宣传思想文化工作要点》的通知

15号 中共清河区委办公室关于转发《2015年度统一战线工作要点》的通知

16号 清河区委办公室 区政府办公室关于印发《清河区巩固国家卫生城市成果迎接复审工作方案》的通知

17号　清河区委办关于印发《2015年度清河区委区政府重点任务分解表》的通知

18号　清河区委办公室　区政府办公室关于印发强化监督执纪问责三项制度的通知

河发〔2015〕

1号　中共淮安市清河区委关于调整区委常委工作分工的通知

2号　中共清河区委　清河区人民政府清河区2015年度科学发展目标考评意见

5号　中共淮安市清河区委关于严肃政治纪律“八个严禁”的通知

7号　中共清河区委　清河区人民政府关于印发《清河区2015年财政收入考核办法》的通知

12号　中共清河区委　清河区人民政府关于印发清河区2015年度招商引资和利用外资考核实施细则的通知

13号　中共淮安市清河区委关于印发《清河区街道党政正职权力运行制约监督暂行办法》的通知

9号　中共清河区委　清河区人民政府关于对2014年度综治平安、法治建设工作的通报

11号　中共清河区委　清河区人民政府关于印发《2015年度房屋征收工作考核办法》的通知

13号　中共清河区委　清河区人民政府关于表彰2014年度先进集体和先进个人的决定